GNOSE

Philip Gardiner

GNOSE
A VERDADE SOBRE O SEGREDO DO TEMPLO DE SALOMÃO

Tradução:
ROSANE ALBERT

EDITORA PENSAMENTO
São Paulo

Título original: *Gnosis – The Secret of Solomon's Temple Revealed.*

Copyright © 2006 Philip Gardiner.

Publicado originalmente por Career Press, 3 Tice Road, Franklin Lakes, NJ 07417 – USA.

Todos os direitos reservados. Nenhuma parte deste livro pode ser reproduzida ou usada de qualquer forma ou por qualquer meio, eletrônico ou mecânico, inclusive fotocópias, gravações ou sistema de armazenamento em banco de dados, sem permissão por escrito, exceto nos casos de trechos curtos citados em resenhas críticas ou artigos de revistas.

A Editora Pensamento-Cultrix Ltda. não se responsabiliza por eventuais mudanças ocorridas nos endereços convencionais ou eletrônicos citados neste livro.

Design da capa: Dutton and Sherman.

Imagens interiores, cortesia de Philip Gardiner.

Dados Internacionais de Catalogação na Publicação (CIP)
(Câmara Brasileira do Livro, SP, Brasil)

Gardiner, Philip
    Gnose : a verdade sobre o segredo do Templo de Salomão / Philip Gardiner ; tradução Rosane Albert. — São Paulo : Pensamento, 2008.

    Título original : Gnosis : the secret of Solomon's Temple revealed.
    Bibliografia.
    ISBN 978-85-315-1514-9

    1. Gnosticismo 2. Sabedoria (Gnosticismo) 3. Templo de Jerusalém (Jerusalém) I. Título.

07-9088
    CDD-299.932

Índices para catálogo sistemático:
1. Gnosticismo : Religião 299.932

O primeiro número à esquerda indica a edição, ou reedição, desta obra. A primeira dezena
à direita indica o ano em que esta edição, ou reedição, foi publicada.

Edição	Ano
1-2-3-4-5-6-7-8-9-10-11	08-09-10-11-12-13

Direitos de tradução para o Brasil
adquiridos com exclusividade pela
EDITORA PENSAMENTO-CULTRIX LTDA.
Rua Dr. Mário Vicente, 368 — 04270-000 — São Paulo, SP
Fone: 6166-9000 — Fax: 6166-9008
E-mail: pensamento@cultrix.com.br
http://www.pensamento-cultrix.com.br
que se reserva a propriedade literária desta tradução.

Dedico a Joshua e Angeline,
por serem filhos perfeitos.

AGRADECIMENTOS

Gostaria de agradecer a ajuda que recebi de minha esposa — ela é uma fonte inesgotável de iluminação. Também queria agradecer a meus pais, John e May, por seu apoio permanente. Meus agradecimentos às pessoas anônimas que participaram de todos os meus experimentos e àqueles que contribuíram com sua sabedoria ao longo dos anos. Minha especial gratidão aos diversos autores que me deram assistência e me prestaram informações, como Andrew Collins, Graham Phillips, Graham Hancock, Crichton Miller, Nick Pope, Karen Ralls, Ernest Scott e muitos outros. Gostaria também de agradecer a Astrid deRidder, minha maravilhosa editora, por eu ter me saído tão bem.

Sumário

Introdução 11

Capítulo 1: A Serpente 19

Capítulo 2: O Kundalini 38

Capítulo 3: A Luminosidade 53

Capítulo 4: O Vazio 67

Capítulo 5: A Bíblia Oculta 90

Capítulo 6: Os Antigos Textos Religiosos 110

Capítulo 7: A Deusa do Templo 126

Capítulo 8: O Templo e os Templários 141

Capítulo 9: Os Segredos de Salomão 168

Capítulo 10: Místicos, Alquimistas e Gnósticos 192

Conclusão 219

Apêndice A: Dicionário do Conhecimento 222

Apêndice B: Linha do Tempo do Culto à Serpente 256

Notas 266

Bibliografia 270

INTRODUÇÃO

Eritis sicut dii scientes bonum et maulum.
(Você será como Deus, consciente do Bem e do Mal.)

Muitas pessoas não sabem o significado da palavra "gnose"; outras acham que ela quer dizer apenas "conhecimento" e param por aí. Entretanto, ela tem um significado mais profundo. É a palavra que deu origem ao título "gnóstico", ou aquele que tem um conhecimento especial. A verdadeira definição do termo "gnose" é a experiência mística do Divino diretamente em si mesmo. É a realização da nossa verdadeira natureza que não pode ser discernida por intermédio de dogmas ou doutrinas intelectuais, mas somente pela experiência.

As crenças e os segredos supremos dos cristãos gnósticos constituem um mistério para a maioria das pessoas. Eles praticam uma espiritualidade que é, sem dúvida, mais oriental do que a versão do cristianismo tradicional ocidental. Como diz Mateus, no livro de Tomé: "Porque aquele que não se conhece nada conhece, mas aquele que se conhece já adquiriu o conhecimento sobre as profundezas do Universo."[1] Tais são as palavras de Cristo, segundo Tomé, e essas poucas palavras revelam a profundeza do sistema da crença gnóstica. Essa passagem parece dizer que o lugar mais importante para procurar a verdade, o Divino, e o conhecimento supremo do Universo é dentro de nós mesmos.

Os Upanishads dizem que: "Não é pela argumentação que se conhece o 'eu'. Faça a distinção entre o 'eu' e o corpo e a mente. O 'eu', o *atman*, o refúgio mais elevado de todos, impregna o Universo e habita o coração das pessoas. Aquelas que aprendem sobre o 'eu' e praticam constantemente a meditação atingem esse atman imutável e com brilho próprio. Façam o mesmo..."[2] O atman é a verdadeira realidade interior, o espírito, ou o elemento do Filho de Deus dentro de cada um de nós. Os alquimistas dizem que o atman jamais morre. Seus dias não têm fim e ele é absolutamente perfeito. O objetivo da gnose é descobrir essa verdadeira realidade interior, que nos proporciona uma profunda percepção do próprio Universo.

"Eu lhes darei o que nenhum olho viu, o que nenhum ouvido escutou, o que nenhuma mão tocou e o que jamais aflorou à mente humana."[3] Essas foram as palavras que Tomé atribuiu a Cristo. Os gnósticos acreditam que Jesus Cristo era ninguém menos que o atman — a verdadeira realidade interior de nós mesmos, falando em unicidade por toda a história da humanidade. As palavras de Cristo casam-se com as de outros avatares históricos e religiosos porque ele é um arquétipo que existe dentro de cada um de nós. O verdadeiro Cristo é o verdadeiro "Nós", e se pudermos adquirir a sabedoria e o conhecimento desse verdadeiro "Nós", ou Cristo, então seremos capazes de ver "o que o olho não viu" e ouvir "o que nenhum ouvido escutou". Entraremos verdadeiramente em contato com "o que jamais aflorou à mente humana" porque o que veremos é muito mais do que apenas a criação da humanidade.

Os segredos da Antiguidade são mais profundos do que a maioria das pessoas suspeita. A verdade sobre algumas das mais enigmáticas questões da história da humanidade — incluindo, entre elas, o Templo de Salomão — está guardada dentro da mente do homem. Essas questões foram identificadas anteriormente por nossos ancestrais, mas suas respostas se perderam. O homem moderno se esforça para explicar a existência do ser humano usando o pensamento lógico e racional. Mas, ao agir assim, o homem moderno só fez destruir esse conhecimento secreto e não consegue mais entender a linguagem de nossos antepassados que tão diligentemente registraram suas descobertas relacionadas à nossa existência, à vida depois da morte e à evolução máxima da nossa própria consciência.

INTRODUÇÃO 13

Por causa de suas tentativas de manifestar, no mundo físico, aquilo que é místico, a humanidade perdeu o conhecimento desses mistérios, criando quebra-cabeças que agora precisamos resolver. Nunca encontraremos a ossada dos apóstolos, porque eles jamais viveram como pessoas reais. Nunca pegaremos um fragmento da cruz verdadeira, porque a crucificação jamais aconteceu. Nunca encontraremos o Santo Graal, porque ele só existe na mente do homem. E nunca encontraremos o Templo de Salomão, porque ele é o próprio homem.

Em outro momento da História, eu teria sido queimado na fogueira por apresentar o conhecimento contido neste livro. Isso ainda pode acontecer. Muitas pessoas antes de mim tentaram revelar os segredos gnósticos e foram silenciadas ou então forçadas a ocultar a verdade por trás de uma linguagem incrivelmente simbólica que poucos puderam decifrar. Somente aqueles que sabem os segredos têm olhos para ver e ouvidos para ouvir. Homens a quem chamaríamos hoje em dia de *alquimistas* e *ocultistas* esconderam seu conhecimento por trás de uma linguagem e de imagens retóricas que ficaram sobrepostas; foram necessários muitos anos de pesquisa para descobrir a verdade. A linguagem desses adeptos, seja escrita, falada ou artística, tornou-se conhecida como *esotérica*, e somente aqueles que a entenderem serão capazes de decifrar seus significados ocultos, que é a definição da verdadeira gnose.

Para aqueles que têm pouco conhecimento das tradições gnósticas, a idéia de que nossos antepassados guardavam segredos arcanos que permanecem relevantes ainda hoje pode parecer quase ridícula. Entretanto, para você e para tudo o que você sabe, há mais relevância nesses segredos antigos e sagrados do que em qualquer outra coisa com que você venha a deparar. O conhecimento existente neste livro é tão poderoso que vai mudar sua vida. Não é o conhecimento que está errado, mas sim a sua percepção dele.

Você deve estar imaginando como é que adquiri esse conhecimento. É uma longa história, mas vou me esforçar para resumi-la. Comecei minha jornada anos atrás, pesquisando e lendo centenas de livros sobre História, religião, filosofia esotérica e todo tipo de literatura alquímica e oculta. Eu estava tentando equilibrar as informações que encontrei com a ciência da atualidade.

Sempre acreditei que havia muito mais vida do que aquela que nossos olhos enxergam. Em minha atividade anterior, como especialista em marketing, eu sabia que havia mecanismos de propaganda sutis e contínuos em funcionamento por todo o mundo. Isso compreendia desde empresas de marketing a departamentos de relações públicas de empresas e organizações internacionais. Há um intercâmbio entre todas essas organizações. Esses intercâmbios usam técnicas de marketing e propaganda a fim de manipular as massas dentro de currais diferenciados e controláveis. Eu disse "currais" porque, muito simplesmente, a parte "animal" do ser humano é a parte básica sobre a qual os especialistas em marketing trabalham. Eles se esforçam para ser a maior influência sobre os desejos evolucionários básicos de cada setor da humanidade. Seja vendendo produtos ou retórica política, eles atraem esses mesmos instintos animais que habitam nossas mentes. Por exemplo, ao vender um produto infantil, eles usam uma linguagem forte, mas básica, imagens coloridas e primárias, músicas e sons simples. Quando vendem para os mais velhos, usam uma linguagem suave, tons pastéis sutis e música retrospectiva. Esse processo vem sendo utilizado há milhares de anos e todas as técnicas de venda e persuasão têm sido desenvolvidas para atrair os mesmos instintos básicos da natureza humana.

Esses especialistas têm empregado a sedução e a ameaça. Têm dito que a humanidade pode alcançar a entrada do paraíso cristão ou então ser jogada no inferno com os pagãos hereges. Você pode votar no partido político bom ou no mau, e ter cortes nos impostos ou aumentos de salário. Pode viver em um paraíso terrestre com vistosos carros esporte, férias dispendiosas e uma enorme mansão branca, ou pode fazer parte das classes mais baixas e apenas lutar para sobreviver. Essa é a versão capitalista do paraíso e do inferno.

Ao longo de milhares de anos, o homem aprendeu sobre as sutilezas da sua própria natureza, mas ainda fica confuso e embaraçado com o fato de que um mestre de marketing ou propaganda possa desnorteá-lo. Propaganda e marketing transformaram-se no instrumento do especialista, e esse especialista precisa entender a natureza humana como qualquer psicólogo. Paradoxalmente, é papel do verdadeiro psicólogo corrigir a mente confusa de alguém que sucumbiu aos ciclos contínuos de desejo, rejeição, desânimo e depressão criados pelo especialista em marketing. Deixamos de perceber que os produtos que produzimos e vendemos uns aos outros são efêmeros e não oferecem a verdadeira iluminação. Esses produtos não passam de coisas materiais. Deixamos de seguir a orientação mais básica dos antigos filósofos — encontrar o equilíbrio.

É por causa desse cenário que muitas pessoas no mundo do marketing acabam se sentindo cínicas e vazias. Comecei a rejeitar o universo comercial e capitalista que ajudei a criar e que parecia estar tomando conta do mundo inteiro. Quis fugir e escapar da podridão abusiva da ganância disseminada por toda parte. Quis alcançar o equilíbrio na minha vida.

Com tudo isso em mente, quis saber se houve, na História, homens e mulheres que sentiram o que eu sentia — que há teorias misteriosas e pensamentos ocultos na literatura e na arte. Finalmente, depois de anos estudando sinais, símbolos e cifras, comecei a ver uma sutil corrente oculta em lugares extraordinários e em épocas incrivelmente remotas. Parece que nossos ancestrais descobriram segredos notáveis e, lentamente, eu os estava revelando. Mais precisamente, eu estava chegando a uma compreensão mais profunda da verdade por trás dos segredos.

Durante minha pesquisa entrei em contato com centenas de pessoas e descobri que muitas delas tinham idéias semelhantes. Logo fui convidado a me tornar membro de uma sociedade secreta. (Não vou revelar o nome desse clube de cavalheiros, basta dizer que ele remonta a muitos séculos e não é a franco-maçonaria.) Na verdade, o convite era mais uma intimação. Um livro me foi entregue por um senhor muito idoso. O livro havia sido impresso anonimamente nos anos de 1930, mas previa a ocorrência da Segunda Guerra Mundial. Meu primeiro pensamento foi que a data de publicação estava errada e que ele fora impresso depois da guerra. Entretanto, nem todos os acontecimentos relatados no livro chegaram a se realizar, apenas os mais importantes, e todas as minhas pesquisas indicaram que o livro tinha sido publicado em 1933. Como, então, o autor sabia que certos eventos iriam acontecer? A resposta me foi dada pelo senhor idoso. Os eventos faziam parte de um plano muito maior, disse ele, e havia vários resultados possíveis — e todos eles conduziam à criação de uma organização internacional. (Muitos teóricos da conspiração a chamam de Nova Ordem Mundial.) Essa organização, declarou o senhor, era chamada de Nações Unidas. Agora que eu sabia disso, disse ele, eu não tinha escolha a não ser me juntar à sociedade secreta.

O senhor idoso faleceu e me deixou imaginando o que fazer. Eu deveria entrar para a sociedade, ou apenas ignorar aquilo tudo? Na verdade, eu não tinha opção. Como última vontade em seu testamento, ele tinha determinado a minha inclusão nos quadros do clube. Eu me tornara membro da sociedade secreta, querendo ou não. Em seu nível mais baixo, a coisa toda parecia tola e planejada, mas com o passar do tempo notei mudanças sutis na linguagem dos diversos níveis e descobri que eu estava compreendendo melhor os textos e as obras de arte que antes me confundiam. Essa era uma evidência da evolução do meu conhecimento. Parecia haver camada após camada de mensagens ocultas e ensinamentos que ninguém de fora entendera ou em que acreditara. Creio que esse é o caminho para a sabedoria, um método que tem sido usado por séculos. Viajei pelo mundo todo verificando se meu recém-adquirido conhecimento tinha sustentação em artefatos e imagens pertencentes a várias nações e religiões. Encontrei a confirmação em todos os lugares por onde andei.

Essa é a versão abreviada do meu caminho para a luz. É uma jornada que acabou de começar, mas uma jornada que me ensinou o surpreendente segredo do Templo de Salomão. Espero sinceramente que, neste livro, eu seja capaz de expressar o deslumbramento e a admiração que senti quando cheguei à percepção espantosa de que realmente existe uma consciência superior e que essa é uma condição ao alcance de todos. Espero que você também se sinta ultrajado com o fato de que esses elementos profundos e reais da nossa própria existência foram tirados de nós pelos manipuladores mundiais. A razão para essa fraude é simples — a liberação da nossa mente nos dá a liberdade para controlar as influências. Esta é uma verdade intrínseca e extrínseca: nossas mentes, nossos sentidos e todos os nossos pensamentos estão sob a influência de outras pessoas.

Gostaria de deixar claro que o campo coberto por este livro é tão extenso que simplesmente não posso entrar em detalhes em cada um dos seus aspectos. Com isso em mente, espero que essa leitura crie em você uma sede tão grande que você se sinta levado a ir pessoalmente beber no poço da antiga sabedoria. Esses poços são os textos antigos das religiões do mundo — a Bíblia, o Alcorão, os Upanishads e muitos outros. Esses textos não são apenas para quem tem inclinação religiosa, são para todos.

Se eu tivesse um conselho a lhe dar para a jornada a sua frente, seria este: esqueça-se de tudo em que acredita, ignore tudo o que lhe disseram e leia este livro com a mente pura e aberta. Se não compreender tudo o que está escrito, leia o livro novamente. Esse conhecimento está arraigado tão profundamente que pode, com facilidade, passar despercebido, mas muitas vezes uma segunda leitura acabará por trazê-lo à superfície. Para ajudá-lo, incluí um extenso Dicionário do Conhecimento no final do livro. O dicionário é uma reinterpretação de várias crenças, símbolos e textos utilizando as novas interpretações apresentadas aqui. Ficará evidente a mais rematada realidade: da alquimia ao taoísmo e do cristianismo gnóstico ao sufismo místico, as verdades apresentadas neste livro são a origem de toda a sabedoria. As verdades estão em todas as culturas do mundo.

Boa sorte em sua jornada rumo à sabedoria real e à verdadeira gnose.

— Philip Gardiner

Para conhecer melhor e obter textos e maiores informações,
por favor, visite www.philipgardiner.net.

Capítulo 1

A Serpente

O cálice de São João com a serpente e o livro do conhecimento.

Para compreender completamente o que é gnose, precisamos primeiro entender o cenário de fundo e a história desse mundo oculto.

Precisamos chegar a aceitar a idéia de que nossa história ortodoxa atual está basicamente errada. Ao longo dos últimos séculos tem havido uma contínua revisão da História por pessoas que ocupam o poder, tanto o eclesiástico quanto o político. Como qualquer historiador vai lhe dizer, a história do mundo tem sido escrita pelos vencedores. A vitória tanto pode ser uma conquista militar, uma campanha política ou um movimento religioso — de qualquer modo, os perdedores são silenciados e erradicados dos livros. Algumas vezes são apresentados como tolos, ou mesmo difamados.

Quando os livros de História nos dizem que "a guerra foi vencida pelo bom e glorioso", precisamos ficar atentos. A história normalmente é contada de modo exagerado pelos vitoriosos e não se trata de uma versão acurada da verdade. Isso é especialmente verdadeiro quando se trata das vitórias do cristianismo. Por exemplo, o relato comum é que Patrício foi para a Irlanda e venceu as serpentes, livrando a ilha de todas as cobras nativas. Essa é uma mentira gritante, já que na Irlanda nunca houve cobras. Os fatos relativos a esse caso nos foram ocultados por aqueles em posição de autoridade — isto é, a Igreja Católica Apostólica Romana. O que acontece é uma declaração simbólica em múltiplas camadas. Na verdade, essa história é uma alegoria, cujo significado está no fato de Patrício ter livrado a Irlanda de todos os adoradores do diabo. (A cobra ou serpente normalmente era associada aos adoradores pagãos.) Essa história prova a existência de um culto à adoração da serpente na Irlanda, que foi substituído pelo novo culto do cristianismo, e que está ligado ao culto daquilo que descobriremos ser a *sabedoria da serpente*. Refere-se também ao fato de que Patrício superou o poder da serpente e, em seguida, subjugou-a.

Como revelei no meu livro anterior, *The Serpent Grail**, o culto à serpente prevalecia por todo o globo nos tempos antigos. Com freqüência as cobras têm um maravilhoso e natural "elixir da vida" em seu veneno. O veneno é envolto em proteínas que contêm propriedades benéficas,

---

* *O Graal da Serpente*, Editora Pensamento, São Paulo.

São Patrício e as cobras.

cientificamente comprovadas, que realmente ajudam a prolongar a vida e melhoram a saúde. Revelei como os antigos sabiam disso, utilizavam-no e incluíram muitas referências a ele em seus textos, em sua arte e estruturas. Afinal, a mistura de sangue e veneno de serpente em um cálice ritualizado deu origem ao cálice sagrado que conhecemos hoje como o Santo Graal. A serpente simboliza a sabedoria — muitas vezes chamada de suprema sabedoria. Por que uma cobra escorregadia, que se move sinuosamente pelo chão, come suas vítimas e se desfaz de sua pele, poderia ser vista como o símbolo do supremo conhecimento?

Em *O Graal da Serpente,* eu declarei que a veneração à serpente era predominante em todo o mundo nos tempos antigos, e ela, na verdade, deu origem às muitas e distintas religiões e culturas da humanidade. Nas passagens seguintes, faço uma recapitulação rápida de alguns elementos da mitologia e da adoração à serpente que acredito serem relevantes. Não vou, contudo, explicar as razões que estão por trás de cada acontecimento ou texto estranho, já que esse é um processo simples, mas freqüentemente lento, de gotejar informações na mente, deixando que as lembranças retidas saltem ocasionalmente para fora assim que novas percepções sejam obtidas. Pense nessas percepções como pequenas centelhas de iluminação, e você estará bem próximo da verdade. Em resumo, estaremos nos movendo pelos diversos estágios como se fôssemos iniciantes nos mistérios do gnosticismo.

Antigo Culto

Na História, a veneração à serpente[1] remonta aos tempos dos gregos, romanos, egípcios e até sumérios. O culto às cobras pode ser encontrado em lugares tão distantes entre si quanto a Austrália, a Europa, a América do Sul e o continente africano. Esse culto está presente em quase todos os planos de qualquer cultura conhecida.

Na África, a cobra era pregada a uma cruz ou árvore como oferenda sacrifical, do mesmo modo que Jesus foi crucificado, segundo o Novo Testamento. Moisés também ergueu a Serpente de Bronze e pregou-a no que se acredita ter sido uma cruz *tau* [em forma de "T"]. A cruz tau finalmente passou a significar tesouro oculto; à medida que prosseguirmos em nossa jornada de iniciantes, perceberemos que esse simbolismo deve-se ao conhecimento oculto manifestado no símbolo da serpente crucificada que se move para cima.

Num censo estatal realizado em 1896, foi registrado que mais de 25 mil diferentes imagens de najas (a mítica cobra indiana) predominavam na província noroeste da Índia, e muitos especialistas acreditam que a adoração às cobras pode ter sua origem rastreada desde a Índia até a Pérsia e Babilônia, assim como a outras diversas civilizações anteriores.

A cobra liga-se intricadamente com a magia e a mitologia em quase todas as culturas. É vista como a personificação da sabedoria e da bondade, e alternativamente como a personificação do mal — desse modo revelando a dualidade que está implícita em sua natureza. Isso também está subentendido na dualidade das serpentes de energia, *ida e pingala*, que percorrem a coluna vertebral e são conhecidas como *Kundalini* na tradição hindu. O Kundalini é comumente visto como um dos caminhos da verdadeira sabedoria.

Não existe acordo com relação ao simbolismo sexual da cobra. Algumas pessoas acreditam que as cobras são masculinas, porque, quando uma serpente fica em pé ao ser ameaçada, mostra uma natureza fálica. Ao mesmo tempo, quando as cobras são associadas com a água, muitas vezes se atribui a elas uma conotação feminina. Discordo de grande parte do que se pensa sobre esse assunto. Coisas naturais não podem ser sempre atribuídas ou relacionadas à sexualidade humana, embora haja definitivamente exemplos de relações entre serpente, deus e falo. Algumas delas estão historicamente provadas, mas se referem mais à *união de opostos* dentro de nós do que a uma união sexual entre macho e fêmea. Essa união interior tem sido retratada através da História como uma união sexual, embora não seja implicitamente sexual em sua natureza. Muitas vezes é representada como uma figura *hermafrodita* ou *andrógina*. Entretanto, é importante lembrar que, apesar de haver uma associação do falo com a deusa serpente, nem todas as cobras estão associadas desse modo. Pode muito bem ser que o falo seja apenas um símbolo do poder e da fertilidade da cobra. Creio que isso significa que a própria cobra (seja a cobra física, seja a serpente de energia do hinduísmo e de outras religiões) era uma *portadora* da fertilidade e não apenas um *símbolo* da fertilidade.

Alguns especialistas acreditam que os povos da Antigüidade consideravam as cavernas, os poços e outras aberturas semelhantes na terra como entradas para o útero da Deusa, do qual toda a vida irrompia e dentro do qual todas as coisas eram depositadas na morte. Diz-se que a cobra vive dentro da terra, a qual muitas vezes simboliza o corpo da Deusa. Desse modo, a cobra é conhecedora de todos os segredos e sabedoria da Deusa, inclusive os relacionados à vida, à morte e ao renascimento. Essa é uma indicação do motivo de a cobra ser vista como falo e uma alusão à potência sexual do macho, assim como ao espírito feminino da sabedoria, serpentino e aquático. É a união do poder e da sabedoria.

A água tem sido encarada como sagrada por várias culturas, e muitos templos foram construídos em locais próximos a ela. Mais tarde, esses locais evoluíram e se transformaram em todas as formas de igrejas, templos e mesquitas, sendo dirigidos por diversas organizações religiosas. Ao longo do tempo, muitos mitos ligados à serpente ou ao dragão permaneceram associados a esses lugares sagrados, inclusive as histórias envolvendo a família Sinclair, agora relacionadas mais com a propriedade da Capela Rosslyn, na Escócia.

A família Sinclair (que está intrinsecamente envolvida com os mitos do Graal templário) tem sua origem na Escandinávia. Essas regiões do norte não conseguem fugir de seu passado serpentino. Tanto os vândalos quanto os lombardos eram "adeptos da adoração à serpente".[2] Olaus Magnus, escritor e historiador eclesiástico sueco, informa-nos que as cobras comiam, dormiam e brincavam com as pessoas comuns em suas próprias casas. Esse culto à serpente fica óbvio ao se olhar para os emblemas com dragões dos dinamarqueses e *vikings*. Esses dragões foram mais tarde levados para o País de Gales e introduzidos na lenda do rei Arthur pelos invasores nórdicos. Em *The Worship of the Serpent*, John Bathurst Deane nos deixa penetrar no segredo por trás do vaso sagrado dinamarquês e sua idolatria primitiva. A relíquia é uma "célebre cornucópia encontrada por uma camponesa perto de Tundera, na Dinamarca, no ano de 1639". Diz-se que o recipiente é de ouro, ornado em relevo com círculos paralelos, em número de sete. No primeiro círculo, há uma mulher nua ajoelhada com os braços estendidos — de cada lado, figuras de serpentes. No segundo círculo, a mulher dirige uma prece à serpente; enquanto no círculo três, ela está conversando com a cobra. Esse deve ser um graal, uma cornucópia da prosperidade, uma cornucópia para oferendas à cobra sagrada e recepção de suas dádivas.

Diz-se que as mulheres dos vândalos (que cultuavam o dragão voador) mantinham cobras em buracos de carvalhos e lhes faziam oferendas de leite. As mulheres pediam às cobras que trouxessem saúde às suas famílias. O fato de mantê-las prisioneiras, alimentá-las e, então, pedir-lhes pela cura pode ser uma indicação de como era profundamente arraigado o culto à serpente na sociedade vândala. Deane declara que os lombardos cultuavam da mesma maneira uma víbora dourada e uma árvore na qual a pele da "besta selvagem estava pendurada". Em 682 d.C., o bispo de Benevento suprimiu essa crença ao cortar a árvore, derreter a víbora dourada e transformá-la em um cálice sacramental.

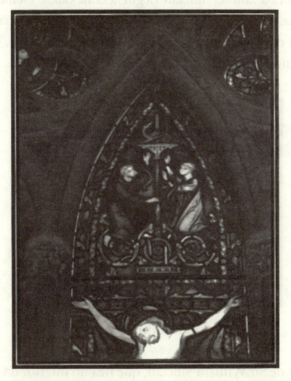

Cristo será levantado, como a Serpente de Bronze! Catedral de Lichfield.

Os normandos eram descendentes dos vikings e consideravam importante a árvore *yggdrasil*, com a serpente em volta dos céus, como o ouroboros. Eles gravavam dragões e cobras no punho de suas espadas e escudos. Isso ocorria muitas vezes com o símbolo da cruz tau (antes que eles fossem cristianizados).

O timbre de Henry St. Clare (o primeiro Conde de Orkney), do século XIV, apresenta a cabeça de uma grande serpente. A cruz denteada (vista na Capela Rosslyn) também tem notáveis conotações. A cruz denteada é atualmente o símbolo dos Sinclair, mas a definição original de "denteada" [*engrail*, em inglês] implica "geração" [*generation*]. A família Sinclair — a Luz Sagrada — era a Geração Sagrada, os guardiões ou protetores do Graal. No centro da cruz denteada está a cruz dos templários. Embora a família Sinclair negue a conexão, o elemento da cruz dos templários está presente. A cruz dos templários se expande a partir do centro em curvas em forma de ferradura e, desse modo, torna-se um símbolo da imortalidade.

A cruz denteada.

O túmulo de Sir William Sinclair, que fica no interior da Capela Rosslyn, representa um cálice e uma cruz octogonal, assim como uma rosa. O cálice é o Graal, a cruz é o número oito da imortalidade, e a rosa é o sangue da serpente (Cristo) e o símbolo da deusa-mãe Ishtar e de sua sabedoria oculta.

Como os movimentos de uma cobra são caracteristicamente sinuosos e ondulados, semelhantes ao curso de um rio, são atribuídas três letras a ela [na língua inglesa] — M, W e S. O uso dessas letras precisa ser examinado bem de perto, especialmente quando são usadas em conjunção com a mitologia da cobra ou com a alquimia (como em Mary ou *mare*, para água; como na própria água [*Water*] e em serpente [*Serpent*]). A ligação com a cobra não está implícita em todas as vezes que essas letras são usadas, apenas quando estão associadas a algum outro símbolo da cobra.

Em todo o mundo, muitas culturas acreditam que a água contém o espírito da serpente, o que nessas culturas está ligado implicitamente aos cultos aquáticos. As serpentes também são vistas muitas vezes como guardiãs de uma lagoa, um tanque ou um poço. Isso é particularmente verdadeiro na cultura céltica, em que elas eram representadas com deuses e deusas. Por exemplo, Brighid é associada com várias deusas serpentes, como a Neit. Essas serpentes aquáticas eram as guardiãs da sabedoria [*Wisdom*] associada à água [*Water*]. Há um poço [*Well*], situado em Pembrokeshire, na Inglaterra, do qual se relata que teria contido um colar de ouro (que alguns dizem simbolizar a cobra), guardado por uma cobra que picava mãos. No Maiden's Well [Poço da Virgem], em Aberdeenshire, na Escócia, dizia-se que estava presente uma serpente alada.

Alguns especialistas acreditam que a cobra era originalmente um símbolo da deusa virgem dando à luz o cosmo, sem a participação de qualquer princípio masculino, quase um elemento andrógino de criação. Em alguns mitos primitivos, a deusa dá à luz o Universo, e depois a singularidade original da deusa se divide em formas separadas, de deus e deusa. Seria de sua união sexual que a criação teria surgido. Portanto, o que se exige para a verdadeira sabedoria e criatividade é a *re-união desses dois opostos.*

Mitos da Criação

THE PELASGIAN CREATION MYTH[3], DE DR. JAMES LUCHTE
ADAPTAÇÃO DE *THE GREEK MYTHS*, DE ROBERT GRAVE

No início, Eurínome,
A Deusa de Todas as Coisas,
Elevou-se nua do Caos.

Nada encontrou em que
Pudesse pousar os pés; então,
Separou o mar do céu.

Sozinha dançou sobre
As ondas do mar.

Dançou em direção ao Sul, e
O Vento bateu em suas costas
Parecendo algo novo e estranho
Com o qual começar a obra da criação.

Virou-se e apanhou
Esse vento Norte, esfregou-o entre
As mãos e eis que surgiu
A grande serpente macho Ofion.

Eurínome dançou para se aquecer, cada vez
Mais selvagemente, até Ofion, encantado,
Enroscar-se em seus divinos membros
E tornar-se uno com ela.

Como se deitou com Ofion,
Eurínome ficou prenhe de uma criança.

Eurínome tomou a forma de uma pomba,
Chocou sobre as ondas e, no tempo certo,
Pôs o Ovo Universal.

Obedecendo às ordens dela, Ofion enroscou-se sete vezes
Em torno do ovo, até ele rachar e dividir-se em dois.

Saíram todas as coisas que existem, seus filhos:
Sol, Lua, planetas, estrelas e Terra com suas montanhas,
Rios, árvores, plantas e todas as criaturas vivas.

Eurínome e Ofion construíram seu lar sobre
O Monte Olimpo, onde ele a humilhou ao
Proclamar-se autor do Universo.

Sem demora, Eurínome pisou em sua cabeça,
Arrancou seus dentes e baniu-o para as
Cavernas escuras sob a terra.

Eurínome voltou o olhar e os braços para seus
Filhos, dando o nome que conferia a cada um
seu próprio ser e poder singular.

Nomeou o Sol, a Lua, os planetas, as estrelas e
A Terra com suas montanhas e rios, árvores,
Plantas e criaturas vivas.

Alegrou-se com sua criação, mas logo se viu
Sozinha, desejando o rosto, a voz,
o ouvido e o calor de alguém como ela.

Eurínome levantou-se e, mais uma vez,
Começou a dançar sozinha sobre as ondas.

No mito pelásgico da criação, a deusa criou o primeiro ser vivo do ar — a serpente macho gigante Ofion — e se converteu em serpente fêmea para que se unissem e gerassem o Ovo do Mundo. Ela então se transformou em uma pomba (que mais tarde se tornou o símbolo do espírito divino ou do Espírito Santo) e flutuou sobre o oceano primordial, enquanto Ofion enroscava-se sete vezes em torno do ovo até ele rachar e nascerem os céus, a terra e os infernos.

O relâmpago era conhecido como *serpente-do-céu* ou *cobra-relâmpago*. Acreditava-se que o trovão era o acasalamento do pai Céu e da mãe Terra, trazendo a chuva fertilizadora. O raio em si consistia em uma investida masculina e um poder fertilizador.

Os gregos acreditavam que o cogumelo era o resultado da união do deus e da deusa, da cobra-relâmpago e da terra. Muitos deles indicaram esse cogumelo como sendo o Elixir da Vida. Se o cogumelo é um elixir, então foi criado simbolicamente pela cobra. Segundo John Bathurst Deane, em *The Worship of the Serpent*, o lugar onde caía um raio era conside-

30 GNOSE

rado um lugar repleto de poder e designado como um *abaton* (abismo) ou *lugar proibido da serpente* (ab). Isso liga a serpente à energia elétrica ou eletromagnética da Terra, como é comumente visto nos Caminhos Chineses do Dragão e nos Caminhos da Serpente, ou nas Linhas Ley da Europa.

Nos mistérios dionisíacos, uma serpente representando o deus era carregada em uma caixa, chamada *cista*, sobre uma cama de folhas de parreira. Acredita-se que essa possa ser a infame cista, mencionada pelo escritor antigo Clemente de Alexandria, que era exibida como contendo o falo de Dioniso. Também se diz que na cista mencionada nos mistérios de Ísis era mantida uma serpente, também conhecida como o falo desaparecido de Osíris. Mais uma vez, de acordo com Deane, o festival da fertilidade das mulheres de Arretophoria incluía imagens "de serpentes e de formas masculinas", feitas com massa de cereais, que revelavam os aspectos duplos da sabedoria feminina e do poder masculino.

Conta-se que uma serpente foi encontrada ao lado da adormecida Olímpia, mãe de Alexandre, o Grande. Filipe da Macedônia, o marido de Olímpia, a partir daí nunca mais teria tido relações sexuais com a *Noiva da Serpente*. Às vezes, Alexandre é associado a imagens da serpente cornífera, que é um símbolo usado para a experiência da iluminação. Alexandre, o grande general e herói guerreiro, reivindicava sua autoridade por meio do poder predominante da serpente do seu dia.

Atribui-se também ao deus romano e grego da cura, Esculápio, a paternidade do filho de uma mulher que é representada sentada sobre uma serpente no Templo em Sicião. Isso significa claramente que Esculápio era visto como a serpente, tornando a ligação ainda mais forte. Mulheres estéreis muitas vezes procuravam ajuda nos templos de Esculápio pedindo para dormir nos arredores do *abaton*.

Estações da Serpente

Na mitologia clássica greco-romana, o ano era dividido em três estações para representar as três facetas da Deusa Mãe. Essas três facetas eram governadas pelos totens do leão, da cabra e da serpente. A serpente representava o outono ou o aspecto mortal da deusa. Esse é o ponto de entrada para um outro reino. O leão e a cabra são aspectos da natureza inferior da humanidade — o lado não-espiritual da nossa consciência. A cobra é vista algumas vezes como controlando a porção invernal do ano. O deus-sol Apolo era freqüentemente representado como assassinando a píton, em Delfos, com suas flechas de raios de sol. (Embora essa imagem seja um mito para explicar a vitória dos deuses patriarcais sobre a deusa cobra.) Na verdade, esse mito explica a poderosa energia serpentina de Apolo matando o aspecto feminino ou negativo da serpente.

A cobra também é vista como o senhor do Ano Decrescente e o gêmeo sombrio do senhor Sol. Os dois senhores lutam para governar a terra no começo do verão e também no começo do inverno. Isso pode ter originado os mitos posteriores do herói valente sendo morto pelo dragão em vez de derrotá-lo, como na história de São Jorge e o dragão. No mundo pagão, o senhor assassinado se levantará a cada ano, e a luz e a escuridão (inverno e verão, dia e noite) governarão equilibradamente. Mitos posteriores vêem a morte como o fim definitivo, e a luz e a escuridão passam a ficar em total oposição.

O senhor Sol também morre todas as noites e passa pelo reino subterrâneo da serpente ou dragão. O deus egípcio Rá, como o gato solar, era representado em luta com a serpente da escuridão, conhecida como Zet ou Set. Histórias semelhantes são contadas, em muitos sistemas míticos, sobre deuses celestiais lutando com serpentes, como Marduc e Tiamat, Apolo e Píton, e Zeus e Tífon. No Antigo Testamento, aparece o monstro marinho Leviatã. Essa foi provavelmente a divindade totem original do clã levita, cujo nome significa *filho de Leviatã*. Leviatã pode ter feito parte de uma divindade dupla, combinado a Jeová, em que cada um governava metade do ano. Medalhões do século I mostram Jeová como um deus serpente.

No mito grego, Gê (a deusa da terra) dá, como presente de casamento para Hera, a Árvore da Imortalidade. Ela fica nas Hespérides, uma ilha mítica no oeste distante, guardada pela filhas da noite e pela serpente

Ladon. As maçãs da árvore representam o Sol, que se põe ou morre toda noite no oeste, depois viaja pelas tocas subterrâneas da serpente ou do dragão, para renascer toda madrugada no leste. Dizem alguns que a história de Adão e Eva é uma recriação desse mito.

Matar a serpente representa o triunfo da luz sobre a escuridão, ou uma religião superando outra. Muitas vezes envolve prender a energia serpentina da terra a um lugar específico. Apolo matou a cobra em Delfos, enquanto São Miguel e São Jorge mataram dragões na Inglaterra. Atribui-se a São Patrício, como mencionei anteriormente, o feito de banir as cobras da Irlanda. Muitas vezes, a Virgem Maria é retratada pisando em cobras, da mesma maneira que muitos outros santos e figuras cristãs. Mas devemos perguntar a nós mesmos, como ou por que a serpente acabou por representar o mal? Como esse animal tornou-se associado à morte?

O folclore diz que, quando São Jorge mata uma víbora no começo da primavera, isso traz boa sorte para aquele ano. Mas, se ele a deixa escapar, traz má sorte. Esse fato era simbólico da matança da serpente invernal, o que sugere que a serpente estava perdendo sua vida de simbolismo e ganhando os atributos cristãos conferidos a Satã.

Profecia e Adivinhação

As cobras estão associadas com adivinhação por todo o mundo. Os gregos mantinham cobras oraculares nos templos; a palavra arcadiana para "padre" significa literalmente "encantador de cobra".

Segundo o historiador e escritor Filóstrato, os árabes conseguiam fazer presságios usando sons de pássaros, mas somente depois que estes tivessem comido o coração ou o fígado de uma cobra. Tanto no árabe quanto no hebraico a palavra utilizada para "mágica" deriva da palavra usada para "serpente".

A adoração à deusa serpente estava disseminada no norte do Egito pré-dinástico. A víbora tinha o título de *uzait,* significando "o olho", por causa de sua sabedoria e visão do Outro Mundo. As deusas Hathor e Maat eram ambas chamadas de "o olho". O adorno *uraeus*, usado na cabeça pelos faraós, dava simbolicamente ao seu portador o poder do Terceiro Olho. A cobra era destinada a atacar qualquer inimigo que chegasse à presença do governante. Todas as rainhas egípcias recebiam o título de *Serpente do Nilo*.

Na América do Norte, os índios nativos escolhiam um guerreiro para sofrer a provação de deixar uma cobra picá-lo diversas vezes durante uma dança sagrada. Se ele sobrevivesse, considerava-se que tinha adquirido grande sabedoria e a percepção do funcionamento do cosmo. Isso é típico das provas de iniciação xamânica e um ato simbólico do poder da energia interior da cobra, como pode ser visto em mitos ao redor do mundo.

Muitas *plantas serpente* (plantas que recebem nome de serpente ou cobra por sua capacidade de alterar a consciência) têm sido usadas para induzir estados de transe e conduzir jornadas ao Outro Mundo.

Para fins de cura e adivinhação, os druidas freqüentemente usavam pedras-cobra, que seriam formadas por víboras respirando sobre bastões de aveleira.

O Reino Tríplice

Na mitologia egípcia, os Textos da Pirâmide se referem à cobra como celestial e terrena, mas também subterrânea — o que significa que ela tinha o aspecto de uma trindade. O falo divino — a serpente — estava em copulação permanente com a Mãe Terra e representava o *axis mundi*, que passava pelos três reinos: inferno, terra e paraíso. Isso simboliza a abertura de um caminho dentro de nós mesmos para permitir um diálogo interior entre a nossa natureza inferior e os nossos sentidos mais elevados ou consciência. Como a serpente vive debaixo da terra, é comum ver esse fato como uma ligação com o mundo subterrâneo. Muitas vezes as cobras eram encontradas em cemitérios, onde se imaginava que elas se comunicassem com os mortos.

A serpente e o dragão são encarados como guardiões de uma riqueza do mundo subterrâneo em muitas circunstâncias — sob um lago, numa caverna ou numa ilha. As lendas dos índios cherokees falam da grande sabedoria que recairá sobre o guerreiro que pegar a jóia da cabeça do rei das serpentes, Uktena. Isso dá a idéia de que a cobra tem uma pedra preciosa incrustada em sua cabeça, o que é comum em diversas mitologias. Foi dito que o Elixir da Vida era uma esmeralda que caiu da testa de Lúcifer, o anjo serpente, cujo nome quer dizer *portador da luz*. Na mitologia hindu, a serpente tem uma pedra preciosa em sua testa. Claro que a pedra preciosa, nesses casos, é um símbolo de sabedoria extrema.

A idéia do poder curativo da cobra surgiu em razão de sua mudança de pele. A imagem dos antigos chineses para o processo humano de rejuvenescimento era uma pessoa rompendo sua pele velha e emergindo mais uma vez como jovem. Os melanésios dizem que soltar a pele velha significa vida eterna. Encontramos um raciocínio semelhante tanto no judaísmo quanto no cristianismo.

Entretanto, o conceito completo que será discutido neste livro nos dá ainda uma outra interpretação. Para alcançar verdadeiramente a gnose ou sabedoria extrema, precisamos extirpar nosso velho "eu". Esse velho eu está repleto do que os cristãos chamam de *pecado,* e que chamo de *a causa do sofrimento.* Precisamos erradicar essa parte de nós mesmos (o eu egocêntrico) e então liberar o "Nós" real, como se estivéssemos soltando a pele morta da serpente.

As cobras têm sido identificadas com o deus patrono dos curadores, Esculápio. O caduceu de Esculápio, um símbolo da medicina e da cura, mostra duas cobras entrelaçadas. A filha de Esculápio, Higéia, às vezes é representada com uma serpente em seu seio, ou mesmo com uma cobra em um cálice. Ela, evidentemente, nos legou a palavra *higiene.* Diz-se que Buda assumiu a forma de uma cobra para fazer cessar a doença entre seu povo. O deus nórdico Siegfried banhou-se no sangue do dragão que matara, ficando assim invulnerável. O imperador cego Teodósio recuperou sua visão quando uma serpente agradecida pôs uma pedra preciosa sobre seus olhos; Cadmo e sua esposa foram, literalmente, transformados em cobras para curar os males da humanidade.

A cobra de São Paulo, Malta.

Durante o período medieval, a cobra era geralmente vista como um símbolo do demônio, embora ainda estivesse ligada à cura. Pedras de víbora, que se pensava serem formadas de peles de víboras belicosas, eram usadas para curar catarata. Cabeças secas de cobra eram utilizadas para curar picadas de cobra, e peles de cobra eram usadas na cabeça para evitar dores de cabeça ou em volta de outras partes do corpo para prevenir o reumatismo. O veneno das víboras era até mesmo usado para induzir o aborto. Desenvolveram-se antigas idéias de que seria possível uma pessoa adquirir habilidades médicas ao comer alguma parte de uma serpente; a idéia central era que, desse modo, ela poderia assimilar as qualidades curativas da cobra.

Nas encostas do Aventino, uma das sete colinas de Roma, havia um templo, dedicado à deusa da terra Bona Dea, que se dizia ser uma espécie de herbário. Mesmo ali, nesse lugar sagrado de cura, havia cobras. Elas eram mantidas como símbolos da arte de curar, e possivelmente conservadas por outras razões mais práticas, que muitas vezes são ignoradas pelos historiadores dogmáticos.

Na Caxemira, as antigas tribos da serpente eram famosas por suas habilidades médicas e atribuíam isso a suas cobras, que lhes davam saúde. Os antigos psylli, da África, e os ophiogenes, de Chipre, eram povos adoradores da serpente, e só essa associação já os capacitava a curar as pessoas. O notório pai da medicina, Galeno, admitiu ter pedido ajuda ao povo marsi, que habitava a área central e montanhosa da Itália. Os marsi eram caçadores de cobra, encantadores e excelentes farmacêuticos. Dizia-se que eles eram imunes ao veneno de cobra e vendiam antídotos para esse veneno. Finalmente, Galeno soube de uma receita que continha 75 substâncias, incluindo carne de uma víbora. Aristóteles declarava que os citas usavam flechas embebidas em veneno mortal preparado com tecido de cobra decomposto e sangue humano.

A cobra está profundamente arraigada na mitologia mundial. Não há outro animal no planeta que possua uma mitologia, uma tradição, um valor medicinal e um folclore tão fortes e difundidos. Da antiga pré-civilização à medicina atual, o uso ou o símbolo da serpente está sempre presente. Simplesmente deve haver algo mais nesse fenômeno consistente e mundial do que apenas sua capacidade de soltar a pele. Deve haver uma razão maior para figuras arquetípicas imitarem seu ato de renascimento e rejuvenescimento. Essa razão é muito simples — a cobra tem dentro de si uma capacidade de cura e de prolongamento da vida como nenhum outro mineral, animal ou planta neste planeta. Ela tem sido usada com esse objetivo por milhares de anos. Foi a primeira e, na minha opinião, será a única. Mas ainda há mais sobre ela. A cobra é a manifestação física de uma sabedoria surpreendente e universal que alcança o âmago da psicologia humana.

Por quanto tempo mais vamos ignorar as ramificações do papel da serpente na história da humanidade? Começamos em *O Graal da Serpente* a caminhar na direção de verdades que repousam por trás da presença desse animal extraordinário em mitos, tradições, religiões e folclores mundiais. A cobra ou serpente está em todos os planos dos nossos sistemas de crenças. É ridicularizada e elevada às alturas; ela nos mata e nos cura. É o símbolo perfeito da dualidade. O que mais esse réptil tem a ver com a humanidade, além do aspecto de cura? Ele está no âmago da consciência evolucionária humana.

Visão frontal da Prudência segurando a serpente sábia.

Reverso da Prudência, revelando uma cabeça masculina com barba; portanto, a dualidade na sabedoria.

Capítulo 2

O KUNDALINI

Sabemos agora como era disseminado o culto à serpente nos tempos antigos. Sabemos também como as crenças nas propriedades da serpente variaram desde os aspectos puramente físicos (como a soltura da pele) aos mais místicos e metafísicos (como as idéias associadas ao renascimento e à sabedoria). Em *O Graal da Serpente*, eu cobri os aspectos físicos desse culto, assim como alguns dos aspectos referentes à consciência superior. Mas agora precisamos entender a relação metafísica da serpente com as tradições da sabedoria ancestral. Por meio disso construiremos elementos em nossa mente que nos ajudarão a aceitar essas centelhas de iluminação.

Primeiro, precisamos chegar à compreensão básica da origem e das crenças em torno da *energia serpentina*, que podem ser encontradas no subcontinente asiático. A Índia é o lar de uma antiga e importante religião que descobrimos estar na origem de muitas crenças ocidentais — o culto à naga [naja]. As najas eram cobras deusas ou devas ("Seres Luminosos"). Elas guardavam tesouros maravilhosos em reinos subterrâneos ou subaquáticos; os tesouros eram, e ainda são, os segredos surpreendentes das várias tradições de sabedoria. São a chave para a consciência superior — que chamamos de *estado de supraconsciência*. A cobra ou serpente guarda esses elementos de sabedoria em lugares escondidos, que poderíamos comparar ao mundo inconsciente. É por meio do símbolo da energia serpentina que esse estado de supraconsciência pode ser alcançado — o inconsciente tornando-se e permanecendo consciente.

A energia serpentina, à qual se atribui a capacidade de nos dar o acesso ao estado de supraconsciência, tem muitos nomes e aparências: Força Solar, Fogo Solar, Serpente de Fogo e Espírito Santo, assim como aparece sob a forma de fogo para os zoroastristas persas, que nos legaram os Reis Magos do Novo Testamento. Em Atos 2, da Bíblia, ela foi a língua de fogo pousada acima da cabeça de cada discípulo enquanto o Espírito Santo pairava sobre eles, e é nada menos do que a origem da frase bíblica "Cristo é tudo e está em tudo".

No correr dos séculos, os adeptos dessa crença maravilhosa e espiritual têm transmitido sua sabedoria a viajantes como Apolônio de Tiana. Alguns acreditam que Yeshua, a suposta cópia de Jesus Cristo, aprendeu as crenças da energia serpentina. Alexandre, o Grande, que sabidamente tinha tendências serpentinas, viajou para o Oriente e, do mesmo modo, carregou consigo a autoridade conferida pelo fogo da serpente. Em épocas mais recentes, pesquisadores do Ocidente fizeram sua jornada em busca do conhecimento supremo existente entre a elite espiritual da Índia. De Helena Blavatsky a George Harrison, pessoas famosas, mal-afamadas e completamente desconhecidas viram algo na Índia que despertou seu desejo de aprender sobre a própria realidade interior e a verdade suprema.

O que repousa no centro do culto à serpente é um sistema intrincado, o qual a humanidade descobriu que realmente intensifica a consciência do eu. Esse sistema envolve elementos; de alguns alcançaremos o conhecimento, mas outros não conseguiremos compreender. O que impede nossa compreensão dos ensinamentos orientais é simplesmente a divisão cultural entre o Ocidente cristão, ortodoxo, capitalista e ambicioso, e o Oriente da auto-realização, da paciência e da introspecção. A linguagem de ambas as culturas vem, com o tempo, criando um vasto abismo de desentendimento. A raiz indo-européia da língua inglesa afastou-se tanto de suas origens que a compreensão da língua indiana ou da língua inglesa será difícil, se não impossível, para os dois lados.

40 GNOSE

Acrescente a isso a profundidade esotérica e os costumes e dialetos locais, e basicamente temos pouca chance de compreender uns aos outros, se não contarmos com ajuda. Mas precisamos começar de algum ponto, então começaremos por decompor os vários elementos do sistema kundalini — o qual está relacionado a diversas tradições de sabedoria e é capital para o segredo do Templo de Salomão.

Os Sistemas de Chakras

A palavra *chakra* é sânscrita e significa "roda". Os chakras são descritos como rodas de energia encontradas em determinados pontos do corpo. Há sete pontos básicos, que se acredita estarem relacionados metafisicamente às glândulas endócrinas e que estão localizados ao longo da coluna vertebral.

No hinduísmo e em muitas outras crenças, diz-se que a serpente sobe enrolando-se na coluna vertebral por meio de várias glândulas metafísicas ou chakras, iluminando a pessoa à medida que cada vórtice é energizado. Diz-se que a serpente se torce por turnos de três-e-meio e, se levarmos em conta a natureza dupla da energia serpentina, isso se transforma no número sete.

Os vórtices chakrais são a fonte das auras multicoloridas que os místicos dizem envolver o corpo como uma esfera ou ovo. Essa pode ser a origem das ilustrações de ovos encontradas comumente nos textos de alquimia. É desse modo que cada chakra produz cada cor do *espectro septenário*. A prova da existência de auras, e possivelmente de chakras, pode ser encontrada nas fotografias Kirlian e em muitos relatos bem documentados de pessoas que são capazes de vê-los. Entre essas pessoas, inclui-se um número expressivo de médicos e físicos.[1]

Fotografia Kirlian

Foi descoberta por Semyan Kirlian, em 1939, quando ele ou outra pessoa (há controvérsias) recebeu um choque durante um procedimento de eletroterapia. O choque causou uma centelha, e Kirlian ficou curioso com relação ao que aconteceria se ele pusesse um material sensível à luz no trajeto da centelha. Depois de muitas experiências, ele conseguiu fotografar uma aura em volta da sua mão. O biofísico Victor Inyushin, da Universidade de Kirov, na Rússia, concluiu que a fotografia mostrava a existência daquilo que chamou de *plasma biológico*. Esse conceito relaciona-se aos poderes de cura, dos quais se conseguiram melhores fotos usando a mão de agentes de cura. *Plasma*, nesse conceito, é o nome dado ao conjunto de íons positivos e negativos, e não é sólido nem líquido nem gasoso. Não possuem carga elétrica, graças ao fato de haver quantidades iguais de íons positivos e negativos. Em outras palavras, é neutro, já que os íons positivos e negativos estão em equilíbrio, anulando-se reciprocamente. Esse equilíbrio tem implicações notáveis para a experiência da iluminação, cuja palavra tem origem em "luz" ou "luminoso". Descobriu-se que as auras Kirlian aumentavam conforme o aumento das explosões solares cíclicas, estabelecendo assim uma notável ligação entre a iluminação pessoal e a luminosidade física do Sol. O Sol exterior e o sol interior trabalhando juntos.

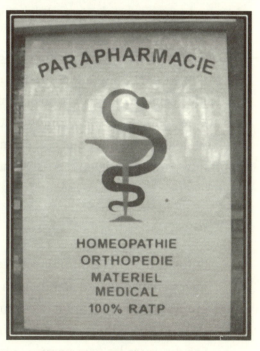

Placa de uma farmácia em Paris mostrando a serpente e o Graal.

Essa energia de cura está relacionada com a energia eletromagnética — ou com o que alguns chamam de energia *paramagnética*. Ela é encontrada principalmente nas elevações arredondadas da terra, particularmente em rochas vulcânicas. Acredita-se que essa energia é conferida à rocha ao longo de milhões de anos de trituração e pressão constantes. Essa mesma energia tem demonstrado a capacidade de fazer as plantas crescerem mais rápido e de ajudar pessoas doentes a ficarem boas. Embora ainda esteja à margem da ciência, essa nova pseudociência (como muitas vezes é chamada) está se deslocando gradativamente para a corrente principal.

Em muitos casos, diz-se que as auras têm sete camadas, que vão ficando progressivamente mais densas. Podemos associar essas camadas aos sete níveis do sistema de chakras. A esta altura quero, por um instante, chamar sua atenção para o emprego do número sete em muitas áreas relacionadas a mitos, religiões e folclores. Voltaremos a essa questão ao longo deste livro.

Como o leitor deve saber, o número sete tornou-se (no Ocidente) um número de sorte e tem grande importância em nossas vidas, já que há sete dias na semana, sete cores no sistema septenário de cores, e muito mais. Mas é somente quando combinamos diversos usos do sete na religião, no folclore e no mito que começamos a ver como esse número era importante para os antigos, e possivelmente como ele está relacionado com o sistema de chakras. A seguir, uma lista resumida do uso do sete.

Sete

- O Josué bíblico caminhou sete vezes em torno de Jericó (a primeira civilização, de acordo com alguns autores, e lar do maior grupo de xamãs). Foram necessárias sete fases para reduzir a pó o mundo pecador ou a natureza inferior.
- São encontrados sete paraísos no Alcorão, na Bíblia e nas tradições dos xamãs e dos druidas. Esses sete paraísos são os níveis de iluminação que estão associados ao sistema hindu de chakras.
- Há sete passos para o paraíso, o que é uma crença popular encontrada em muitos zigurates e pirâmides.

- Existem sete pecados capitais e sete virtudes. Representam métodos de equilíbrio à medida que nos adiantamos no sistema de chakras — negativos e positivos —, equilibrando os desejos com sabedoria.
- Segundo a tradição, a vida tem sete ciclos. Isso surge dos ciclos de iluminação à medida que ficamos mais velhos.
- Há sete sacramentos, de acordo com a Igreja Católica.
- Na tradição judaica, acredita-se que o sétimo filho do sétimo filho tenha grandes poderes de cura.
- Botas mágicas permitem que quem as use avance sete léguas com um só passo. A história remete à magia mítica dos gigantes ou homens de grande reputação. Esses são os *Egregores* ou *Vigilantes,* também conhecidos como "Seres Luminosos".
- Os sete dias da semana combinam com os sete dias da Criação. O princípio criativo do homem precisa seguir um caminho de sete etapas.
- A expressão hebraica para "estar sob juramento" significa ficar sob a influência do sete, o que possivelmente possa inferir os sete planetas.
- Os sete heróis de Argos das lendas gregas.
- Os sete campeões das lendas inglesas.
- Os sete mares e as sete maravilhas do mundo antigo.
- Há sete dons do espírito. Eles estão obviamente ligados aos sete níveis do sistema de chakras, iluminando o espírito.
- A cobra de sete cabeças nas imagens do culto à naja na Índia, e aquelas do topo da árvore sagrada da Suméria.
- Há sete deuses japoneses da sorte.
- Há sete alegrias e dores de Maria.
- Há os Sete Sábios da Grécia ou Homens Sábios da Grécia.
- Há sete ciências.
- Segundo os antigos, o homem possui sete sentidos. Eles estão sob a influência dos sete planetas dos tempos clássicos e, como vamos descobrir, são na realidade os sete planetas dentro de nós:

o fogo nos move, a terra nos dá o sentido do tato, a água nos dá a fala, o ar nos dá o paladar, a névoa dá a visão, as flores dão a audição e o vento sul nos dá o sentido do olfato.

- Há sete cores elementares no espectro. Quando misturadas, formam o branco.

- Encontramos o mesmo tema do sete no plano microcósmico: o átomo tem sete órbitas interiores chamadas *camadas eletrônicas,* e essas sete órbitas, camadas ou níveis refletem os níveis do espectro eletromagnético.

- Vemos o mesmo uso do sete no ser humano, que se acredita estar entre o macrocosmo (Universo) e o microcosmo (o mundo atômico ou subatômico) para alinhar sua coluna vertebral e os vórtices dos sete chakras, que refletem os sete níveis de consciência e existência.

Os antigos acreditavam que nossos pensamentos e ações espelham o nível do chakra em que nossa energia está trabalhando. Se estivermos pensando em um nível puramente básico, então nossos vórtices de energia estarão girando ou rodopiando num nível inferior. Quanto mais criativo e inteligente nos tornamos, mais alto o nível de energia do chakra.

Acredita-se também que, em cada nível, a energia giratória do chakra apresenta pólos energéticos, tanto positivo quanto negativo. Para elevar nossa energia, essas polaridades precisam chegar a uma união equilibrada, ou fundir-se, revelando assim o estado neutro de energia. É um pouco como tentar subir as escadas com um pé só — é extremamente difícil chegar ao alto se não usarmos os dois pés! O elemento dessa fusão fica aparente para aqueles que alcançaram a condição iluminada, já que eles experimentam ambos os estados de energia simultaneamente. Eles vivem como seres completos, chamados de *chesed,* em linguagem cabalística.

O ápice é considerado o centro do sétimo chakra, conhecido entre os hindus como *bindu.* Diz-se que ele se localiza em um ponto exatamente acima da cabeça e tem sido descrito pelos paranormais como um minivórtice que aumenta em tamanho e brilho (como uma chama) quando a pessoa está alegre. (Creio que isso reflete a elevação da energia da serpente.) Na verdade, a fotografia Kirlian captou essa aura peculiar em pessoas espiritualmente iluminadas — indicando uma atividade eletromagnética elevada. Isso também combina com a imagem descrita em Atos 2, na Bíblia, que diz que acima da cabeça dos discípulos havia línguas de fogo e que eles tinham nascido novamente ou ficado iluminados. Hoje, vemos a representação antiga desse efeito em nossas imagens de magos, com seus chapéus altos e em forma de cone.

No sistema de chakras de sete níveis, o bindu é o oitavo ponto e poderia ser paradoxalmente chamado de *nível 9,* que na tradição ocultista é muitas vezes simbolizado pela *lemniscata* ou *símbolo do infinito* — um oito em posição horizontal. A lemniscata se originou de uma serpente entrelaçada e é freqüentemente encontrada acima da cabeça do adepto no simbolismo ocultista. Vemos uma imagem semelhante nos halos em volta da cabeça de santos e pessoas sagradas. Isso é revelador, assim como o ponto no centro de um círculo ainda é visto como o mais elevado e importante símbolo da franco-maçonaria.

O sétimo chakra está associado às glândulas pineal e pituitária, no cérebro, as quais se acredita serem ativadas durante a meditação. Esse é o motivo pelo qual esses centros chakrais, em particular, e as glândulas endócrinas relacionadas a eles eram considerados importantes pelos antigos. Boa parte dessa ideologia foi incorporada às grandes e monumentais estruturas existentes no planeta, incluindo-se entre elas a Grande Pirâmide de Gizé e outras pirâmides espalhadas pelo mundo.

Há fortes evidências de que os povos antigos entendiam que esses sete níveis também eram expressos em minúsculos blocos de matéria que chamamos de *átomos* ou *partículas subatômicas.* Não é motivo de surpresa a descoberta de que, intuitivamente, nossos ancestrais estavam certos, mesmo que ainda não possuíssem esse conhecimento. A esse respeito, pessoalmente acredito no aspecto intuitivo, como foi relatado por Jeremy Narby em seu livro *The Cosmic Serpent.* Tendo conversado, ao longo dos anos, com várias pessoas que vivenciaram estados alterados

Aspecto luminoso de um ser angélico no mosteiro de Kykkos, em Chipre.

de consciência, descobri que um número notável delas viu o que somente poderia ser descrito como átomos, partículas e, algumas vezes, DNA. Pesquisas realizadas em todo o mundo têm demonstrado agora que essa é uma experiência universal.

O núcleo de um átomo tem sete camadas de energia ou órbitas ao seu redor — algo como as camadas de uma cebola ou as sete auras vistas pelos místicos. Faria sentido que esse padrão se prolongasse do microcosmo para o macrocosmo — do átomo para o homem. O nível específico em que o elétron se acha em um determinado momento depende inteiramente da quantidade de energia (mais especificamente, energia luminosa) que ele está absorvendo ou emitindo. Para que o elétron escape do átomo, seus níveis de energia precisam elevar-se de tal modo que, ao final, ele esteja suficientemente estimulado ou energizado para escapar. O vórtice criado pelo giro dessa energia é semelhante ao vórtice dos chakras. Assim, a mente pode realmente afetar a matéria no nível subatômico. Esses elétrons, que escaparam e que estão energizados, são então capturados por outros átomos; desse modo a informação é passada de um átomo a outro. É assim que a informação em nível atômico é transmitida, e essa é a ciência do sistema de chakras. Uma ação que antes era descrita em termos religiosos é agora definida pela ciência.

Se for verdade que a mente age sobre a matéria, de modo que nossos pensamentos concentrados afetem átomos e até partículas subatômicas, então pode ser verdade que o que realmente estamos fazendo é transferir energia por meio do pensamento. Nessa linha, é possível que o sistema de chakras, em que capacidades mentais aperfeiçoadas produzem efeito em nós mesmos e em nossa saúde, contenha mais verdades do que anteriormente se supunha. Nossos pensamentos podem despertar a energia descoberta no átomo. Associe isso com a teoria do emaranhamento quântico (pela qual as partículas emaranham-se umas às outras, não importa a distância que as separe), e talvez tenhamos a surpreendente capacidade de alterar a matéria, à distância, simplesmente pensando. O que os antigos sempre disseram pode ser verdade.

O que precisamos fazer a fim de melhorar nossa vida não é tanto escapar do átomo, mas olhar para dentro do átomo. Todas as diversas tradições de sabedoria do mundo nos dizem, cada uma a seu modo, para escapar dos ciclos, ou vórtices, da realidade e achar o *olho da tempestade,* que é o ponto central de qualquer vórtice. Isso é libertar-se da *samsara,* os ciclos contínuos de vida e morte. Chegar ao centro é alcançar o *nirvana.*

Experimentação

Durante a pesquisa e a formulação deste livro fui procurado diversas vezes por um jovem pesquisador que estava ansioso para experimentar essas idéias. Ele as colocou em prática, e os *e-mails* reproduzidos a seguir resumem suas reações. Gostaria de dizer que esse não é de modo algum o caminho certo para a iluminação, mas alguns tipos de apoio podem nos ajudar a adquirir *insights* em relação ao funcionamento da mente.

24 set. 2004

Você me pediu no último *e-mail* para mantê-lo informado quanto a elas [as reações]. Desde então tive mais duas experiências dignas de nota. Outra coisa é que tive um sonho no qual vi um leão e um urso; creio que estavam me perseguindo, ou algo parecido. Realmente não me lembro do sonho com clareza. Acho que também havia moedas de ouro com que eu tinha de alimentar um deles. Penso que haja ligações, porque Davi, no Velho Testamento, também lutou e matou um urso e um leão, e se isso era, como o místico Neville Goddard alegou, uma história arquetípica registrada que poderia ocorrer a quem começasse a experimentar o processo, percebendo essas coisas como visões, aí pode estar a ligação.

2 nov. 2004

Oi. Na noite passada, comecei a experimentar um outro efeito que eu acho que é do ouro [este é o termo dado para a substância usada], provavelmente em conjunção com a energia kundalini. Comecei observando o típico efeito do prana... pressão e um leve calor, isso em três pontos: na base da coluna, no alto da parte posterior da cabeça e no lado esquerdo do pescoço. Com isso, na área do plexo solar (na verdade, no mesmo ponto em que eu senti os efeitos anteriormente, que eu acho que seja o plexo solar), novamente essa energia fluiu com uma sensação semelhante a que senti antes lá... um tipo de sensação de amor/aceitação, mas dessa vez mais fluida, menos fixada no sentimento de bem-estar e muito emocional. Muito diferente dos outros efeitos do prana nos três pontos descritos anteriormente. Com esses sentimentos, comecei a perceber uma visão interior novamente, que realmente pareceu estar afinada com o que eu estava sentindo como vindo do plexo solar. Agora o que eu via era uma espécie de porão, cripta, adega, e eu podia sentir o ambiente, não apenas vê-lo, e um cadáver... não, não um cadáver, mas alguma coisa muito velha, muito antiga, que parecia uma forma humana feita de pó, uma espécie de coisa mumificada muito gasta, quase como a casca de uma substância poeirenta e terrosa. Ela criou vida. Bem, parecia ter criado vida, eu estava sentindo aquilo se tornar um ser animado por aquela energia, e senti como se fosse eu, senti como se estivesse me regenerando. Não ressuscitado, apenas tornado vivo, essa é a melhor descrição. Literalmente havia uma sensação de que aquela coisa morta era eu e se tornava viva. A essa altura, eu estava pensando: "ah, não, não agora, não quero que isso aconteça agora", e usei minha vontade para bloquear o fluxo de energia e interromper a experiência, e então tudo se desfez. Na verdade eu não quero que isso aconteça já, mas imagino que possa continuar algum dia, mas é uma carga muito emocional. Gostaria que o meu corpo físico se sentisse melhor e mais à vontade antes que isso prosseguisse, e que não tivesse acontecido enquanto eu não me sentisse fisicamente pronto para isso. Também com essa experiência, acho que imediatamente antes da visão, mas não estou certo, pode ter sido durante ou depois, senti uma onda bem forte de prana, parecida com o fluxo da energia sexual, que se originou em torno na área genital e queria subir pelo meu corpo, e realmente dava a impressão de querer me fazer ter um orgasmo e uma ereção, que é típica com esse tipo de energia. Para mim, essa experiência tem uma clara ligação com o renascimento. O que eu vi parece estar aludindo a ele. Era tudo muito emocional. E de certa maneira também incomum. E é tão diferente dos sonhos normais ou visões mentais, justamente pelo forte sentimento de ligação.

10 dez. 2004

A última mensagem que lhe mandei sobre minhas experiências foi aquela em que eu disse que percebia uma sensação diferente no plexo solar e no nervo vago, no chakra da base e no chakra bindu (no alto da parte posterior da cabeça), e em que tive uma visão interior de um cenário que parecia uma adega/cripta, com um cadáver ou o que lembrava restos de um cadáver, que pareceu criar vida e se animar e que senti como se fosse eu; realmente tive esse sentimento juntamente com a sensação de energia no plexo solar. Há alguns dias eu folheei algumas páginas do livro *The Red Lion* e li que Hans Burgner, depois de tomar a poção, quando acordou descobriu-se em uma cripta. Alguém me tinha sugerido ler Neville Goddard, e na transcrição de uma de suas palestras li que quando ele despertou do sonho da realidade, ele se descobriu em seu crânio e sentiu como se tivesse despertado pela primeira vez em muito tempo. Eu também tive um sentimento bem claro de alguma coisa semelhante a isso durante essa experiência. Como se eu tivesse criado vida novamente. Mas algum tempo depois dessa experiência, mais uma coisa me aconteceu. Eu me vi como um corpo completamente desenvolvido, como um outro eu, novamente naquele paraíso como outro reino. Estava com aquela visão interior mais uma vez e de modo bem distinto, não consegui uma visão totalmente clara ou, melhor dizendo aqui e agora, não me lembro disso, mas tive a visão três vezes (ou quatro, não estou muito certo quanto à quarta vez), e da primeira e da segunda vez foi muito claro e real, na verdade parecendo mais real do que neste momento. Da primeira vez eu realmente fiquei estarrecido quando o vi. Não só não esperava por ele, mas ele/eu também parecia estar bem. Ele/eu parecia uma versão refinada e perfeita de mim naquele momento, e havia uma sensação associada a ele, com aquela observação, que somente posso descrever como principesca. Também sabia que era eu, exatamente como quando eu tinha tido aquelas outras visões. Eu também tinha cabelos loiros dourados e havia um brilho ou reflexo vermelho em todo ele. Agora não tenho uma consciência contínua daquele corpo ou de mim naquele estado, mas algumas vezes realmente tenho a impressão de que estou me deslocando, e este mundo parece, mais uma vez, não um sonho mas uma peça, da qual estou me distanciando e, de certo modo, abandonando. Esse estado de consciência normalmente é mais fácil de se manifestar depois ou durante o banho de chuveiro. Acho que é a corrente de água que produz isso. Acho que a corrente quente de água é especialmente energética. Até já li uma referência de se fazer uso dela alquimicamente para aumentar a virtude das pedras. Talvez seja o calor que carregue e evapore os *ormes** na água. De volta ao corpo — acho que é um corpo energético ou um padrão, que precisa ser fundido com o físico ou talvez conectado a ele pela ingestão de mais ormes.[1]

Como podemos ver, esse jovem passou por uma experiência incrível — e teve a sorte de se manter lúcido o suficiente para explicar suas experiências, emoções e reações. Mas os nossos antepassados não precisavam recorrer a drogas para ter acesso a esse mundo de energia e informação. Eles simplesmente desenvolviam métodos para entrar no terceiro estado ou estado neutro, que existe entre os opostos. Esse é o equilíbrio elementar que ocorre entre as poderosas repulsão e atração entre as cargas negativas e positivas dentro do mundo atômico. Seria necessário um estado supraconsciente para permitir o controle consciente desse nível de realidade. De todos os antigos textos e símbolos, podemos extrair que é exatamente isso que as tradições de sabedoria nos dizem. Todos nos dizem para atingir nosso âmago e encontrar a verdadeira *Realidade Interior,* e conduzi-la a uma espécie de equilíbrio. Em cada caso, essa energia espiralada é vista como uma serpente ou simbolizada em sua forma. É um arquétipo universal.

---

* ORME é acrônimo de *Orbitally Rearranged Monoatomic Element*. É o ouro (ou outro metal precioso) em forma monoatômica, que pode resultar em supercondutividade dentro de um organismo. Os ORMEs foram descobertos por David Hudson; consta que representam uma nova forma de matéria e que, quando misturados com água, tornam-se o Elixir da Vida. (N.R.)

Também podem ser encontradas referências ao sistema de chakras nos antigos cilindros lacrados sumérios, assírios e persas. Muito comuns são as ilustrações de uma coluna semelhante a uma árvore, completada com sete ou mais galhos de cada lado — a árvore sagrada. A árvore normalmente é ladeada por duas figuras, que podem representar os dois opostos. Essa árvore é a Árvore do Mundo ou Árvore Xamânica, que não é outra senão a Árvore da Vida ou Árvore do Conhecimento. A árvore simboliza a coluna vertebral, enquanto os galhos representam o vórtice dos chakras.

O segredo do Kundalini (e de outros sistemas importantes e semelhantes) reside em subir pelos pontos onde se localizam os chakras. De uma maneira ou de outra, isso tem sido conhecido por milhares de anos. Era profundamente importante para os antigos. Tão importante que estruturas complexas e maciças (sem mencionar milhares de textos antigos e obras de arte) foram criadas, protegidas e reverenciadas por milhões de indivíduos, século após século. Mas esse sistema é apenas um meio de alcançar a abertura do *Terceiro Olho* ou *Olho de Rá*. Uma vez aberto e ativado, esse surpreendente sistema humano pode conduzir milhares de pessoas em jornadas místicas que há muito vêm deixando a humanidade perplexa.

Capítulo 3

A Luminosidade

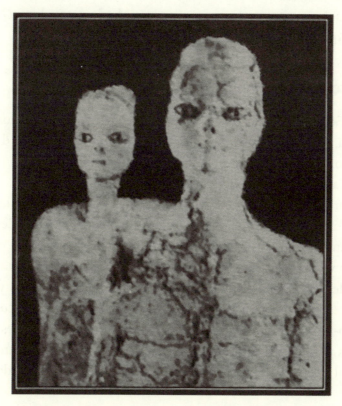

"Os Seres Luminosos", aquarela de P. Gardiner.

Agora precisamos voltar a um termo que descobri, quando redigia meu livro *The Shining Ones**, ser universal e estar sempre ligado à experiência da iluminação. Está relacionado a uma irmandade que se espalhou pelo globo com forte impulso religioso, originado de sua experiência de iluminação. Essa experiência vem diretamente de reações internas químicas, elétricas e biológicas aos nossos processos de pensamento. É, em resumo, algo que nós mesmos podemos criar; é, muito simplesmente, a divindade dentro de nós. Isso é dito — em linguagem oculta — por muitos autores antigos e modernos.

Neste capítulo vamos atualizar nosso conhecimento sobre esse termo. Ficaremos familiarizados com o lugar que ele ocupa nas antigas culturas e as justificativas por trás do seu uso. Para você obter mais informações sobre este assunto, preciso encaminhá-lo para o livro *O Priorado Secreto*, que se aprofunda na matéria.

Os Sacerdotes Luminosos

Os "Seres Luminosos" faziam parte de uma irmandade religiosa secreta que data, no mínimo, de 5000 a.C., e que ajudou na formação do mundo moderno. Todas as religiões, antigos monumentos e governos (inclusive as famílias reais) tiveram sua formação nos "Seres Luminosos".

Os primeiros messias eram gurus e xamãs que compreendiam o funcionamento do mundo, à sua própria e exclusiva maneira; eles receberam grande parte do seu conhecimento quando estavam em estado de transe e vivendo a experiência da iluminação interior. Mais tarde, seus descendentes usaram essas informações e conhecimentos em vantagem própria. Tornaram-se sacerdotes e reis, e criaram rituais cíclicos de nascimento-morte-ressurreição que imitavam a função das ações internas exigidas para se alcançar a iluminação. Daí, as religiões organizadas se desenvolveram e acabaram tornando-se o método perfeito de contro-

---

* *O Priorado Secreto — Os Mistérios da Sociedade Secreta Mais Poderosa do Mundo Finalmente Revelados*, Editora Pensamento, São Paulo.

le do povo. Aqueles que exerciam o controle não eram os verdadeiros adeptos da experiência — eram imitadores que utilizavam a magia para alcançar poder.

Na minha jornada para revelar os "Seres Luminosos", aprendi que a História (como a conhecemos) é uma mentira. A História é, como disse Justice Holmes, "aquilo que o povo vencedor diz que ela é". A verdade tem sido deturpada, sem que isso fosse reconhecido durante longos períodos, para se ajustar à idéia que cada geração faz do que é realidade. Quando deixamos as antigas religiões para trás, estamos apenas criando uma nova, que normalmente é mais relevante para a nossa época e para os interesses políticos dos detentores atuais do poder. Mas os novos sistemas de crença normalmente estão baseados nas mesmas velhas mentiras e na crença que o homem é simples demais para entender o conhecimento secreto. Nossos sistemas de crença — sejam religiosos, científicos ou políticos — têm sido manipulados por grupos secretos (e algumas vezes sinistros) de indivíduos, cujas histórias podem ser rastreadas voltando-se milhares de anos atrás. Eles têm nome, têm uma base de poder e têm um segredo (guardado entre seus poucos iniciados) que carrega grandes implicações para o futuro da humanidade. Seu segredo é o processo interior de iluminação, o qual tem sido ciumentamente escondido das massas. Esses segredos ocultados pelos eleitos têm sido entendidos, de modo literal, pelas pessoas no correr dos anos, tanto assim que, hoje, procuramos por uma falsa linhagem de Cristo, viajamos em busca da Atlântida ou cavamos para achar a sepultura de José de Arimatéia.

Assim que deciframos as pistas dos "Seres Luminosos", vemos que os mistérios do mundo antigo podem ser decifrados, desde os monumentos megalíticos até o Santo Graal, e desde a alquimia até a verdade por trás da religião e dos nossos sistemas políticos atuais. Precisamos esquecer as falsas interpretações de mitos e religiões, que ouvimos tantas vezes, e conhecê-los como realmente são: a linguagem secreta dos "Seres Luminosos" entendida literalmente pelas pessoas que ainda estão à procura da verdade. Por trás desse grupo da elite religiosa, que formou toda a classe religiosa dominante do mundo, no passado e no presente, está um processo fundamental de iluminação dentro da mente e do cérebro — *a luminosidade*.

Vimos como o número sete tem sido importante e como está relacionado ao sistema kundalini ou sistema de chakras. Vimos também como as sete cores do espectro, quando combinadas, criam a cor branca. Essa percepção externa ou macroscósmica da luz é exatamente a mesma interiormente, quando todos os sete níveis do sistema de chakras são alcançados. Basicamente, uma pessoa iluminada transforma-se em luz branca ou torna-se luminosa. Essa é a cor da totalidade ou *Unicidade,* que descobriremos mais tarde ser importante na busca do Templo de Salomão.

Figuras Brancas ou Luminosas

Palavras ou figuras brancas, brilhantes ou luminosas são indicativas do caminho da verdade. O branco aparece repetidamente em histórias relacionadas com nossos ancestrais e monumentos místicos. Nos mitos populares e nos contos de fada tradicionais, damas brancas geralmente vivem em grandes torres brancas ou no cume coberto de neve de montanhas misteriosas. Essas torres ou montanhas nada mais são que a plena realização do mais elevado sistema de chakras — elas significam a Árvore do Mundo e o branco é a luminosidade em seu topo.

No mito alemão da *Dama Branca*, ela se chama Bertha, que era o nome da Grande Deusa da Natureza. Na cidade de Megido, na antiga Palestina, havia um altar cornífero para a Deusa Mãe (por volta de 2000 a.C.). A pedra esculpida é propositalmente calcário branco. Na China, há a notória história dramática da *Dama Cobra Branca*. A Grande Pirâmide de Gizé era caiada com gesso branco e encimada possivelmente com ouro. Os egípcios a chamavam de a *Luz,* e ela seria visível por centenas de quilômetros, atraindo as pessoas e lembrando-as de cultuar a Grande Luz ou Ser Luminoso.

Borobudur (na ilha de Java) significa *Templo dos Incontáveis Budas* ou *Templo do Infinito Ser Iluminado*. Há uma enorme pirâmide, um zigurate, contendo, no topo, três círculos de estupas de pedra em forma de sino.

A Grande Pirâmide, foto cortesia de John Bodsworth.

A idéia do templo era a de que o iniciado caminhasse em torno da falsa montanha e lesse ou olhasse os relevos, que se estendiam por cinco quilômetros à volta da base quadrada. Quando o iniciado compreendia os relevos, podia avançar para o topo da montanha celestial e tornar-se santo. Esse formato deriva-se de um túmulo elevado nas planícies da Ásia Central, que é indicativo dos demais túmulos em elevação da Europa. Vistos em parte como uma *mandala* ("círculo", em sânscrito), os círculos simbolizam tanto a totalidade quanto o ciclo de vida. O cruzamento entre os círculos de pedra, a pirâmide, o túmulo em elevação e a progressão em direção ao topo une todas as principais construções do planeta, como se quem construiu a estrutura de Borobudur (por volta de 900 d.C.) conhecesse os vários caminhos da religião ao redor do globo e estivesse envolvido em seu planejamento e na arquitetura sagrada. O templo é verdadeiramente uma estrutura maciça representando o processo interior pelo qual todos nós temos de passar para alcançar a iluminação. Esse processo é real, e não devemos ficar apenas na periferia dele ou mesmo ignorá-lo. A realidade, como nos foi dito, vai além daquilo que podemos tocar.

O povo de Borobudur viajou para o norte e influenciou a China e o Japão, ou pelo menos é nisso que alguns arqueólogos acreditam. Pode ser verdade, pois, de algum modo, todos tinham uma mesma origem e apenas faziam as coisas de modo um pouco diferente. A semelhança que ocorre no pensamento místico é que os antigos sítios de pedra em Java (inclusive Borobudur) estão alegadamente situados em *pontos de energia* e em linhas localizadas. Estas são como as linhas ley da Europa. Uma coisa notável para se lembrar sobre Borobudur é que, de início, era pintado de branco e brilhava como uma cidade celestial no firmamento.

Na América do Norte, tradições orais dizem que pessoas sagradas e santas moram em montanhas altas e formam a *Grande Irmandade Branca*. São os *lemurianos,* ou o povo dos tempos remotos com alma mais evoluída e que nos ajuda em nossa evolução. Eles estão nos orientando geração após geração, tendo em mente um objetivo estabelecido para a humanidade. Moram em mosteiros etéreos e se tornam visíveis em certos momentos da História. Será que há uma pista sutil nessa tradição quanto à influência e identidade histórica desses seres que têm nossas vidas em suas mãos? Qual é seu objetivo e como eles levam adiante seus propósitos? Se eles existem (e, por sua própria natureza, é impossível provar a incorreção das teorias conspiratórias), então produziram Buda, Jesus Cristo, Maomé e inúmeros outros seres iluminados, todos voltados para o nosso desenvolvimento, seja literal ou simbolicamente.

Fizemos a ligação da cor branca, e por extensão do cavalo branco, com tudo o que é bom e divino, voltando no tempo até a história hindu de Vishnu retornando à terra em um cavalo branco e brilhante. Isso pode ser uma pista do paradeiro dos "Seres Luminosos" em nosso passado. Onde quer que esse cavalo estivesse representado era provavelmente um lugar em que o antigo sacerdócio estava situado. Os antigos acreditavam que o cavalo simbolizava o deus Sol. A imagem era emblematicamente colocada sobre a Mãe Terra e representava a presença do conhecimento místico. A partir disso poderíamos dizer que os próprios "Seres Luminosos" usavam trajes brancos como um sinal exterior de sua iluminação interior. Precisamos, porém, ser cuidadosos para não incluir todo mundo como Ser Luminoso apenas pela associação de cores. A situação, o papel e a época precisam ser levados em conta.

Os antigos bardos se vestiam de branco. Eram contadores de histórias, e também guardiões e fazedores da História. Foram eles que criativamente teceram nossa história e nossas religiões. Tornaram essas histórias mais reais na mente das pessoas comuns. As histórias que eles contavam e a moral que postulavam passaram a ser reais. As lendas sobre o rei Artur e a Távola Redonda inspiraram milhares de cavaleiros e reis, e levaram nações a agir. (As classes dominantes usaram e abusaram delas ao impingir propaganda para as massas.) A rainha Elizabeth I foi um dos monarcas que se declararam descendentes de Artur, e até a rainha atual ainda é vista como descendente da linhagem verdadeira. Os bardos eram empregados pela classe dominante. Considerados também oráculos ambulantes, foram reverenciados pelas pessoas comuns. Em muitos casos era crime incomodar um bardo. Eles certamente estavam bastante envolvidos na manipulação do povo, ou no mínimo estavam eles próprios sendo manipulados.

Os romanos observaram que os herdeiros dos círculos de pedra, os druidas, também usavam branco. Com os antecedentes dos druidas mergulhados no mito e o fato de que com toda a probabilidade seus antepassados foram as pessoas que construíram monumentos de pedra por toda a Europa e Ásia Central, não há dúvida quanto às razões de usarem a cor "luminosa".

Em outro lugar, os sacerdotes de Osíris adornavam-se com uma coroa branca sobre seu Terceiro Olho a fim de que ela os guiasse. Os sacerdotes de Júpiter também usavam o branco. Os magos e sacerdotes persas vestiam branco e diziam que seus deuses faziam o mesmo. Os romanos carregavam o bastão do caduceu serpentino, que era branco.

Das descobertas de bolas de greda branca e calcário nos círculos de pedra ou em volta deles, surgiu a hipótese de que as pedras eram pintadas de branco para brilharem como a Grande Pirâmide. Na Irlanda, pe-

O olho de Deus brilhando dentro do triângulo da trindade, Roma.

dras centrais de quartzo branco aparecem em inúmeros círculos. Mesmo hoje, muitas pedras (quando tocadas pelo sol no solstício) refletem um branco brilhante, sem qualquer pintura. A greda branca também pode ter sido usada como um marcador no chão pelos nossos antigos amigos, assim eles podiam mapear as sombras em suas previsões e cálculos de tempo. A mandala, usada no budismo e hinduísmo, era um círculo de vida. Os sacerdotes freqüentemente desenhavam a mandala no chão com um pó especial para vários ritos de iniciação. Essa prática era exercida nos círculos de pedra ou em volta deles? Esse círculo de pedra era nômade? Era universal? Acredito que isso, provavelmente, era um aparato para iniciações.

O psicólogo Carl Jung disse que a mandala era um "padrão universal associado à representação mitológica do *self* ['eu']". Ainda hoje é usada como recurso terapêutico. Os maoris, da Nova Zelândia, representam suas divindades com pedras fincadas em pé no solo; os kafires, da Índia, veneravam pedras; Mitra, o grande deus-touro, nasceu de uma rocha; e

Moisés disse que nós todos viemos de uma rocha. Uma rocha ou pedra era, portanto, uma manifestação física da Divindade Luminosa.

Para perceber completamente a extensão do termo "luminoso" na cultura e nos textos antigos, fiz uma breve lista de algumas das divindades e entes com os quais o termo está associado ou é usado como título. Somente ao percebermos o uso universal do termo é que podemos compreender a amplitude de sua natureza e o seu significado.

- Actaeon — significa *Ser Luminoso*. Ele era representado como cornífero.
- Aelf — termo anglo-saxão com o significado de *Ser Luminoso*, que deu origem ao termo *elfo*, que agora é visto como um personagem sábio, elegante e sublime.
- Agni — deus hindu cujo nome significa *Ser Luminoso*. Ele ilumina o céu. Nele podemos ver a associação cruzada com o Sol.
- Akh — termo egípcio que significa *Alma Luminosa*. Observe o uso do termo nos nomes de certos faraós, como Akh-en-Aten [Akhenaten], o rei egípcio de quem é dito ter adorado apenas o Sol exterior.
- Anannage — dos mitos de criação sumérios, os Grandes Filhos de Anu ou Grandes Filhos do Ser Luminoso. Eles eram os "Seres Luminosos" originais, semelhantes ao *anakim* judeu e ao *angakok*, da Groenlândia.
- Anjo — palavra semita *El*, significa tanto "anjo" como "luminoso".
- Arcanjo Miguel — Ele que é Luminoso.
- Barbes — pastores valdenses, significando *Luzes Brilhantes*.
- Bodhisattvas — Homens Santos budistas, vistos como "Seres Luminosos".
- Devas — o termo sânscrito para *"Seres Luminosos"*; divindades menores do hinduísmo e do budismo, relacionadas a aspectos do ser interior, onde existe a verdadeira luminosidade.
- Du-w — ligado foneticamente a Jeová; significa *Ser Luminoso* ou *Ente Sem Escuridão*.

- Dyaus Pittar — Pai Luminoso.
- Elias — Profeta Luminoso.
- Elohim — termo da Bíblia hebraica para "Senhor", mas representa realmente o plural de *"Seres Luminosos"*, indicando que eles eram originalmente um grupo de humanos respeitados, de origem suméria, como pode ser visto na etimologia da língua. Também um termo para *anfitrião celestial* ou *as estrelas do paraíso*.
- Emanuel — deriva do termo egípcio Ammun-u-El, que significa *Amum é luminoso*. Emanuel, portanto, nos dá *O Luminoso está conosco*.
- Fátima — filha do Profeta Maomé; significa *Ser Luminoso*. Ela era considerada virgem e seu título era *flor brilhante*.
- Gaumanek — termo xamã para o processo de iluminação; significa *ser luminoso* ou *brilhar*.
- Hélio — Deus Sol representado sobre um cavalo brilhante.
- Hu — significa *Luz Brilhante,* e a raiz de muitos nomes de deuses ou divindades, como Lugh, Dyhu, Taou e Huish.
- Ísis — a grande Rainha dos Céus (termo usado para Maria, mãe de Jesus). Ela governava as *Alturas Luminosas*.
- Kether — uma referência cabalística à coroa, significa *Coroa de Brilho Puro* ou *Ser Luminoso*.
- Lâmpon — o cavalo de Diomedes, também chamado de *Ser Luminoso*.
- Melquior — um dos Reis Magos que visitaram Jesus em seu nascimento. Ele era Rei da Luz ou Ser Luminoso. O conhecimento desses magos supostamente se originava dos brâmanes hindus.
- Moisés — serpente emergente. Ele desceu do Monte Sinai com a Pele Luminosa e foi Publicamente Iluminado.
- Rá — o Grande Ser Luminoso egípcio no céu.
- Rafael — Curador Luminoso.
- Serafins — supostamente seres angelicais, mas com todos os atributos dos humanos: rosto, mãos e pernas. Suas asas simboliza-

vam o vôo xamânico. Eles existiam na luz e por isso eram chamados de *"Seres Luminosos"*.

- Skinfaxi — o cavalo mitológico nórdico cujo nome significa *Crina Luminosa*.

- Tuatha de Danaan — os filhos da tribo de Danu ou povo de Danu, relacionados aos Anannage. D'anu, o Ser Luminoso, é a origem do nome *Dinamarca* e de vários outros lugares europeus. Eram os habitantes mitológicos da Irlanda, vindos do Egito, de acordo com alguns autores. O nome *Dan* é masculino e *Danu*, feminino — duas versões para a mesma divindade.

- "Seres Luminosos" — o remanescente do bíblico Raphaim (*rapha* = cura, uma vez que Rafael, o arcanjo, era o *curador luminoso*) foi Og, o gigante, ligado a Ogma da Suméria, que por sua vez era ligado a Cerne Abbas, que por sua vez está ligado a Dyaeus, que significa os *"Seres Luminosos"*. Portanto, Og, o rei de Basan, da Bíblia, é o rei remanescente dos "Seres Luminosos".

- Quetzalcoatl — significa *Luz do Dia,* sugerindo que ele é muito brilhante.

- Hélios — que é representado como um cavalo brilhante.

- O Nilo — considerado como o curador da humanidade que "brilha quando flui da escuridão".

- Barba — diz-se que os gigantes usam barba, assim como tinham estatura, poder, virilidade e iluminação, e é comum essa citação por toda a história dos "Seres Luminosos". Os faraós do Egito (inclusive as rainhas) usavam barbas verdadeiras ou falsas. Baal usava barba, o que nos leva à relação com a imagem que temos do Deus cristão com barba. Os homens do Islã usam barba. Sansão perdeu a força quando sua barba foi cortada. Sansão pertencia à seita nazarena, cujos membros usavam barba. Os essênios usavam barba. El, o deus cananeu, também tem uma barba e é a imagem de um touro. Júpiter está associado a Adônis, que era o outro título dado pelos judeus a Deus, e significa o *Ser Luminoso.* Quetzalcoatl tinha uma barba. Os druidas usavam barbas.

O Moisés Luminoso com chifres, no bairro espanhol de Roma.

- Cruzes — xamãs norte-americanos são suspensos pelos pulsos como na crucificação, levados em transe para o Além e trazidos de volta portando poderes. Odin foi sacrificado na Árvore da Vida e visitou o mundo dos mortos. Os templos hindus têm formato de uma cruz. Túmulos por toda a Europa são no formato de cruz. A grande pirâmide de Gizé forma uma cruz no chão no solstício de verão. Os hindus formam uma cruz esticando seus braços para fora como experiência iniciática para obter a salvação. O símbolo de Quetzalcoatl era uma cruz. O Velocino de Ouro do mito clássico significa imortalidade e ficava dependurado em uma árvore.
- Trindade — três mundos xamânicos. Três espécies de devas ou "Seres Luminosos" indianos. A tríade do hinduísmo: Brahma, Vishnu e Shiva. A Trindade cristã: Deus Pai, o Filho e o Espírito Santo (Espírito — sendo uma antiga idéia pagã). O Livro dos Mortos, do Egito, inclui três raios jorrando da Luz Brilhante e atingindo a alma do iniciado. Três vezes o Grande Hermes surgiu

do equilíbrio entre Thot, Tammuz, Hermes e Mercúrio. Zoroastro teria voltado três vezes. Três Reis Magos trouxeram três presentes quando Jesus nasceu. Jesus foi crucificado em um morro com três cruzes. Há três *chatras* nos templos hindus.

- Dualidade — concepções xamânicas de luz e escuridão, bem e mal, o equilíbrio. A dualidade *yin-yang* dos japoneses e chineses. Conexões Mãe-Pai em todas as culturas.

- Touro — a imagem xamânica do touro para sacrifícios. O deus sol egípcio Rá na imagem de um touro. O touro é visto por todo o Antigo Testamento. El está simbolizado na imagem de um touro. O termo *apis* latino, significando "curva", é idêntico ao Ápis, o touro sagrado do Egito.

- Renascimento — o Bhagavad Gita diz: "Nasci muitas vezes". A Bíblia diz: "Você precisa nascer novamente". O egípcio Livro dos Mortos diz: "Tenho o poder de nascer uma segunda vez". Os rituais egípcios de renascimento são abundantes. Zoroastro, Osíris, Hórus, Adônis, Dioniso, Hércules, Hermes, Baldur e Quetzalcoatl desceram, todos, ao inferno e voltaram no terceiro dia. Vishnu disse: "Todas as vezes que a religião está em perigo e que a iniqüidade triunfa, eu surjo para defender o bom e suprimir o iníquo; para estabelecer a justiça, eu me manifesto de tempos em tempos".

- O parto da virgem e a caverna — a Ísis imaculada concebeu Hórus. Virgílio disse que o messias nasceria de uma Senhora Virgem. Zoroastro nasceu de uma virgem. Abraão nasceu em uma caverna. Maomé foi iluminado em uma caverna. Fátima, o Ser Luminoso, deu à luz três filhos e diz-se que era virgem. Na China, o parto da virgem consiste em caminhar nas pegadas de Deus, o que a mãe de Hou Chi fez, e ele nasceu como os carneiros. Nasceu entre ovelhas e bois, à semelhança de Jesus.

- Círculos — a mandala é um círculo. A roda do chakra está presa a pontos de energia do corpo e talvez seja semelhante aos círculos dos pontos de energia no solo. A terra prometida dos astecas era o lugar do círculo, ou Anáhuac. Círculos de pedra são chamados, na Bíblia, de *gilgal*. Diz uma crença tradicional que os espíritos do mal não conseguem passar por um círculo de velas.

Em conclusão, temos um termo universalmente usado por (e em associação com) alguns personagens que são líderes religiosos mundiais. É um termo utilizado para a verdadeira obtenção da iluminação, e assim sendo, as principais divindades e os reis precisam ser Luminosos. Também é um termo intrinsecamente ligado à serpente, tanto em relação à etimologia quanto ao uso. A cobra é o meio pelo qual podemos alcançar a iluminação. Essa é a mesma serpente da energia prânica ou Kundalini, de que os místicos hindus falam quando se referem ao caminho para a iluminação.

Antes de passarmos para as interpretações secretas das antigas sociedades gnósticas, ocultistas e alquímicas, precisamos nos perguntar se existe algum fundamento científico para o processo de iluminação. Já vimos como a mente poderia possivelmente obter *revelações* ao perceber e manipular conscientemente o próprio cerne do átomo, mas é hora de nos aprofundarmos nessa assombrosa parte da evolução humana e nas descobertas emergentes da ciência.

Capítulo 4

O Vazio

O portal em arco para um lugar melhor, em um cemitério em Roma.

Antes de começarmos a examinar o termo "vazio", ou "o nada", e seu significado, precisamos rever o termo "energia" e sua relação com o kundalini (ou outros sistemas semelhantes) e a gnose. *Energia* é uma palavra usada tanto por cientistas como por místicos, de diferentes modos, mas eles não concordam necessariamente uns com os outros sobre o seu uso. Para os objetivos deste livro, decidi examinar ambos os lados e verificar se há um fundamento comum entre eles.

Essa energia, como a estou chamando, nada mais é que o *Fogo da Serpente*, a *Força Solar* ou a *energia prânica* dos cultos místicos da serpente em todo o mundo. É semelhante à base do poder do kundalini e leva adiante o processo de iluminação. Sem a energia do Fogo da Serpente não haveria a verdadeira gnose, já que a verdadeira gnose é a energia da mente em equilíbrio. As informações são transmitidas em um nível subatômico e despertam a energia. É fácil dizer que precisamos ter essa energia, mas também precisamos aprender a controlá-la. E, mais uma vez, o que é essa energia? Nós mencionamos o átomo e como é possível o pensamento controlar a energia no interior do átomo por meio de um processo relacionado talvez ao emaranhamento quântico, mas existe alguma comprovação dessa idéia?

Ao longo da história humana, milhares de pessoas afirmaram ter experimentado a iluminação, dando origem aos termos "iluminado" e "luminoso". Se for verdade que a humanidade, ao redor do mundo e através dos tempos, tem passado por essas experiências, então elas precisam ter sido produzidas por algum tipo de energia. Essa energia é tanto a carga elétrica que percorre o sistema nervoso até o cérebro, como as reações químicas e biológicas dentro do nosso cérebro que são produzidas por incontáveis métodos de meditação, prece, danças circulares dervixes etc. Esses métodos foram descobertos e aperfeiçoados pelos iniciados e adeptos de muitos cultos e credos. Esses métodos funcionam realmente; criam estados alterados de consciência por causa das reações elétricas, biológicas e químicas que geram. A pergunta que os cientistas fazem é se as reações são apenas funções biológicas acidentalmente descobertas pela humanidade, ou se são capacidades místicas e espirituais de um eu mais elevado. A resposta para isso pode ser encontrada dentro do indivíduo, mas podemos obter outras *revelações* se escavarmos um pouco mais fundo.

Quando lemos sobre experiências atuais, percebemos exatamente por que todos os antigos escolheram a *árvore*, o *eixo* ou a *coluna vertebral* como o condutor dessa energia serpentina. No livro *Spontaneous Human Combustion*, Jenny Randles e Peter Hough escrevem:

> De repente senti uma certa atividade na base da coluna. Uma sensação como um estremecimento, e uma onda de energia começou a subir pelas minhas costas. Senti como se todos os feixes nervosos da minha coluna tivessem começado a pegar fogo. Eu podia sentir os vórtices de eletricidade em volta dos lugares que foram descritos como chakras.

E ainda:

> De repente, ondas de energia — como cargas elétricas — subiram pela minha coluna. Gradativamente se transformaram em uma corrente fixa de energia morna fluindo da base da coluna ao topo do crânio.

Podemos constatar, por meio desses exemplos que Randles e Hough usam em seu livro sobre a combustão humana espontânea, que essa energia é um fenômeno muito real. Mas ela pode ser muito perigosa se não for usada corretamente. Claro que a literatura antiga fala disto — a dualidade da natureza da serpente. Podemos ver como a *Serpente de Fogo* era uma potente energia utilizada para controlar o povo, portanto um símbolo poderoso usado pelos faraós do Egito, como a serpente *uraeus* na testa. Quando a energia está fora de controle, a sua reação quântica realmente causa um fogo verdadeiro, pois os átomos são agitados a tal ponto que a constituição molecular do corpo humano não consegue conter essa energia. E tudo isso pode ser causado pela mente humana que não consegue controlar a liberação de sua própria energia (o caso daqueles que pegaram fogo).

Gopi Krishna é famoso agora por seus textos sobre o Kundalini, e é também uma das poucas pessoas que alcançaram, por meio dessa energia, aquilo que ele crê ser a verdadeira iluminação. Em seus textos, ele nos conta que muitas vezes se sentia desanimado porque não havia alguém para ajudá-lo a controlar o processo, e mais de uma vez sofreu os aspectos negativos da Serpente de Fogo, até mesmo sensações intensas de estar queimando. Ele atribuiu isso ao lado masculino e ardente do Kundalini, que precisa ser equilibrado com a água, ou lado feminino. Esses são termos usados em métodos de controle dos aspectos positivo e negativo da mente, necessários para se obter um excelente autocontrole.

Ao longo do tempo e por todo o mundo, esse fenômeno real e natural no homem despontou em textos e religiões de centenas de culturas. Era um mistério, tanto bom quanto ruim, tanto benéfico quanto perigoso. O correto equilíbrio dessa energia nos deu o Ente Supremo. Ficou conhecido como o *Espírito de Deus* ou *Espírito Santo*, na literatura cristã; nos textos hebreus era *Rauch Ha Kodesh* ou o *Vento Santo;* no mito indiano tinha muitos nomes, entre eles *Prana* e *Fogo Líquido;* na alquimia medieval tornou-se *Serpente de Fogo* ou *Força Solar;* na China era o *Ch'i;* na mitologia maia era *Ch'ulel* ou *Essência da Vida;* na Polinésia era *Mana,* a *Força Vital;* e para os escandinavos tornou-se conhecido como *Wodan,* depois seu deus Odin. Surgiu por todo o mundo uma grande *Irmandade da Luz,* mas ela acabou caindo no mundo desprezível da ambição, do desejo e do controle. Essa é uma situação quase paradoxal (a iluminação pode eventualmente trazer essas coisas terríveis), mas permanece o fato de que a natureza humana é baseada em desejos evolucionários, e tais desejos causam os pecados do homem se não forem contrabalançados com o amor. Os descendentes do fundador do credo, conhecido pela maioria como *o místico,* afastaram-se do verdadeiro objetivo original e passaram a se guiar por sua própria natureza inferior.

Há um número bem maior de palavras para *iluminação,* mas a questão é que a energia é universal. A humanidade descobriu essa energia, domou-a e controlou-a, e lhe deu nomes que a relacionam com seus deuses. Mas foi além e abusou dela, o que parece ser um tema comum em nossa história. Em todos os casos, essa energia é parte da nossa constituição natural, e diz-se que é nosso guia e chave para atingir o Outro Mundo. Somos guiados pelo processo que eu chamo de *emaranhamento quântico* ou *energia do ponto zero.*

Energia do Ponto Zero

No antigo sânscrito há um termo, conhecido como *Sunya',* que, posto de forma simples, significa "zero". Está relacionado ao moderno conceito de *o vazio.* Mas como esse antigo conceito metafísico do *nada* se relaciona com o que chamamos de *o vazio* no mundo quântico moderno? E como está relacionado com o conhecimento supremo da humanidade?

Em seu livro *Zero: The Biography of a Dangerous Idea,* Charles Seife nos diz: "Hoje ele é uma bomba-relógio tiquetaqueando no coração da astrofísica". O livro segue o termo "zero" desde seu conceito filosófico oriental até sua aceitação pela ciência européia. O significado peculiar disso é que a filosofia oriental do zero se relaciona tanto com a consciência quanto com o conceito astrofísico dos buracos negros. A energia ilimitada do vácuo, conhecida hoje como *energia do ponto zero,* baseia-se nos mesmos conceitos filosóficos.

Imagine um grande mar ou lago. Sabemos que essa massa de água é formada por minúsculas moléculas, que por sua vez são formadas por átomos. Dentro dos átomos encontramos um sistema solar em miniatura, não diferente dos sistemas solares macrocósmicos que abundam no Universo. Essa miniatura de sistema solar é constituída de um núcleo (comparável ao nosso Sol) com elétrons girando em torno dele (como se fossem miniplanetas). O espaço entre essas minúsculas estrelas e planetas é a ciência do vazio, e não é diferente do espaço vazio entre o Sol e os planetas orbitando a sua volta. De fato, a maior parte, tanto do sistema solar em miniatura quanto do sistema solar macrocósmico, é constituída por esse vazio. Acredite, se viajássemos em direção ao centro do núcleo, de novo encontraríamos exatamente a mesma coisa.

Essa relação entre a miniatura e o macrocosmo nos revela as verdades existentes por trás do conceito de "assim acima como abaixo", da notória e alquímica *Tábua de Esmeralda*, que foi atribuída a Hermes Trismegisto. De fato, afirmei em *O Graal da Serpente* e em *O Priorado Secreto* que esse vazio é a verdadeira realidade da existência e que a matéria do elétron, da partícula e, até mesmo, do átomo nada mais é que a criação a partir do vazio. O vazio é o elemento verdadeiramente criativo e o espaço neutro entre os opostos. O *nada* (ou estado neutro), conhecido como o *vazio* ou *energia do ponto zero*, é na realidade o *pensamento* — exatamente como o *continuum* das filosofias budistas. É o reino quântico da nossa verdadeira consciência. Tenho mostrado como, pelo emaranhamento de partículas (conhecido hoje como *emaranhamento quântico*), esses pensamentos podem se emaranhar com outras partículas. Assim, temos o que os alquimistas chamam de *Mente Universal* ou, em termos populares, *Deus*.

Creio que o processo místico e a iluminação não passam de um acesso a essa *Mente Universal* (*registros akáshicos* ou *energia do ponto zero*). Isso se dá pela capacidade humana de estar consciente do ponto de emaranhamento quântico — estar consciente do mundo inconsciente e das inúmeras conexões entre nossa mente em nível subatômico e no universo subatômico. Entre os mundos, no estado neutro desperto-adormecido (também conhecido como *hipnagógico*), é onde a mente supraconsciente pode ter acesso ao divino.

O que denominamos *supraconsciência* é obtido pelos métodos utilizados no sistema de chakras Kundalini, que acredito ser o processo em que o pensamento afeta a energia. Os métodos empregados pelo adepto elevam interiormente o estado de consciência do mundo quântico. Graças à própria natureza do processo, o místico retorna do estado supraconsciente com visões que são ao mesmo tempo arquetípicas e incomuns. As imagens são arquetípicas porque são quase sempre consistentes. As visões são incomuns pelo fato de que a mente ordinária

A *vesica piscis* ou o mundo intermediário.

não consegue compreender o que a mente não-ordinária viu. O que o místico (seja hindu, muçulmano, sufi, cristão gnóstico ou alquimista) está revelando é a interpretação teórica humana do mundo quântico do inconsciente. Essa experiência tem sido chamada de *o eu verdadeiro*.

Mas há questões relacionadas ao cérebro que precisamos resolver antes de prosseguir em nossa viagem. Essas questões têm sido levantadas por aqueles dentre nós que racionalizam a experiência da iluminação como uma reação puramente hormonal ou emocional. A fim de tratar dessas questões precisamos entender o termo "consciência". A definição a seguir foi tirada de um ensaio intitulado "The Neurophysiology of the Brain: Its Relationship to Altered States of Consciousness (with emphasis on the Mystical Experience)" [A neurofisiologia do cérebro: sua relação com os estados alterados de consciência (com ênfase na experiência mística)], escrito pelo dr. Peter Fenwick:

> A consciência manifesta-se em decorrência de uma série de ações complexas que tomam parte do funcionamento normal do cérebro. Por consciência, quero dizer o surgimento dentro de mim de um eu experimentador que é capaz não só de se conhecer, mas também de diferenciar um grupo de experiências que claramente não fazem parte dele ou do corpo a que ele pertence; na verdade, elas vêm do mundo exterior. Wigner (1964), em seu artigo "Two Kinds of Reality" [Duas espécies de realidade], resumiu isso quando disse: "Há duas espécies de realidade da existência; a existência da minha consciência e a realidade de tudo o mais. Esta última realidade não é absoluta, mas somente relativa" (...) excetuando sensações imediatas e, mais genericamente, o conteúdo da minha consciência, tudo o mais é uma construção mental, mas algumas construções mentais estão mais próximas, outras mais distantes das sensações diretas (...) Assim, temos uma realidade primária, a qual é domínio do eu experimentador, e temos uma realidade secundária, que é a interpretação do mundo exterior pelo funcionamento complexo do sistema nervoso. Essa é a realidade externa, e é secundária à realidade primária do eu.

A concepção de *consciência* não é tão clara quanto podemos imaginar. Há, segundo os psiquiatras, dois tipos de consciência. De um lado, experimentamos o nosso *eu*. E por outro interpretamos o *mundo exterior* — mas fazemos isso de acordo com o nosso *eu* — assim um elemento da consciência (*eu*) afeta o outro (*o exterior*). Portanto, nossa experiência do mundo exterior deve diferir entre as culturas, graças às influências localizadas. Isso dá origem a diferenças de opinião em relação a muitas questões, causando conflito entre indivíduos e culturas. Entretanto (e mais importante), a realidade do *eu* interior — a experiência da nossa própria *autoconsciência* — permanece uma constante universal, exatamente como os antigos acreditavam.

Podemos ver isso nos resultados dos experimentos com *estados alterados de consciência* que os cientistas têm conduzido nessas últimas décadas. O mundo que enxergamos (ou percebemos) não é visto objetivamente. É uma construção criada por nossa própria mente, portanto subjetiva. O mundo que percebemos depende da nossa formação, das nossas fronteiras culturais e lembranças — resumindo, é visto segundo o estado ímpar de funcionamento do nosso cérebro. Há mais de um mundo; há seis bilhões deles, cada um sendo visto por cada mente individual humana. Se o mundo que nos rodeia é tão difícil de ser percebido objetivamente, será que perceber o mundo interior é também tão difícil? Por ser um arquétipo genético (ou desenvolvido) universal, o mundo interior é muito mais fácil de ser entendido. Acrescente-se a isso a hipótese que levantei de uma mente quântica supraconsciente coletiva, e todas as realidades interiores passam a ser o reflexo de uma mente maior. Esta poderia, naturalmente, ser o *Eu Interior*, não o eu que tem sido contaminado por influências locais.

Agora que sabemos um pouco mais sobre a consciência, precisamos passar para as questões científicas relacionadas à experiência mística e as tentativas de reduzi-la aos níveis biológico, químico e genético. Em *The Wonder of the Brain*, Gopi Krishna escreve sobre a experiência mística:

> Não importa o quão breve ele possa ser, o vôo transcendental da alma precisa refletir-se na matéria cerebral, de algum modo. Inversamente, pode acontecer que — como resultado de uma reação causada no cérebro por concentração intensa, culto contínuo, prece, anseio extremo pela visão beatífica ou devoção consumidora por Deus, por um longo período de tempo — comece um processo de transformação no órgão, conduzindo a extraordinárias experiências de tipo místico.

Em 1979, Gopi Krishna afirmou que tinha alcançado a iluminação completa e verdadeira, portanto desejava difundir a notícia a respeito desse assombroso aspecto da evolução humana. Tenho de concordar

Qual é o Verdadeiro Você?

Realidade Exterior

Esta é a Personalidade. Constrói-se no curso da nossa vida pela pressão dos que nos rodeiam e por outras influências que nos atingem. Não é a realidade verdadeira, e os budistas chamam-na de *fenômeno externo*.

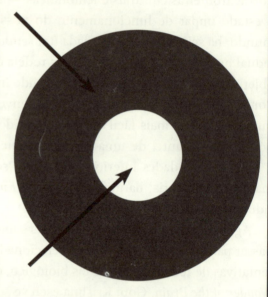

Realidade Interior

Este é o Indivíduo, em oposição à Personalidade. Ele tem sido NÓS desde o momento em que nascemos e é o "eu verdadeiro" ou Ser. Constitui o elemento de nós mesmos que os antigos acreditavam que permanecia depois da morte, enquanto a personalidade morria.

A Realidade Interior é o lar da iluminação. De acordo com as tradições ancestrais, é a realidade *Luminosa* que reside em cada um de nós. A fim de ter acesso a essa realidade, precisamos, em primeiro lugar, perceber o sofrimento e a dor que a Realidade Exterior causa e erradicar os desejos e outros elementos do ego que causam esse sofrimento. Somente então a pura Realidade Interior, também chamada de *Divindade,* pode ser liberada.

com sua declaração, pois se essa é uma reação humana natural, então precisa refletir-se na matéria da nossa estrutura cerebral. A ciência deveria ser capaz de detectar esses efeitos nos vários elementos que constituem nossa mente, sejam eles freqüências eletromagnéticas ou atividades químicas e biológicas.

É possível que a humanidade seja capaz de conscientemente alterar sua matéria cerebral, ao longo de várias gerações, para ajudar a promover a nossa evolução espiritual. Devido ao nosso anseio por realização espiritual, talvez tenhamos desenvolvido um método tanto biológico, como químico e elétrico de acesso à dimensão quântica. Ainda, segundo Gopi Krishna:

> À luz de que o organismo humano é um laboratório químico de um tipo mais elaborado, a possibilidade de um processo bioquímico sintético agindo no material neurônico a fim de criar um padrão diferente de consciência, como acontece no caso de certas drogas, não pode ser descartada. De fato, há uma percepção crescente de que o distúrbio mental pode ser o resultado imediato de desequilíbrios orgânicos no cérebro.[1]

Houve muitas ocasiões em que animais e vegetais desenvolveram-se em conjunto, quando a evolução deles era interdependente. Essa ajuda mútua na evolução, entre planta e animal, é perfeitamente natural e tem sido provada por milhares de estudos. O peixe-piloto, por exemplo, depende do tubarão para se alimentar; ele aproveita as sobras de comida deixadas pelo predador maior. Muitos animais dependem de agentes bacteriológicos para a digestão. Não será um passo grande demais dizer que, de algum modo, a evolução da mente da humanidade foi e será ajudada por reações químicas e biológicas. O que difere os humanos é que somos conscientes (pelo menos muitos de nós somos) desse fato, e assim podemos afetar nossa própria evolução. Vemos isso ao longo do curso da história humana.

Como diz Christopher Altman em seu ensaio intitulado "Neuropharmacology of the Mystical State: Entheogenic traditions and the mystical experience" ["Neurofarmacologia do estado místico: tradições enteogênicas e a experiência mística"]: "Muitas tradições ao longo da história empregaram plantas sacramentais para atingir um nível de intensa percepção espiritual, a experiência mística." Essas plantas, e mesmo o veneno de cobra, tornaram-se sagrados para os homens, segundo os ensinamentos religiosos. Temos hoje o soma, do hinduísmo; o maná, do judaísmo; o peiote, do xamanismo; e podemos considerar que veneno e sangue afinal se tornaram a Eucaristia, do cristianismo. Altman continua:

> Hoje, o exemplo mais destacado do uso de enteogênicos é do cacto peiote, pela igreja dos nativos norte-americanos. As cabeças desidratadas do cacto, que têm como princípio ativo a mescalina, são ingeridas pelos índios que fazem parte da comunidade da igreja, em suas cerimônias. O peiote é fundamental para a cerimônia religiosa, e os índios que o usam dizem que é um presente de Deus. A mescalina remonta aos astecas. A trepadeira ipoméia, na qual encontramos o ácido lisérgico, e o cogumelo *psilocybin* (*teonanacatl*, ou carne dos deuses), cujos componentes ativos são a psilocibina e a psilocina, eram utilizados pelos astecas em suas cerimônias divinatórias, e ainda são usados atualmente por muitas tribos no México. O cogumelo *Amanita muscaria* era usado na Índia e conhecido como o soma védico — seu principal componente ativo é a muscarina. Membros de tribos siberianas até hoje consomem esse cogumelo.

A verdade é que o xamã que costumava liderar esse processo estava encontrando modos de elevar sua consciência — para estar mais perto dos deuses. Todos eles — sem exceção — afirmavam que esses componentes ajudavam o processo e lhes traziam informações que não conseguiriam obter de outra maneira. O conhecimento era então passado para a tribo por meio das artes visuais e das técnicas de cura. Isso, por sua vez, ajudava a evolução da tribo e afetava o curso da história humana. Mas, se acreditarmos apenas na aparência puramente científica do processo, então concluiremos que essas drogas eram simples alucinógenos, portanto qualquer conhecimento adquirido vinha claramente do cérebro e de tudo aquilo que ele já tivesse aprendido. A ciência gostaria de nos fazer crer que todas as coisas que o homem viu por meio desse processo não passam de ilusões criadas dentro do cérebro. Mas essa teoria negligencia o lado quântico da existência — que todas as coisas estão ligadas, que tudo é *Um*, e que tudo depende de tudo o mais. Da mesma maneira que o peixe-piloto depende do tubarão, talvez nossa mente também dependa da Mente Universal. Isso explica como o xamã sabia intrinsecamente as necessidades da tribo e era capaz de encontrar uma resposta adequada — mesmo ele não a conhecendo.

O homem tem lutado para alcançar essa compreensão utilizando muitos meios. Talvez isso seja parte dos nossos próprios desejos evolucionários — sabemos subconscientemente que há mais coisas a serem vividas e lutamos por elas. Esses outros métodos são agora elementos imbuídos em nossas religiões. Meditação, prece, jejum e mesmo danças circulares dervixes são processos desenvolvidos pelo homem para alcançar um patamar de consciência mais elevado ou próximo de Deus. São todos eles métodos físicos para nos ajudar a entrar no reino metafísico — um meio biológico e químico para o homem melhorar seu próprio estado consciente.

Entram diversos elementos psicológicos no processo de iluminação, conforme foram descritos por muitas cobaias humanas em testes científicos laboratoriais. Seus relatos são extremamente interessantes, e preparei um breve esboço dos temas comuns:

- *A transcendência de tempo e espaço.* Essa é a sensação de que o tempo simultaneamente pára e se move mais depressa do que o normal. Todas as referências a tempo e espaço se tornaram anuviadas. O que é descrito é o conceito de que tempo e espaço estão num ponto em que os limites da nossa percepção de espaço e tempo se tornam irrelevantes, como se de repente víssemos a realidade de um modo diferente. Se o que creio for verdade — que a mente humana realmente penetra numa existência quântica —, então essa sensação de tempo e de espaço seria completamente verdadeira. É real, ainda que muito diferente daquela da nossa experiência comum.

- *Unicidade*. A sensação de que tempo e espaço existe em um único ponto é apoiada por um outro sentimento inigualável de unidade. Como diz Christopher Altman: "Há uma sensação de unicidade com o Universo e uma perda dos limites do ego. O eu é experimentado como consciência pura." Essa perda do ego e experiência do eu é exatamente o que os alquimistas, ocultistas e gnósticos falam como sendo o meio de obter a verdadeira iluminação.
- *Um senso do divino e do sagrado*. As pessoas que servem de cobaia muitas vezes sentem que estão em paz com a vida e em harmonia com o Divino. Mais uma vez, há um paralelo com as experiências descritas por nossos antigos filósofos.
- *Estado de espírito*. Muitos sentem um estado de espírito positivo, e suas emoções expressam admiração e alegria. As emoções são elevadas a tal ponto que não há nada comparável a elas em nossa vida comum.
- *Conhecimento*. As cobaias muitas vezes sentem que alcançaram uma percepção da natureza que simplesmente não conseguem expressar, mas crêem que esse conhecimento seja definitivo e autêntico. O processo lhes dá um forte sentido do paradoxo, de tal modo que não conseguem explicar suas próprias emoções ou experiências para os outros, e que essas experiências foram contraditórias. Dar voz ao inexplicável tem sido sempre um problema para os místicos, e eu pessoalmente dou testemunho desse sentimento de *saber*, que essas pessoas expressam. Há com freqüência momentos de iluminação absoluta que dão ao indivíduo uma

sensação de supraconsciência; mesmo depois que esses momentos passam, o sentimento permanece. Eu me senti muitas vezes incapaz de expressar a sensação que tive de um conhecimento intensificado do *por que* e do *como,* e também fui incapaz de explicar esse conhecimento para os outros.

- *Persistência.* A experiência freqüentemente permanece com essas cobaias no plano emocional. Elas carregam a experiência emocional para suas próprias vidas e isso as ajuda, dando-lhes uma perspectiva mais equilibrada.

De qualquer modo que observemos essas experiências causadas por medicação, meditação, prece, jejum ou danças circulares dervixes, temos de concluir que se trata de um fenômeno humano universal. Embora todos os filósofos, gnósticos, expoentes religiosos e cientistas expliquem a causa da experiência de diferentes modos, o meu objetivo é chegar a um equilíbrio — para explicar o processo por meio da verdade. Não sou cientista nem místico. Sou simplesmente um buscador da verdade.

Não resta qualquer dúvida de que vários elementos químicos levam a um processo que os místicos conhecem como *iluminação.* Da mesma maneira, não há dúvida de que esses processos são conduzidos por meio de ações físicas e mentais, pois elas criam neurotransmissões que afetam nossos pensamentos e liberam hormônios químicos. Mas tudo isso é apenas a redução do processo a reações físicas, biológicas e químicas. A questão não é *como* a experiência é conduzida, mas sim *qual a verdade que há nela?* Esse processo é uma verdade básica da evolução humana? Esse processo é causado pela união do nosso eu interior com o estado coletivo supraconsciente ou Mente Universal? Estamos criando e ajudando nossa própria evolução no universo quântico?

Christopher Altman escreve que a ciência muitas vezes usa esta declaração como rede de segurança:

Embora o método científico tenha seus limites, a iluminação, para os místicos, não repousa em explanação, mas em experiência direta. O misticismo trata de potenciais da experiência humana, e a jornada mística é o caminho de uma vida, que culmina no encontro direto com o desconhecido. Independentemente de verificação, as experiências místicas permanecem como o zênite do empenho humano em direção às regiões escondidas da mente, abrindo passagens para o núcleo da própria experiência consciente.

Os místicos normalmente concordam com essa declaração, pois não têm interesse nos domínios da ciência. Entretanto, quase nunca encontramos um equilíbrio. Queremos, contudo, chegar ao fundo do processo de iluminação, e eu desejo encontrar um equilíbrio entre a ciência fortemente racionalista e a verdadeira experiência humana, se isso for possível.

As crenças e experiências religiosas são normalmente encaradas como estando além da explicação científica, ainda que neurologistas da Universidade da Califórnia, em San Diego, tenham localizado uma área no lobo temporal do cérebro que parece produzir sentimentos intensos de transcendência espiritual, os quais se combinam com a sensação de alguma presença mística. O neurocientista canadense, Michael Persinger, da Universidade Laurentiana, conseguiu até mesmo reproduzir essas sensações em pessoas não-religiosas ao estimular essa área.

Caracteristicamente, as pessoas relatam a presença (...) outra pessoa experimentou a visita de Deus. Depois observamos seu EEG e havia a clássica convulsão, com picos e ondas lentas, sobre o lobo temporal no momento exato da experiência — as outras partes do cérebro estavam normais.[2]

Em seu livro *The Real Nature of Mystical Experience,* Gopi Krishna escreve:

O fato de parecer que temos um ponto religioso ligado em nossos cérebros não prova necessariamente que a dimensão espiritual é meramente o produto da atividade cerebral. Afinal, se Deus existe, parece que Ele precisa nos ter criado com algum mecanismo biológico com o qual possamos apreendê-lo.

Mais uma vez, Gopi Krishna expõe a crença de que, embora os atributos físicos da experiência possam ser cientificamente observados, a compreensão do efeito ainda é visto como misticismo. Onde esse processo se origina? É Deus que nos dá esse elemento dentro do nosso cérebro? Ou é a nossa conexão evolucionária com a Mente Universal — o estado de supraconsciência coletiva? Essa Mente Universal é percebida pelas cobaias que os cientistas testaram? Se a resposta for afirmativa, será que isso nos dá a evidência da conexão quântica? Será que essas pessoas têm a capacidade de se tornar conscientes da presença que permeia todo esse estado supraconsciente, exatamente como diziam os antigos xamãs gnósticos e outros? Em um artigo intitulado "Phantoms of the Brain" [Fantasmas do cérebro], V.S. Ramachandran e Sandra Blakesless escreveram:

> Se as crenças religiosas são apenas o resultado combinado de pensamentos ilusórios e desejos de imortalidade, como você explica os vôos de imaginação do intenso êxtase religioso vivenciado por pacientes com convulsão do lobo temporal ou quando eles afirmam que Deus lhes fala diretamente? Muitos pacientes me falaram de "uma luz divina que ilumina todas as coisas" ou de "uma verdade suprema que repousa muito além do alcance da mente comum..." Evidentemente, eles talvez estejam apenas sofrendo das alucinações e delírios típicos da esquizofrenia, mas se for esse o caso, por que essas alucinações ocorrem principalmente quando os lobos temporais estão envolvidos? Ainda mais desorientador, por que elas assumem essas formas em particular? Por que os pacientes não têm alucinações com porcos ou jumentos?

E:

Então chegou um período de êxtase tão intenso que o Universo ficou paralisado como se deslumbrado com a majestade indescritível do espetáculo! Um só, em todo o Universo infinito. O que cuida de tudo, o Ente Perfeito, a Sabedoria Perfeita, verdade, amor e pureza! E com o êxtase veio a percepção. Nesse mesmo momento maravilhoso do que poderia ser chamado de beatitude celestial, veio a iluminação. Vi com uma intensa visão interior os átomos e moléculas — não sei se materiais ou espirituais —, com os quais o Universo é semelhantemente composto, rearranjando-se como se o cosmo passasse de uma ordem a outra. Que alegria quando percebi que não havia quebra na cadeia — nem um elo deixado de fora —, tudo em seu tempo e lugar. Mundos, sistemas, todos combinados em um Universo harmonioso, um sinônimo do Amor Universal.

O que a evidência científica demonstra é que as cobaias humanas passam pela experiência de uma grande luz ou brilho, exatamente como os antigos declararam em diversas ocasiões. Sabemos que essa é uma parte da experiência de iluminação. As cobaias também relatam uma sensação de conexão com o Divino e muitas vezes experimentam um efeito perturbador e arquetípico, de tal modo que as experiências são universais e não diferem segundo a formação cultural ou étnica. Isso é tanto o resultado de uma constituição genética humana básica, como a conexão por meio do cérebro quântico com um estado quântico. A experiência não é o resultado da procura do homem pela vida eterna, já que cada cultura experimentaria resultados diferentes. Ela deve ser o resultado da evolução humana, seja pelo simples processo de evolução biológica, genética e universal, seja por meio de uma natureza que se desenvolveu juntamente com a existência de outra dimensão quântica. Isso poderia explicar a imagem da serpente, que tem sido vista como a hélice dupla do DNA ou como ondas de energia. De um modo ou de outro, a linha ondulada — fisicamente manifestada nesse plano de existência como a cobra — é uma imagem universal subjacente aos níveis mais básicos da vida.

Permanece o fato de que a experiência de iluminação acontece com seres humanos em todo o mundo e vem ocorrendo há muito tempo. Deu origem a religiões e crenças a que a maioria das pessoas adere hoje. Esse Outro Mundo, divisado pelos antigos e pelos místicos do mundo inteiro, tem se manifestado fisicamente ao longo do tempo e pode ser observado por todos e pesquisado pela ciência moderna. Essas manifestações físicas são vistas em estruturas, como a mandala, e em textos, como a Bíblia.

Na mandala, podemos ver a semelhança entre o mundo exterior físico, a estrutura interna atômica e o sistema de crença esotérica. Isso deve vir de algum tipo de intuição, já que o Sol, ou núcleo no centro, e a Lua e os planetas (ou elétrons) orbitando em torno casam perfeitamente com a mandala. Esse não é um conceito novo, já que até mesmo os antigos viam o sistema macrocósmico solar como uma manifestação das criações tridimensionais da consciência. Sabemos que os antigos acreditavam que suas mentes criaram a vida, e isso combina com o conceito a que estamos chegando agora — que a evolução da humanidade (e possivelmente de outros seres sencientes) é parte integrante de uma mente maior que nos afeta, do mesmo modo que a afetamos no nível subconsciente.

O Poder da Gravidade

Eu já disse que precisamos criar um equilíbrio interno; isso é algo que os vários textos mundiais de sabedoria nos dizem. O átomo — com suas polaridades negativa e positiva — possui o *Olho da Tempestade* ou *Olho de Rá* em seu centro. Isso, creio, pode ser explicado em termos científicos como sendo a *gravidade,* o que é evidente no Universo maior ou macrocósmico, e também deveria estar evidente no microcosmo ou miniatura.

Ao olhar mais de perto, descobri que o antigo símbolo do ponto no centro de um círculo ilustra o conceito de gravidade perfeitamente — a gravidade é uma força universal que puxa as coisas para dentro, do mesmo modo pelo qual somos atraídos para o centro da Terra. Todas as coisas que não têm força ou energia para escapar são puxadas para dentro — de modo semelhante ao elétron que precisa ser energizado para escapar do átomo. Lembre-se de que toda energia é informação, e assim o elétron possui informações que carrega consigo. Nem todas as coisas conseguem aglutinar-se no centro, assim os físicos criaram o termo *buraco negro* — e eles presumem que toda energia-informação desaparece nesse buraco negro. Essa pressuposição coloca a questão: Aonde vai dar o buraco negro? Para responder precisamos observar os ciclos vitais: nascimento, vida e morte. A energia nasce do vácuo, vive e então é sugada para dentro do buraco negro. O buraco negro é o conduto por onde os ciclos passam.

O fato de a energia-informação estar constantemente indo e vindo desse buraco negro o torna seguro e estável, e assegura que não ocorra sua implosão ou explosão. É um *continuum* de ciclos; o Universo precisa deles para perdurar. Se a ciência persiste no uso do termo *buraco negro* ou na teoria de sua existência, a evidência sugere que o Universo precisa manter o equilíbrio. Esses buracos negros se espelham no interior do nosso próprio átomo, que são como buracos negros em que a energia é absorvida e então escapa.

O processo de iluminação é semelhante àquele do Kundalini, mas consiste de algo mais que atitudes mentais — embora a atitude mental seja a característica controladora. Esse processo é mais do que uma antiga experiência mística que foi descartada por aqueles que nunca a vivenciaram. Esse processo é uma constante universal — uma das verdades criativas e universais. Temos as respostas para o *todo* em nós mesmos. Nós estamos — ao entrar no processo de iluminação — experimentando o mesmo processo por que passam o buraco negro e os ciclos de um átomo. A mandala — como uma imagem desse processo — está em toda parte, especialmente no mundo natural que nos rodeia.

Físicos modernos descobriram que uma partícula subatômica (como um elétron) sabe, de algum modo, o que as outras partículas estão fazendo, não importa onde estejam localizadas. As partículas emaranhadas se comunicam. Ambas as partículas parecem comunicar-se uma com a outra simultaneamente no espaço — o que significa que elas se comunicam instantaneamente —, mais rápido que a velocidade da luz, como se ambas fossem uma só coisa; esse conceito é conhecido como *superposição*. Ele implica que cada partícula subatômica é um oceano completo de comportamentos de partículas, como se ela soubesse o que um número infinito de outras está fazendo. Se os cientistas estão preparados para dizer que uma partícula sabe o que outra partícula emaranhada está fazendo, então será que é ir longe demais se dissermos que nós também — uma vez conscientes desse nível de realidade — podemos saber o que as outras partículas emaranhadas estão fazendo? Sabendo que somos conscientes da nossa realidade biológica e química, então por que não podemos também ter consciência do nosso nível quântico? Essas outras partículas, às quais estamos emaranhados, poderiam fazer parte da Mente Universal!

O problema é que nossa mente moderna criou a ilusão da divisão entre as coisas, sejam elas o céu e o mar, ou o núcleo e o elétron. Mas a física teórica e os conceitos orientais nos mostram que todas as coisas estão unidas em um nível surpreendentemente pequeno, e que nossas mentes podem se conectar com essa Unicidade ou Mente Universal. Não estamos separados de coisa alguma; somos parte de um *todo* maior, e como parte desse todo podemos nos comunicar e agir dentro dele.

A experiência da *luz* ou *iluminação*, quando vista mediante o poder da energia prânica ou da serpente — que se manifesta na realidade como pensamento e energia eletromagnética —, desperta-nos para a percepção de uma parte maior de nós mesmos, de tal modo que conseguimos encontrar nosso próprio caminho para ela ao nos manter conscientes no ponto de fusão da nossa energia. Ajuda-nos a *ver* de um modo que ninguém mais consegue, mas somente esforços conscientes para manter o equilíbrio interno vão ajudar-nos a conservar o momento.

Antigos filósofos nos disseram para não nos concentrarmos neste mundo de ilusão (o mundo físico e manifesto), mas nos tornarmos conscientes do Outro Mundo, onde a realidade existe verdadeiramente. Em resumo, com o mundo fisicamente manifesto sendo uma ilusão da mente humana e visto de modo diferente por cada indivíduo, a verdadeira realidade só pode estar na *Unicidade* citada nos antigos textos de sabedoria.

Quando nos concentramos no processo do Kundalini, criamos uma energia eletromagnética que é tanto uma onda quanto uma partícula. Partículas de energia luminosa, por exemplo, são produzidas em um ponto do processo, no momento e onde a energia se retrai, e, em nossa realidade, percebemos esses pontos de energia em volta de todos nós como partículas subatômicas. Somente quando estamos em estado supraconsciente podemos perceber as partículas de pensamento. Esse é o brilho, a luminosidade ou a parte clara da iluminação.

Desses mesmos pontos, à medida que a energia se retrai, ondas de energia luminosa se expandem, pulsando em todas as direções. Paranormais e outros afirmam vê-las como auras, que também são captadas pela fotografia Kirlian. Isso, naturalmente, poderia ser possível em um mundo unificado, onde tudo estivesse interconectado e onde fôssemos capazes de ter consciência dessa energia.

Por mais difícil que seja compreender essas declarações, a confusão só surge graças a um certo paradoxo. Esse paradoxo se resolve assim que percebemos que uma das nossas percepções é uma ilusão: nossa percepção e experiência em relação a tudo são divididas e separadas em tempo e espaço. Mas para compreender como essa realidade de tempo e espaço é ilusória, devemos primeiro considerar a premissa segundo a qual esse determinado ponto de energia é consciência pura — e que toda energia é consciência —, até mesmo a ilusão da matéria.

Precisamos também tomar cuidado com o que afirmamos em relação ao Kundalini, porque para muitas pessoas (inclusive o místico sufi Gurdjieff) o Kundalini é imaginação, e a imaginação humana pode ser uma coisa perigosa. Mas Gurdjieff e outros se esqueceram de que os antigos falavam constantemente sobre equilíbrio. Equilibrar a imaginação com o racional, o esquerdo com o direito, a fêmea com o macho. Ser puramente racional nos deixa com nada além de um mundo árido, sem graça, que é guiado pela religião da ciência. Pessoalmente tenho problemas com as tradições científicas que seguimos hoje em dia, porque com muita freqüência nos dizem uma coisa, somente para vê-la desacreditada logo em seguida. Basta pensar em como cientistas respeitáveis têm sido caluniados por expressarem suas crenças, que no final provaram estar corretas, para ver como o assim chamado mundo racional também pode estar errado, da mesma maneira que o mundo imaginativo, ao sonhar com o irreal.

O processo do Kundalini — quando visto no contexto de ser apenas um dos termos da filosofia serpentina mundial voltada para a *divindade contida no eu* e para os meios de obter acesso a ela — é realmente algo que mostra o caminho para a iluminação e o despertar.

Quando você chega à compreensão notável de que é possível equilibrar a ciência moderna e a filosofia imaginativa ancestral, então finalmente tem as respostas que nos foram dadas pelos antigos — que não deveríamos procurar pelo Divino nas nuvens ou no laboratório, mas no equilíbrio e dentro do *eu*. O equilíbrio de que estamos falando é constante — há equilíbrio em cada plano da vida, tanto no mundo interior quanto no exterior. Há equilíbrio dentro do átomo, no mundo à nossa volta e na vida diária. Somente por meio dessa compreensão podemos perceber o conhecimento ancestral.

Capítulo 5

A Bíblia Oculta

E como Moisés levantou a serpente flamejante no deserto, assim também é preciso que o Filho do homem seja levantado, a fim de que todo aquele que nele crer possua a vida eterna.

— João 3:14-15

Vimos como a energia Kundalini do prana hindu e a energia do ponto zero têm sido descritas como a Serpente de Fogo. Nesses versículos do Evangelho de João, a Serpente de Bronze de Moisés é retratada como a serpente flamejante, e Jesus é igualado a essa serpente. A Serpente de Bronze de Moisés é o poder de cura do Kundalini, como visto na tradição hindu.

Deus disse a Moisés: "Faze uma serpente venenosa e coloca-a sobre um mastro. Quem for mordido e olhar para ela, ficará curado." Moisés fez uma serpente de bronze e a colocou sobre um mastro. Quando alguém era mordido por uma serpente, olhava para a serpente de bronze e ficava curado.

— Números 21: 8-9

Como podemos ver nesses versículos do Antigo Testamento, a serpente estava viva e bem. Essa imagem é semelhante ao notório bastão do Caduceu ou Cajado de Aarão. É similar também ao Kundalini. Essa é uma crença, que se estende pelo período compreendido entre o Antigo e o Novo Testamento, na energia de cura da serpente subindo por um mastro ou coluna.

O Livro do Gênesis

O anjo, Eva e a serpente. Winchester, Inglaterra.

"Quando encontro homens cultos que acreditam literalmente no Gênesis, o qual os antigos, com todas as suas falhas, tinham o bom senso de aceitar apenas como alegoria, fico tentado a duvidar da realidade da evolução da mente humana." Assim disse Godfrey Higgins, citado no livro *Comte de Gabalis,* de N. de Montfaucon de Villars. Em vez disso, vamos pegar essa teoria (que o Gênesis não deve ser lido literalmente) e tentar descobrir uma verdade alegórica e gnóstica:

> Depois, o Senhor Deus plantou um jardim em Éden, ao oriente, e ali pôs o homem que havia formado. E o Senhor Deus fez brotar da terra toda sorte de árvore de aspecto atraente e saborosa ao paladar, a árvore da vida no meio do jardim e a árvore do conhecimento do bem e do mal.
>
> De Éden nascia um rio que irrigava o jardim e de lá se dividia em quatro braços. O primeiro se chamava Fison: ele banha todo o país de Evilat, onde se encontra o ouro, um ouro muito puro. Lá também se encontra o bdélio e a pedra ônix.
>
> — Gênesis 2: 8-13

Esses versículos bíblicos contêm um conjunto de pistas extremamente interessante. Muitas das tradições de sabedoria nos dizem que a Realidade Interior do nosso eu — a verdadeira Divindade — é o criador do nosso corpo manifesto; somos aquilo em que temos fé, ou aquilo em que acreditamos ou aquilo em que pensamos. Aqui, no Gênesis, vemos que o Senhor Deus (ou a nossa própria Divindade Interior) colocou o homem no jardim ao oriente, que está obviamente voltado para o sol nascente. Isso podia significar o Sol Interior em vez do Sol físico que vemos no céu; ainda que para os nossos ancestrais todas as coisas fossem interligadas e interdependentes. Desse modo, o Sol Interior não existiria sem o Sol exterior, e vice-versa.

No sétimo dia, nossa Divindade Interior descansou, como se tivesse alcançado o sétimo nível, como se, de alguma maneira, nós tivéssemos criado a perfeição, na qual nossa nova vida poderia transcorrer. Isso é notavelmente semelhante aos sete chakras do despertar do Kundalini.

Aqui temos um antigo texto dizendo-nos que, para criar a perfeição, precisamos olhar na direção do Sol, da luz, da iluminação. Precisamos nos formar, erguendo-nos do mais básico até a perfeição do homem e da natureza divina, por meio de um processo que leva seis períodos, com o sétimo reservado para o descanso.

Dentro desse jardim (que está dentro de nós e é um estado de ser, em vez de um lugar real) há a Árvore da Vida e do Conhecimento. Embora alguns creiam que haja uma só árvore, muitos dizem que existem duas árvores separadas; se esse for o caso, então elas certamente serão interdependentes. Essas árvores estavam no meio do jardim, que é onde encontramos a coluna vertebral. O conceito todo do Kundalini parece estar brotando do Gênesis.

Fora do Éden corria um rio, que então se dividia em quatro; seriam os quatro pontos cardeais ou elementos. Essa descrição nos dá a indicação de algo mais profundo. Grande parte dos livros eruditos revelará que a cruz é um símbolo dos quatro pontos cardeais ou direções de uma bússola. Isso pode bem ser verdade, e nesse caso ela também aponta para um quinto lugar. Esse quinto elemento é sempre o aspecto oculto; é de fato o centro da cruz, para o qual todas as direções apontam. É o único lugar para o qual todas as direções — leste, oeste, norte e sul — convergem. Assim, é o mais sagrado. Esse centro é o verdadeiro eu — nós somos o quinto elemento.

Levando o simbolismo mais além, descobrimos que na Mesopotâmia o grande deus luminoso era Anu. Seu nome significa literalmente "céu" ou "luminoso", e ele era reconhecido como o maior deus da Mesopotâmia. De fato, ele devia seu domínio ao papel que o céu desempenhava no Universo, enquanto a Terra (que era a fonte da vida por fornecer as águas) tinha um consorte (Enki), como também a função maternal (*ninkhursag*). Anu era um deus que estava acima dos princípios masculino e feminino — ele era o sol interior ou estado iluminado, o qual podemos alcançar pela união entre os nossos lados opostos. A isso os estudiosos chamavam de *Tríade Babilônica*, e foi Anu quem extraiu a ordem cósmica do caos. Surpreendentemente, foi Anu (de modo semelhante à história de Cristo) que segurou o pão e a água da vida imortal. Foi também Anu quem deu a divina autoridade aos soberanos da Terra. Por isso, ao longo do tempo, os reis, faraós, imperadores e altos sacerdotes tiveram de mostrar de modo simbólico ou literal que haviam recebido, das mãos da mais elevada divindade, a centelha divina — que é de fato a própria auto-realização divina e o equilíbrio interior.

Os Faraós revelaram sua sabedoria interior, seu conhecimento e sua iluminação de maneiras fantásticas, jamais vistas pelo homem, especialmente por meio da *serpente uraeus*. Mas isso não significa que não podemos descobrir os símbolos que eram utilizados por soberanos menos dramáticos. No símbolo de Anu temos o quinto elemento oculto e o eixo vertical da Terra — a cruz. Em muitas representações, essas cruzes são vistas com asas e consideradas "Seres Luminosos" com asas. Na maioria das representações que vi, a cruz parece notavelmente semelhante à posterior *cruz de Malta* ou à popular *cruz templária*.

Voltando à história do Gênesis, e com a compreensão de que o Éden está verdadeiramente no centro da iluminação, precisamos seguir o rio para ver aonde ele nos leva. Um dos rios se chamava Fison e margeava o país de Evilat, onde havia ouro. Deixando de lado o fato de que havia quatro rios, vamos nos concentrar no local onde esse rio corria — margeando Evilat. Mas o que é exatamente Evilat? Significa *Terra de Serpentes,* e se localiza na Índia, onde encontramos as origens do kundalini e da naja. Essa é a terra onde há ouro — símbolo do ápice do Sol, o mais alto nível que nossa consciência pode atingir.

Assim, o que nós temos? Temos a correnteza de um rio que está fertilizando a terra no jardim do Éden. O rio só pode ser a vida da mente, que está em equilíbrio com a Árvore do Conhecimento e usa a terra das serpentes — a energia — para manter-se fértil e trazer o conhecimento, ou ouro, de volta do Outro Mundo. O ouro simboliza a natureza boa e o conhecimento daqueles que vivem no local da serpente.

Quanto ao bdélio, infelizmente ninguém tem absoluta certeza do que se trata, embora se pense que poderia ser um tipo de cristal, o que faria sentido se considerarmos as propriedades do quartzo como auxiliar na amplificação das freqüências mentais e o fato de que o ônix, também mencionado, é um tipo de quartzo.

> Então o Senhor Deus fez cair um sono profundo sobre o homem e ele adormeceu. Tirou-lhe uma das costelas e fechou o lugar com carne. Depois da costela tirada do homem, o Senhor Deus formou a mulher e apresentou ao homem (...) Ambos estavam nus, o homem e a sua mulher, mas não se envergonhavam.
>
> — Gênesis 2:21-25

Nesses versículos vemos que o ser original foi dividido, surgindo assim a dualidade de homem e mulher, o que forçou os dois lados a se unirem para haver fertilidade. Dessa nova dualidade o Filho do homem podia ser criado e ele seria o resultado desse equilíbrio perfeito, completando o círculo de padrões repetitivos ou ciclos.

Esse é um modo esotérico de explicar os trabalhos internos das mentes filosóficas mais antigas. Os homens aceitaram literalmente essas histórias por um tempo bastante longo, e somente agora elas estão sendo chamadas de absurdas pelas teorias da evolução de Darwin. Mas o que essas histórias revelam são pensamentos coletivos sobre a mais profunda psicologia da mente humana. Elas revelam a alquimia da Bíblia.

Já montamos o cenário. Temos um jardim perfeito, em que repousa uma dualidade em perfeito equilíbrio entre homem e mulher. O que não temos ainda é o conhecimento necessário para criar a centelha de vida. Precisamos nos lembrar de que as histórias do Gênesis mudaram, agora lemos que Eva foi tentada pela serpente e que foi seu pecado original que causou a queda da humanidade. Nada disso é verdade. As histórias originais surgiram na Suméria e são completamente diferentes. De fato, a serpente é aquela que traz a boa fortuna e é o deus criador.

> A serpente era o mais astuto de todos os animais selvagens que o Senhor Deus tinha feito.
>
> — Gênesis 3:1

E a mulher respondeu à serpente: "Do fruto das árvores do jardim, podemos comer. Mas do fruto da árvore que está no meio do jardim, Deus nos disse 'não comais dele nem sequer o toqueis, do contrário morrereis'". A serpente replicou à mulher: "De modo algum morrereis. É que Deus sabe: no dia em que dele comerdes, vossos olhos se abrirão e sereis como deuses, conhecedores do bem e do mal".

— Gênesis 3: 2-4

Comer os frutos da árvore que está no meio do jardim, que só pode ser a Árvore do Conhecimento do bem e do mal ou a Árvore da Vida, tornará você semelhante a Deus. Isto é, vai fazer com que você perceba seu verdadeiro potencial, libere seu deus interior, encontre a Divindade Interior. Isso porque você estará alimentando-se de alguma coisa que está dentro de você! Estará ingerindo, digerindo e sentindo o benefício de uma parte de si mesmo que o mundo (nesse caso, Deus) lhe está negando! O mundo lhe nega esse elemento de si mesmo. Seus próprios desejos e sua natureza ambiciosa negam a você o seu *si mesmo*. Os antigos nos dizem de boa-fé para erradicar esses desejos, negar o poder do mundo sobre nós e encontrar o que reside em nosso interior. Temos sido mal conduzidos ou nos esquecemos de como devemos ler a verdade. Se, nos últimos dois mil anos, alguém tivesse lido realmente o Gênesis desse modo e revelado a completa, porém simples, verdade contida nele (como estou fazendo aqui), provavelmente teria sido queimado na fogueira como herege.

Voltando ao Gênesis, descobrimos que tudo começa a partir da serpente, que vive enroscada na árvore. É o poder da energia kundalini — é o prana, portanto o Espírito Santo também. Isso contrasta completamente com a popular noção cristã de que a serpente era Satã. A propósito, dizer que havia o conhecimento do mal (Satã como a cobra) antes de ocorrer o pecado original de Eva é um paradoxo em si mesmo, e assim lança ao caos toda a noção cristã.

Adão, Eva e a serpente aos pés de Cristo.

A Eva original não se afigurava como mulher, em vez disso mostrava sua natureza verdadeira: a própria serpente. O nome Eva era escrito *havah*, que significa *mãe de tudo o que vive*, mas também significa *serpente fêmea* e relaciona-se com *Evilat*, na Índia. Ela é a mãe de tudo, a parte feminina do processo criativo, que é tanto uma verdade física quanto psicológica. Não é, portanto, de admirar que a linhagem feminina (o relacionamento matriarcal) seja tão importante no judaísmo. Mesmo em árabe, as palavras para "cobra", "vida" e "ensinamento" relacionam-se muito de perto com o nome *Eva*.

Textos gnósticos primitivos viam a própria Eva como uma serpente que guardava os segredos da imortalidade e da sabedoria divinas. Os textos ensinavam que os hebreus olharam para Eva com ciúme, e roubaram da serpente a criação da humanidade e a atribuíram a Jeová — tão justos eles eram — e ainda assim foram chamados de hereges por suas declarações e muitas vezes assassinados.

Em outros pontos da tradição, o mito de Eva assume uma faceta masculina quando ela está casada com Ofion, Hélio ou o Agatodemon — que são divindades serpentes e todas mostram que a história do Gênesis está baseada no culto à serpente e na união das energias serpentinas. Há também textos contemporâneos aos textos bíblicos, e que não estão incluídos na Bíblia oficial, que revelam a sabedoria oculta da serpente e sua dualidade psicológica. Um livro em particular — agora perdido para nós — foi usado ou escrito pelos *ebionitas gnósticos,* às vezes mencionados como *essênios.* A propósito, "essênio" significa *Essência Una* ou *Uma Luz Brilhante.* Constituíam uma seita judaica, provavelmente tão grande quanto a dos fariseus e saduceus. O nome vem dos históricos *hasidim* ou *piedosos,* que saíram de Jerusalém por causa da visível helenização. De repente, dois campos se criaram: os macabeus, que estabeleceram seu próprio sacerdote e rei; e os hasidim, agora conhecidos como essênios, que começaram a manipular sua própria ordem dinástica. Os essênios eram conhecidos por seu ascetismo e modo comunitário de vida. Esses zelosos indivíduos foram os responsáveis pelos famosos *Manuscritos do Mar Morto,* descobertos em Qumran.

O texto desses essênios constitui o *Livro de Elcasai,* que significa o *poder oculto* de uma seita que era também conhecida como *puro de mente.*[1] Embora não tenhamos mais esse livro, trechos e elementos dele aparecem nos textos posteriores cristãos, e a partir dessas fontes é possível descobrir que ele "pediu emprestado, de fontes orientais, a idéia de sizígia ou dualidade sexual nas emanações da Deidade suprema". Essa dualidade sexual é o modo de explicar a necessária unidade entre os princípios masculino e feminino dentro de nós — a dualidade sexual de Adão e Eva proveniente da Deidade suprema. Com freqüência essa união sexual era vista literalmente, e os cultos atuais devem muito a essa falsa interpretação.

Por esse exemplo externo à Bíblia, podemos observar que a natureza dual do homem precisa reconciliar-se para estar una com a deidade. Eva precisava reconciliar-se com Adão. No antigo acadiano, *Ad* significa "pai" e, de acordo com o autor e pesquisador vitoriano C. Staniland Wake, em *The Origin of Serpent Worship*, nas lendas, Adão estava intimamente associado a Set, Saturno, Thot ou Taut, que eram todos representados como serpentes.

Na antiga língua acadiana, Ad significa "um pai" e os personagens míticos com que Adão está mais ligado, como Set ou Saturno, Taut ou Thot, e outros, eram divindades serpentes. Esse parece ter sido o caso também de divindades cujos nomes mostram uma grande semelhança formal ao de Adão. Assim o nome original de Hércules era Sandan ou Adanos, e Hércules, como o deus Marte, seu aliado, estava sem dúvida intimamente associado à serpente. Essa noção é confirmada pela identificação de Adônis e Osíris como Azar ou Adar ... O Abadon, de São João, o velho dragão Satã, representava provavelmente o mesmo deus-serpente.

Adão e Eva são serpentes simbólicas de energia dentro do ser humano, que precisam unir-se para trazer à tona o verdadeiro Filho do homem (que é Cristo). É por isso que a Bíblia nos diz que "Cristo é tudo e está em tudo".

Não é de admirar que Abel, o filho de Adão e Eva, signifique *brilho da serpente* e que Caim fosse supostamente descendente de uma serpente. Wake escreve: "É curioso que, segundo a tradição rabínica, Caim não era filho de Adão, mas do espírito-serpente Asmodeu, que é o Ahriman persa, 'a grande serpente com dois pés'." Quer fosse filho da serpente Adão ou da serpente Asmodeu, Caim era filho de uma serpente, como seu irmão Abel. *Ab* significa "serpente", enquanto *el* significa "deus" ou "luminoso". Repito, eles não eram pessoas reais; são elementos da mente humana. Eles são ambiciosos, raivosos, irados, odiosos, luxuriosos, e assim por diante. Embora tenha sido criada a união entre os princípios masculino e feminino dentro de nós, isso nem sempre significa que nos manteremos em equilíbrio. Há sempre tentações, e precisamos nos resguardar desse mal. Esse é o início de um ciclo repetitivo.

Há, naturalmente, atributos diferentes para os elementos masculino e feminino, e eles são, com freqüência, os mesmos no espectro religioso. A Mãe é terrena e a mediadora divina entre a nossa consciência e a figura do Pai. Isso explica por que o conceito da mulher xamã seria o daquela que entra no Outro Mundo em nosso favor. Vezes sem conta é a mulher dos primeiros tempos que vai para o Outro Mundo, ou que pelo menos é o fator controlador. Na verdade, esse é o elemento ou princípio feminino que se comunica dentro de nós. A mãe é também aquela que nos alimenta e toma conta de nós. Ela amamenta o Filho do homem até Ele crescer. Nossa verdadeira Realidade Interior precisa da orientação dos pais, como toda criança. Entendemos agora por que a Shekinah, o Espírito Santo ou a Matronit, dos cristãos e hebreus, era um ser feminino. Ela era o elemento passivo da dualidade — não confrontador ou violento. Ela é a orientadora, que toma conta de nós. É o elemento dentro da nossa mente que pensa com sabedoria, por isso torna-se a Sofia, vista hoje no Islã. Ela é a Maria Madalena de Cristo, a Ísis de Osíris, a Eva de Adão, a Marion de Robin Hood e a Guinevere de Artur.

Hoje vemos muito desequilíbrio no empenho para achar a verdade por trás do mito da linhagem do Graal, que tem estado tão em evidência desde o começo dos anos 1980 e a publicação do livro *The Holy Blood and the Holy Grail,* de Baigent, Leigh e Lincoln, o qual ganhou agora novo impulso por causa do livro de Dan Brown, *O Código Da Vinci.* Evidentemente essa urgência em descobrir a linhagem de Maria Madalena é um absurdo, já que Cristo e seus discípulos, inclusive Maria, jamais existiram como pessoas reais. Eles são símbolos de um segredo maior; são elementos metafóricos de uma verdade gnóstica que está guardada dentro de cada um de nós. Maria Madalena é o aspecto feminino — a *Matronit* — que precisa se unir a Cristo para que se alcance o próximo nível de iluminação. O processo de unificação está em andamento e traz um renascimento constante. Essa é a verdadeira gnose; precisamos compreender que somos todos pecadores; portanto, devemos erradicar esse pecado do nosso corpo e da nossa alma. É semelhante à idéia budista de reduzir nosso próprio sofrimento ao livrarmo-nos daquelas coisas que nos fazem sofrer — principalmente nossos desejos por coisas que não podemos ter, como ambição e poder. Os desejos que possuímos são as verdadeiras causas do nosso sofrimento. Causamos sofrimento uns aos outros por causa dos nossos desejos.

Se conseguirmos erradicar esses desejos, então ficaremos sem sofrimento, e o verdadeiro eu irá surgir. Mas necessitamos ter nossa serpente guardiã junto à Árvore da Vida e à Árvore do Conhecimento. Essa serpente guardiã precisa ser um guia, gentil e suave, mas também intolerante com a estupidez e forte em recusar o retorno do velho eu. Esses são os dois elementos que vemos repetidamente nos mitos de serpentes e dragões. Nas lendas de Artur, vemos os dragões guardiães sentados ao pé da árvore. O dragão também protege o Velocino de Ouro, dependurado na árvore sagrada. O dragão protege as najas, que esconderam um grande tesouro debaixo das águas. Estes são símbolos usados no mundo inteiro para a mesma doutrina básica da humanidade. Não causa surpresa, portanto, o aparecimento desses símbolos também na Bíblia.

Os princípios masculino e feminino parecem vir da divindade, sendo ambos diferentes aspectos dela. No Livro Secreto de João encontramos a confirmação disso, e o fato de que precisamos limpar nossa mente:

> (...) quando todos os pecados e todas as impurezas tiverem deixado seu corpo, seu sangue tornar-se-á tão puro como o sangue da nossa Mãe Terrena, e tão puro como a espuma do rio brincando à luz do sol. E sua respiração tornar-se-á tão pura como o aroma das flores; sua carne tão pura como a carnadura das frutas avermelhando-se sobre as folhas das árvores; a luz dos seus olhos tão clara e luzente como o brilho do sol cintilando no céu azul. E agora todos os anjos da Mãe Terrena vão servi-lo, e sua respiração, seu sangue e sua carne serão um só com a respiração, o sangue e a carne da Mãe Terrena, e que seu espírito também se torne

102 GNOSE

uno com o Espírito do seu Pai Celestial. Porque, em verdade, ninguém consegue chegar ao Pai Celestial a não ser por meio da Mãe Celestial. Assim como o recém-nascido não consegue entender os ensinamentos de seu pai até sua mãe tê-lo amamentado, banhado, embalado, educado e colocado para dormir.

E ainda:

Ela é o primeiro poder. Precedeu a tudo e surgiu da mente do Pai como uma antecipação de tudo. A luz dela lembra a luz do Pai; como o poder perfeito. Ela é a imagem do perfeito e invisível Espírito Virgem. Ela é o primeiro poder, a glória, Barbelo, a glória perfeita entre os mundos; a glória emergente. Ela glorificava e louvava o Espírito Virgem porque ela surgira diretamente do Espírito.

Isso se assemelha à alquimia medieval, em que a alma-espírito do adepto precisa passar por uma série de processos, aqui chamada de *criação*, a fim de atingir o objetivo final. O cristianismo, ou cristianismo gnóstico, desenvolveu esse sistema antigo até que o conceito da Santíssima Trindade finalmente foi escrito: o Pai (o princípio masculino), a Mãe (o princípio feminino), e o Filho do homem (o resultado definitivo de uma união perfeita). Por isso Jesus é Deus e também o Filho de Deus, pois ele é o resultado da união dos elementos da divisão do Deus uno. O mito recente da união de Jesus com Maria Madalena é ainda outro elemento desse padrão repetitivo. Eles precisam unir-se, como fizeram Adão e Eva, para produzir a luminosidade, que pode ser vista como o Santo Graal ou a linhagem. A verdade é que esse ciclo está em movimento perpétuo — é um padrão de ensino repetitivo.

Diversos elementos foram usados para explicar a criação do Filho e a união de Pai e Mãe, mas no final todos voltam à premissa básica do equilíbrio interno, da erradicação dos pensamentos pecaminosos e do crescimento sustentado do novo eu.

O *Livro dos Segredos*, que faz parte dos manuscritos do mar Morto, conta-nos o que acontecerá se conseguirmos nos livrar dos demônios que abrigamos:

> Este será o sinal do que acontecerá: quando as fontes do mal forem estancadas e a maldade for banida pela presença da virtude, tal como a escuridão na presença da luz ou como a fumaça que se dissipa e deixa de existir, então a perversidade dissipar-se-á para sempre e a virtude manifestar-se-á como o Sol. O mundo ficará seguro e todos os partidários dos segredos do pecado deixarão de existir. O verdadeiro conhecimento preencherá o mundo e não haverá mais insensatez. Tudo isso está para acontecer, é um oráculo verdadeiro, assim vocês precisam saber que ele não poderá ser evitado.

Os antigos manuscritos de Qumran nos dizem que precisamos estancar as fontes do mal para permitir que a retidão se manifeste como o Sol, que é, evidentemente, a *Força Solar*. Para isso são necessários o fogo e a água, e é por esse motivo que esses dois elementos são utilizados no esoterismo.

> Chegando o dia de Pentecostes, estavam todos reunidos no mesmo lugar. De repente veio do céu um ruído, como de um vento impetuoso, que encheu toda a casa em que estavam sentados. E viram, então, uma espécie de línguas de fogo, que se repartiram e foram pousar sobre cada um deles. E todos ficaram cheios do Espírito Santo (...)

> — Atos 2: 1-4

Como podemos ver nesses versículos dos Atos, do Novo Testamento, o Espírito Santo desceu sobre os apóstolos como uma língua de fogo somente quando eles estavam reunidos em harmonia em um lugar. Isso, para o gnóstico e adepto, é apenas a declaração que os doze elementos do processo de criação esboçado na Bíblia, tirados diretamente de cultos astrológicos muito mais antigos, precisam estar reunidos para alcançar a iluminação. Dons ligados à linguagem, à cura e a milagres desceram sobre os apóstolos assim que eles unificaram suas habilidades. Se os doze são realmente constelações, então essa imagem é a do alinhamento divino.

Não há espaço neste livro para examinar os doze aspectos exclusivos de cada apóstolo, mas é um estudo cujo esforço vale a pena e eu o recomendo, lembrando que cada um é um aspecto de nós mesmos. O Espírito Santo é a Força Solar ou Serpente de Fogo, dos mais recentes alquimistas, e a serpente espiralada do Kundalini. Nos manuscritos do mar Morto temos o Livro de Hinos, que esboça isso muito bem:

> Alcancei a visão interior e, por meio de Vosso Espírito em mim, ouvi Vosso maravilhoso segredo, por meio de Vossa percepção mística Vós provocastes um manancial de conhecimento que jorra para dentro de mim, uma fonte de poder, que faz brotar uma água vivificante, um fluxo de amor e de tudo absorvendo a sabedoria, como o esplendor de uma luz eterna.

Nessa passagem, há muito simbolismo. Águas vivificantes, fontes de poder e mananciais de conhecimento podem ser encontrados em outras tradições e todos se relacionam com o despertar do Kundalini. O processo é destinado à realização do nosso próprio renascimento. É o processo, como vimos, de extirpar a parte em nós que causa sofrimento — o que os cristãos chamariam de velho eu — e, então, dar à luz a *Realidade Interior*, conhecida sob tantos nomes. No apócrifo *Evangelho de Filipe*, dos manuscritos do mar Morto, vemos isso claramente:

> A Árvore da Vida está no centro do Paraíso, já que é a oliveira da qual vem a Crisma. A Crisma é a fonte da ressurreição.

A crisma e o Cristo não são diferentes; eles são a Serpente de Fogo, a Força Solar, o objetivo supremo e a fonte da ressurreição. O óleo da árvore da crisma é usado para ungir o novo Cristo ou Messias — que é você. Essa é a verdade de qualquer messias que possamos encontrar — eles foram ungidos com o óleo da árvore central, assim como o Buda se iluminou debaixo da árvore Bo.

A BÍBLIA OCULTA   105

Iluminação de Buda. Portmeirion, Gales.

Há outras figuras da Bíblia que são também símbolos desse poder interior e que também não existiram de verdade. Examine Sansão, por exemplo. O nome dele significa *Sol*, e ele pertencia à seita nazarena. Ele era um símbolo do Divino dentro de nós. Vamos dar uma olhada nas Escrituras e ver como podemos constatar isso. O que vem a seguir são trechos, começando com Juízes 13:1:

Os israelitas continuaram a fazer o mal aos olhos do Senhor, (...)

Esse trecho agora pode ser traduzido com o significado de que, do ponto de vista do nosso eu interior, deixamos de represar aqueles elementos que nos causam sofrimento. Observe a palavra "continuaram", reiterando o ciclo repetitivo.

Ora, havia em Sorá um homem (...)

Isto é, havia um princípio masculino que vivia no lugar em que Sansão — a Força Solar — estava escondido. Seu nome era *Manué* e sua mulher — o princípio feminino — era estéril, infértil por causa do pecado. Ela não podia ter filhos, o que é uma metáfora para a falta de crescimento mental de que temos falado. Entretanto, um anjo do Senhor, uma mensagem da Divindade Interior, chegou até ela e lhe disse que ela ia conceber.

Toma, pois, muito cuidado; não bebas doravante nem vinho, nem bebida forte, e não comas coisa alguma impura (...)

A razão para isso é que o álcool e outras substâncias impuras poderiam ser obstáculos em nosso caminho para a iluminação e provocar um nascimento negativo, em vez de um positivo.

(...) porque vais conceber e dar à luz um filho. A navalha não tocará a sua cabeça, porque esse menino será nazareno de Deus desde o seio de sua mãe, (...)

Não devemos tirar nada do brilho puro do nosso filho-sol emergente. O cabelo e a barba eram símbolos de iluminação e sabedoria, e assim não deveriam ser raspados. Os nazarenos, mais tarde, evidentemente, tornar-se-iam os essênios e foram eles que escreveram os manuscritos do mar Morto, que citei anteriormente. Eles também podem estar ligados aos nagas da Índia, como mostrei em *O Graal da Serpente*. Na verdade, o grupo dos nazarenos, que foi contemporâneo de Cristo, ensinou uma espiritualidade mística que não era diferente das tradições orientais. Eu afirmaria que nazareno se origina do *nazar* hindu. Observamos isso quando descobrimos que os nazarenos, também chamados de *mandeus* ou *sabeus*, constituíam uma seita de essênios na época de Cristo. Eles deixaram a Galiléia e se instalaram na Síria, perto do Monte Líbano. Na verdade, autodenominavam-se galileus, ainda que dissessem que Cristo era um falso messias. Seguiram a vida de João Batista, a quem chamaram o *Grande Nazar.* Não devemos nos esquecer de que Cristo era conhecido como o *Nazareno.*

Nas tradições orientais, *nazar* é o termo iogue para o ponto entre as sobrancelhas, exatamente acima do nariz. É o Terceiro Olho; a morada final da serpente espiralada, vista no Egito como a serpente *uraeus,* presente na testa do Faraó. Não seria a serpente o fio que percorre toda a História? Não seria esse o poder da serpente, a Força Solar ou Serpente de Fogo, e também Sansão ou Cristo, Moisés, e muitos outros? Eles são todos a mesma coisa.

Parece que a Bíblia não passa de uma longa repetição da mesma história. Os israelitas praticam o mal aos olhos do Senhor, então ele envia seu salvador para colocá-los de novo no bom caminho. Nesse caso, ele manda Sansão, que vai, mas estraga tudo por se deixar seduzir! Esse é um aviso para nós não nos deixarmos guiar por tolos. Precisamos nos manter vigilantes se não quisermos que seja destruída a ligação entre nosso corpo exterior e nosso espírito interior. Não deixemos que os vícios do mundo nos afastem da luz do filho-sol.

Precisamos terminar nossa viagem pela história bíblica do kundalini com uma olhada no último livro — o Apocalipse. James Pryse, em seu livro *The Apocalypse Unsealed,* escreve:

Então, em palavras simples, o que este livro muito misterioso, o Apocalipse, contém? Ele dá a interpretação esotérica do mito de Cristo; ele conta o que Jesus, o Cristo, realmente é; ele explica a natureza da "velha serpente, que é o Diabo e Satanás"; ele repudia a concepção profana de um Deus antropomórfico; e com imagens sublimes indica a verdade e o único caminho para a Vida Eterna. Dá a chave para a divina Gnose, que é a mesma em todas as épocas e superior a todas as fés e filosofias — aquela ciência secreta que só é secreta porque está escondida e trancada dentro da natureza interior de cada ser humano, por mais ignorante e

108 GNOSE

humilde que ele seja, e ninguém, a não ser ele mesmo, pode girar a chave.

No início do Apocalipse, descobrimos que João está mandando a mensagem do Cristo para *sete* igrejas na Ásia:

(...) graça e paz da parte daquele que é, que era e que vem da parte dos sete Espíritos que estão diante do seu trono e da parte de Jesus Cristo, testemunha fiel, primogênito dentre os mortos e soberano dos reis da terra.

— Apocalipse 1:4-5

Nesses versículos podemos ver que há sete espíritos diante do trono. O trono fica evidentemente onde o mestre ou rei está sentado. É, portanto, o *bindu* do sistema dos chakras, a fonte de toda a criatividade e iluminação. Na cabala judaica seria o *kether* ou coroa, na árvore Sefirot. Esse é o local onde o verdadeiro Cristo está situado, bem em frente aos sete espíritos. Ele é a testemunha confiável — porque é o eu verdadeiro —, não uma parte de nós que mente. Ele é o primeiro a nascer dos mortos. Os reis da terra são aquelas coisas que afastariam você do verdadeiro caminho da Gnose.

O livro inteiro do Apocalipse segue numa linguagem que foi esquecida ao longo de dois mil anos, mas no final, apesar das camadas construídas no texto, ele fala do processo que se dá dentro do homem. É um chamado para que a humanidade sele a fé que tem em si mesma e em seus irmãos ao se apoderar de sua natureza pecadora e retificá-la.

A muralha da cidade tinha doze fundamentos com os nomes dos doze apóstolos do Cordeiro. Quem falava comigo trazia uma vara de ouro como medida para medir a cidade, as suas portas e a sua muralha. A cidade formava um quadrado: o comprimento igualava à largura. Mediu a cidade com a vara: doze mil estádios. O comprimento, a largura e a altura eram iguais. E mediu a muralha: cento e quarenta e quatro côvados, segundo a medida humana empregada pelo anjo. (...) Não vi nela, porém, templo algum, porque o Senhor Deus Dominador é o seu templo, assim como o Cordeiro. A cidade não necessita de sol nem de lua para iluminar, porque a glória de Deus a ilumina, e a sua luz é o Cordeiro.

— Apocalipse 21: 14-23

Aqui temos uma indicação do segredo do Templo de Salomão, e uma verdade sobre nós mesmos. Sobre as fundações que erigimos — após a erradicação da causa do nosso sofrimento —, podemos construir uma grande cidade. Podemos medir essa cidade e ela terá medidas iguais. Será perfeitamente equilibrada, conforme a medida do homem, mas não será da estrutura comum do homem. Em vez disso, será a parte angélica de nós mesmos, a verdadeira realidade interior. Essa cidade é um cubo perfeito, exatamente como o Santo dos Santos e a Câmara dos Reis, na Grande Pirâmide. Nessa cidade a luz brilhará e não precisaremos de nenhuma outra, como a luz física do Sol ou da Lua, para iluminar nosso caminho, porque seremos como Deus, tal como a serpente disse a Eva no Jardim do Éden.

A Bíblia é um padrão repetitivo de iniciação nos mistérios da mente humana. Ela nos ensina sobre nós mesmos e é, segundo muitas fontes eruditas, a acumulação de outras sabedorias e literaturas religiosas da Mesopotâmia, do Egito, da Pérsia e de outras partes.

Capítulo 6

Os Antigos
Textos Religiosos

Os escribas.

OS ANTIGOS TEXTOS RELIGIOSOS   111

A Bíblia é um padrão repetitivo de antigos ensinamentos psicológicos a respeito de nós mesmos. A gnose do homem a acompanha; é um segredo simples, mas tem estado escondido dos nossos olhos. Essa é a genialidade da gnose e da literatura gnóstica — esconder o simples sob o ainda mais simples.

Havia um santo que nasceu em 1275 d.C., em Maharashtra, e se chamava Gyaneshwara. Ele nos legou muitos textos para reflexão. No sexto capítulo de sua obra, o *Gyaneshwari*, ele escreve:

> O Kundalini é uma das maiores energias. O corpo inteiro do buscador começa a brilhar devido ao despertar do Kundalini. Por causa disso, as impurezas indesejáveis desaparecem do corpo. O corpo do buscador, de repente, parece muito proporcional, os olhos tornam-se brilhantes e atraentes e o globo ocular cintila.

Esse pequeno trecho revela inúmeros segredos. Revela o elemento dos "Seres Luminosos" que justifica seu nome — os olhos brilhantes e globos oculares cintilantes — e é parte integrante de sua origem. Dizia-se que as antigas deidades-serpente da Suméria tinham esses olhos, sendo que sua descrição é encontrada em diversos trechos da Bíblia. Na realidade, não eram olhos brilhantes, apenas revelavam a luz esotérica interior. Também vemos que, por causa desse brilho, os indivíduos se livram das impurezas indesejáveis, que são a causa do sofrimento, e seus corpos tornam-se proporcionais, isto é, eles são pessoas perfeitamente equilibradas.

A verdade do Kundalini também pode ser encontrada no maior avatar oriental, Buda. Tendo vivido supostamente entre 563-483 a.C., Sidarta Gautama, ou Buda — o ser iluminado —, nasceu filho de um rajá da tribo Saquia, que vivia ao norte de Benares. Quando ele atingiu a idade de 30 anos, abandonou o luxo da corte e a sua linda mulher, e saiu em busca da felicidade. A mulher, os ricos e o prestígio simbolizam as causas do sofrimento que nos impedem de atingir a verdadeira iluminação. Elas nos fazem sofrer porque nunca são suficientes; nós sempre queremos mais. Quebrar esse padrão e perceber que somos seus escravos é provavelmente a parte mais difícil da jornada.

Certo dia, Buda sentou-se sob uma árvore Bo, depois de muitos anos de busca, e finalmente atingiu seu objetivo. A árvore era a simbólica Árvore do Mundo, ou Árvore do Conhecimento ou da Vida, onde encontramos a serpente, no Jardim do Éden.

O autor na catedral de Southwell.

Não há evidências reais de que Buda tenha existido, assim como não há provas de que Jesus ou qualquer outro personagem bíblico tenha caminhado sobre a Terra. Entretanto, isso não quer dizer que sua vida não tenha um significado real. Não nos surpreende o fato de que a serpente era o emblema de Buda enquanto messias ou salvador dos homens. De acordo com as tradições e lendas orais da Índia (e documentadas no livro de John Bathurst Deane, *The Worship of the Serpent*), "o próprio Gautama pertencia a uma linhagem de serpente". E também não nos provoca surpresa o fato de as árvores serem sagradas no budismo, já que Gautama foi iluminado debaixo da árvore Bo.

Em seu livro *Ophiolatreia,* o especialista em mitologia da serpente Hargrave Jennings cita um certo arqueólogo amador, chamado capitão Chapman, que foi um dos primeiros a ver as ruínas de Anarajapura, na Índia. "Nesse momento, os únicos vestígios da cidade consistem em nove templos (...) grupos de pilares (...) ainda objeto de grande reverência por parte dos budistas. Consistem principalmente num cercado, no qual estão as árvores sagradas chamadas *bogaha*", ou *Árvores de Buda.*

A base das artes tibetanas de cura vem do *Bhaisajya-guru* ou o *Buda da Radiância do Lápis-Lazúli* — o mestre da cura. A tigela de mendicância é feita de lápis-lazúli e contém o *Elixir da Vida.* Vestígios disso são encontrados em uma história sobre Buda, quando ele passou a noite na ermida de Uruvela. O líder, Kashyapa, alerta Buda da existência de apenas uma choupana disponível, e que uma naja maligna a ocupara. Buda não se preocupa e vai para a choupana. Mas segue-se uma luta terrível que culmina com a choupana pegando fogo. Os presentes apagam as chamas, mas têm de esperar até a manhã seguinte para ver se Buda sobreviveu. Buda surge então com sua tigela de mendicante nos braços e, dentro, uma pacífica cobra enrolada. Buda eliminou os caprichos belicosos do dragão e aparece com um resultado benéfico — tinha assumido o controle. Em resumo, Buda estava revelando seu poder sobre a cobra belicosa, já que só o equilíbrio é importante. A cura, simbolizada pela tigela com a cobra enrolada dentro, é uma indicação dos benefícios a serem alcançados quando se domina o fogo interior com a água da sabedoria. Hoje, habitantes locais invocam o poder de cura da cobra apelando para o Buda da medicina. Também no simbolismo, a serpente e o Buda estão associados, porque, para curar, ele se tornou uma naja. Buda sintetiza o indivíduo perfeitamente equilibrado que consegue controlar o próprio eu.

Nos séculos XVII e XVIII, um homem santo, de nome Adi Sankaracharya, revelou o poder da energia serpentina, quando se acredita que ele tenha dito: "Tendo cumprido o caminho dos *nadis* com a correnteza de néctar fluindo dos pés de lótus, tendo retomado vossa própria posição das regiões lunares deslumbrantes e Vós Mesmos assumindo a forma de uma serpente de três e meia voltas, dormis vós, no oco de *kula kunda* [o oco do osso sacro]."

Em outra declaração iluminada, Adi Sankaracharya disse que "Vossa arte reside em segredo com Vosso Senhor no lótus de mil pétalas, tendo atravessado a Terra situada em 'Mooladhara' [o Sacro], a Água em Manipura, o Fogo permanente no Svadhisthana, o Ar no Coração, o Éter acima e Manas entre as sobrancelhas, e então penetrando em todo o Caminho Kula".

Nas duas citações podemos observar o aspecto da serpente percorrendo os diversos chakras e fluindo entre as sobrancelhas — o Nazar, exatamente como a serpente uraeus dos egípcios e o filactério dos judeus. Nós já falamos da serpente uraeus, mas o que seria o filactério? E ele consegue ligar o conhecimento que estamos construindo diretamente à Bíblia e, portanto, também ao Templo de Salomão? Em Mateus 23:5, encontramos o autor referindo-se com escárnio aos sacerdotes por usarem filactérios largos, como se eles exibissem para o mundo a sua santidade. Na verdade, filactério significa "amuleto", e os judeus os viam como portadores de preces. Um amuleto era:

> Alguma coisa usada normalmente em volta do pescoço, como um encantamento preventivo. A palavra estava formalmente ligada ao termo árabe *himalah,* o nome dado ao cordão que prendia o Alcorão [palavra de al'Lah] à pessoa. Os cristãos primitivos costumavam usar um amuleto chamado *íctis*.[1]

Amuletos são manifestações físicas e mágicas de uma crença. O amuleto usava o poder do simbolismo para atingir objetivos reais. No caso dos cristãos, acreditava-se que o *íctis,* ou símbolo do peixe, invocava o poder de Cristo (o homem interior perfeito). Em geral, os amuletos eram criados para desviar o mau-olhado, que é o poder de projetar pensamentos maus sobre os outros. A idéia de mau-olhado é, sem dúvida, universal. Na Alemanha era o *boser blick*; na Itália, o *malocchio*; na França, o *mauvai oeil.* A versão latina era o *fascinum,* que significa prender a pessoa a alguma coisa por meio da fascinação. Isso é uma alusão às crenças originais relacionadas ao mau-olhado, ou a nossa fascinação por coisas que nos prendem, em vez da fascinação do outro por nós. O *Olho de Hórus*, no Egito antigo, era um amuleto semelhante usado para a regeneração do eu, da saúde e da prosperidade. Hórus era conhecido como o *Hórus que governa com dois olhos,* indicando o equilíbrio que ele alcançava entre seus olhos esquerdo (sol) e direito (lua). Hórus, naturalmente, compartilha muitas semelhanças com a figura de Cristo retratada na Bíblia. Portanto, para ser protegido pelo equilíbrio eterno — aqui manifestado como o Olho de Hórus —, esse era um símbolo perfeito, cujo sentido, hoje, é em geral mal-interpretado.

O filactério dos sacerdotes judeus era cada uma das duas caixinhas de couro usadas junto à testa, como se as preces ali contidas, de algum modo, estivessem mais perto de Deus. Se a serpente uraeus emerge da fronte porque essa é a localização do chakra da cabeça ou do *kether* cabalístico, então certamente a localização do filactério tem um propósito semelhante, porém na forma de caixinhas de preces situadas de modo a haver comunicação com a Divindade Interior. Parece que foi por causa da exibição desses filactérios pelos sacerdotes (para revelar às massas quão santos eles eram) que Jesus os censurou.

Tudo isso se relaciona com as *Sefirot*. Esse talvez seja o termo mais amplamente conhecido para designar o *axis mundi* ou a *Árvore da Vida*. Hoje ele se transformou em muitas coisas, tendo sido usado e abusado por escritores como Blavatsky e Crowley. A Árvore da Vida, contendo as dez sefirot, está no núcleo da cabala e é um esquema simbólico com múltiplas camadas. No singular, sefirot torna-se *sefira,* um termo usado para indicar individualmente dez dos 32 princípios ou caminhos pelos quais Deus criou o Universo — que se constitui numa alusão à criação do verdadeiro eu a partir do caos das nossas vidas normais. A descrição das sefirot aparece principalmente no *Sefer Yetzirah* ou *Livro da Criação,* que é um texto aceito literalmente por muitas pessoas. Na verdade, acredito ser ela uma obra que explora a origem e a natureza do Universo como um todo, e isso inclui o eu. O intrincado sistema de 32 caminhos

116   GNOSE

combina as 22 letras e os dez números do alfabeto hebraico, e isso faz sentido quando se considera que Deus usou palavras para a Criação. Portanto, ao seguir o caminho das letras e dos números, temos tudo de que precisamos para a auto-realização — temos as palavras e os números de Deus. Na realidade, os cabalistas acreditam que tudo está inter-relacionado, que nada pode ser separado do todo, que nossa própria auto-realização faz parte de todo processo criativo.

Sefirot é originalmente a Árvore da Vida babilônica, com a fruta sagrada que pode ser comida somente pelos deuses, e que se tornou a Árvore da Vida, no Jardim do Éden, e as árvores de *Asera*, do Templo de Jerusalém. Finalmente foi incorporada pela cabala e se tornou um método de iniciação muito semelhante ao sistema de chakras do hinduísmo. O termo *sefirot* provém da palavra hebraica *sappir* ou *sapphire*, que traduzida livremente significa *radiância de deus* ou *ser luminoso*, e é uma alusão à iluminação que precisa ser atingida para obtermos o controle do eu.[2]

De acordo com *Kabbalah: The Way of the Jewish Mystic*, de Perle Epstein, o verdadeiro elemento das sefirot é *Da'ath*, "a esfera sagrada do conhecimento na árvore cósmica". Esse é o conhecimento que se acredita ser possível obter quando atingimos o Outro Mundo. É "a consciência onisciente ou universal de Deus, que é, propriamente dito, não uma sefira, mas uma presença cognitiva do Uno em cada uma delas".

Segundo o escritor esotérico Dion Fortune, em seu livro *The Mystical Qabalah*: "Ao trabalhar com a árvore, tanto para invocar o conhecimento maior do universo supra-humano e sua organização infinita, como para fazer nosso eu subir pela árvore desde a sefira inferior até a elevação espiritual e a perspectiva superior, toda a energia precisa passar por Da'ath em seu trajeto para dentro da matéria ou para a desintegração no hipertexto do Universo."

Isso tudo soa notavelmente semelhante ao Kundalini — as palavras foram alteradas ligeiramente e o processo se tornou mais complicado. Alcançar o conhecimento, ou gnose, contido no universo supra-humano não é diferente do nosso conceito de Mente Universal, o estado de supraconsciência e inter-relacionamento com o mundo quântico.

A maior parte da reflexão e doutrina cabalística (se não toda ela) trata dessas emanações divinas conhecidas como as sefirot. Por muitos anos, os cabalistas arquitetaram maneiras de explicar suas experiências místicas, e ainda assim as sefirot permanecem seu método principal. Os cabalistas alegam que esse método perdura por ser o principal conteúdo de suas visões, uma estrutura universal vista por todos os místicos. Talvez faça sentido, pois muitas imagens da árvore das sefirot mostram serpentes entrelaçadas subindo por ela. Os cabalistas alegam que até onde Deus se revela, ele o faz somente por meio do poder criativo das sefirot. Esse mundo cabalístico das sefirot compreende o que filósofos e teólogos chamam *o mundo dos atributos divinos*. Esses atributos são elementos do eu Divino que foram trazidos à superfície por meio da árvore. Para os místicos, essa era a própria vida Divina; era a dinâmica oculta do Criador, de fato tão oculta que é inefável e por isso chamada de *ensof*, ou *o infinito*. As emanações da vida Divina infinita e a própria vida Divina são uma coisa só, sendo esta a crença fundamental da cabala: tudo é uno, somos corpos interdependentes em um todo maior; e ela é compreendida por meio das visões e experiências místicas. De fato, os cabalistas acreditam que esse é o único modo pelo qual a experiência pode ser compreendida.

Crenças semelhantes aparecem na Torá judaica, o código sacerdotal encontrado no Pentateuco. Muitas vezes se dizia que ela era o Pentateuco inteiro, e é um termo usado para descrever sua natureza Divina. Dela também surge o conceito de Torá oral, considerada de igual importância. Dizia-se que Deus era a Torá, tanto escrita como oral, e a Torá era Deus. Diz-se que a Torá escrita passou primeiramente pela Torá oral, emergindo da escuridão. Alguns dizem que a Torá inteira é uma interpretação do Divino, e portanto só pode existir um tipo de Torá, seja escrita ou oral. A Torá está corporificada na esfera das sefirot, à qual somente os profetas têm acesso. Eles têm apenas de elevar seu estado de consciência para serem capazes de apreender a unidade do todo, para poderem perceber a Torá Una, ou Mente Universal.

Cabalistas do século XIII escreveram sua interpretação desse Divino Interior numa obra que conhecemos como *Zohar.* A palavra significa "radiância", devido à luz Divina, que é a própria Torá refletida nos mistérios do Zohar. O significado dos textos do Zohar manteve os eruditos ocupados desde que ele foi escrito. A intenção literal no Zohar é a obscuridade. Somente ao ver a interpretação mística oculta surgirá a verdade do Zohar. Vamos dar uma olhada em um trecho seu, extraído do livro de Gershom Scholem, *On the Kabbalah,* e ver se podemos lançar novas luzes sobre antigos textos:

> O rabino Simeon disse: Lamento o homem que olha a Torá como um livro meramente de histórias e matérias profanas. Se assim fosse, precisaríamos hoje escrever uma Torá que tratasse dessas matérias e fosse ainda mais excelente. Tendo em vista coisas terrenas, os reis e princesas deste mundo possuem materiais mais valiosos. Poderíamos usá-los como modelo para compor uma Torá desse tipo. Mas, na realidade, as palavras da Torá são palavras mais elevadas e mistérios mais elevados. Quando até mesmo os anjos descem ao mundo vestem roupas deste mundo e, se assim não o fizessem, não conseguiriam sobreviver neste mundo e o mundo não os toleraria. E se isso é verdade mesmo em se tratando de anjos, quão mais verdadeiro é para a Torá, pela qual Ele os criou e a todos os mundos, e pela qual todos eles subsistem. Quando a Tora desce ao mundo, como o mundo poderia tolerá-la se ela não vestisse vestes terrenas? As lendas da Torá são suas vestimentas externas, apenas. Se alguém supuser que a própria Torá é essa veste exterior e nada mais, deixe-o abandonar o espírito. Um homem assim não terá participação no mundo que virá. É por isso que Davi disse: "Desvenda os meus olhos para eu ver as maravilhas da tua lei", isto é, o que está sob as vestes da Torá. Venha e observe: há vestimentas que todos vêem, mas quando os tolos vêem um homem com uma veste que lhes parece bonita,

eles não procuram olhar mais de perto. Porém, mais importante do que a roupa é o corpo, e mais importante do que o corpo é a alma. Assim, do mesmo modo a Torá tem um corpo, composto de seus mandamentos e práticas, que são chamados *gufe torah*, "corpos da Torá". Esse corpo está coberto por vestes, que consistem de histórias terrenas. Os tolos só vêem a vestimenta, que é a parte narrativa da Torá; eles não sabem mais nada e deixam de ver o que está sob as vestes. Aqueles que sabem mais vêem não só a veste, mas também o corpo sob ela. Mas os verdadeiramente sábios, os servos do Rei Supremo, aqueles que permaneceram ao pé do Monte Sinai, olham somente a alma, que é o verdadeiro fundamento de toda a Torá, e um dia, na verdade, lhes será dado ver a alma mais profunda da Torá.[5]

Evidentemente, sempre voltamos aos elementos da nossa vida que causam sofrimento, e na cabala também descobrimos que a crença é comum — "se o homem não tivesse sucumbido ao pecado, a Shekinah poderia ter dispensado tal cobertura".

A *Shekinah* é o princípio feminino, o Espírito Santo, e mais. É a rota para o conhecimento Divino ou gnose, e se ela se cobre com vestes, temos basicamente de aprender a despi-la, como os Cânticos de Salomão tão belamente narram. Mais uma vez, é a árvore que é usada simbolicamente para explicar como podemos formar uma unidade com Shekinah. A árvore produz o fruto por meio da água que Deus fornece. A água de Deus é chamada *hokmah* e significa "sabedoria". É *Sofia* (ou sabedoria) que permitirá à árvore produzir o fruto, ou alma do homem justo. A Shekinah só habita na alma dos justos, e isso só é possível mediante o *hieros gamos* ou Santa União dos princípios masculino e feminino.

O Alcorão

Agora vou tratar rapidamente do Alcorão, o livro sagrado do Islã atribuído ao profeta Maomé. Na sura 18, A Gruta, nós encontramos a seguinte história sobre sete pessoas adormecidas e encerradas em uma gruta:

Ou pensas que os companheiros da gruta e de Ar-Raquim constituíam um prodígio entre Nossos sinais?

Quando os jovens se refugiaram na gruta, disseram: "Senhor nosso, concedei-nos misericórdia e inspira-nos maturidade para sairmos de nossa provação."

Então, tapamos-lhes os ouvidos na gruta por muitos anos.

Depois, despertamo-los para que pudéssemos verificar qual dos dois grupos saberia melhor calcular o tempo passado lá.

Narrar-te-emos a história verídica. Eram jovens que criam em seu Senhor; e Nós lhes havíamos aumentado a clarividência.

E lhes havíamos fortalecido o coração quando se levantaram e declararam: "Nosso Senhor é o Senhor dos céus e da terra. Jamais apelaremos para deus algum em vez d'Ele: diríamos uma tolice.

E nosso povo adotou outros deuses em vez d'Ele, sem ter prova alguma de sua divindade. E haverá pior prevaricador do que aquele que calunia Deus?"

E inspiramos-lhes: "Quando vos separardes dos vossos e do que eles adoram em vez de Deus, refugiai-vos na gruta. Deus vos agraciará com Sua misericórdia e vos encaminhará para uma boa saída."

E poderias ter visto o sol afastar-se da gruta pela direita quando se levantava e deslizar pela esquerda quando se punha, não atingindo o espaço que ocupavam. Esse era um dos sinais de Deus. Aquele que Deus guia é bem-guiado; e aquele que Deus desencaminha, não encontrarás para ele nem protetor nem guia.

E terias pensado que estavam acordados quando estavam dormindo. E Nós os virávamos para a direita e para a esquerda, enquanto seu cão dormia, patas estendidas, na entrada da gruta. Se os tivesses visto, terias fugido deles, aterrorizado.

E despertamo-los para que se interrogassem entre si. Perguntou um deles: "Quanto tempo ficastes aqui?" Responderam: "Um dia, ou parte de um dia." E disseram: "Vosso Senhor sabe melhor quanto permanecestes. Enviai um de vós à cidade com vosso dinheiro a fim de procurar os melhores alimentos e trazer-vos uma porção deles; e que tenha o cuidado de não revelar vosso paradeiro.

Pois se vos descobrissem, apedrejar-vos-iam ou vos obrigariam a reintegrar sua religião. E seria a vossa ruína."

E Nós fizemos com que fossem descobertos para que soubessem que a promessa de Deus é verídica e que a Hora é inelutável. E quando os habitantes da cidade discutiam seu caso, uns diziam: "Levantai uma construção por cima deles. Seu Senhor é mais bem informado do que vós a seu respeito." Retrucaram aqueles cuja opinião prevaleceu: "Erijamos um templo por cima deles."

Alguns dirão: "Eram três, e seu cão era o quarto." Outros, procurando adivinhar o desconhecido, dirão: "Eram cinco, e seu cão era o sexto." E dirão: "Eram sete, e seu cão era o oitavo." Dize: "Só meu Senhor conhece-lhes o número: o que poucos conhecem." Não discutas, pois, a seu propósito (...)

E quando te esqueceres, lembra-te de teu Senhor e dize: "Talvez meu Senhor me encaminhe ao que é mais próximo da retidão."*

Precisamos estar cônscios de que esse é um texto de revelação. Foi criado com a finalidade de ser um texto de treinamento para os iniciados — um segundo nível de ensinamento. É místico na estrutura e no conteúdo, e ainda assim sabemos que carrega em si um grande ensinamento. Sabemos que é destinado à iniciação, já que o simbolismo da gruta é sempre usado para esse fim. A gruta existe em um estado de escuridão,

---

* Tradução de Mansour Challita. *O Alcorão*, Associação Cultural Internacional Gibran, Rio de Janeiro, s.d. (págs.182-3). (N.R.)

longe da luz do sol, portanto solitária, afastada do mundo. É a realidade interior da nossa própria mente; é a parte interna do crânio; ou mesmo o ventre de onde renasceremos. É o recesso da própria natureza interior do homem e simboliza sua natureza inferior e adormecida.

Primeiro, temos uma pista simples. Os Sete Adormecidos são as sete localizações dos chakras. Segundo, o nome do cão que acompanha os sete adormecidos é *Ar-Raquim*. Sabemos que os xamãs sempre têm um cão em sua companhia, e uma coisa pode estar relacionada a outra, de alguma maneira. Entretanto, as letras de *Raquim* [*Rakim*, no original] têm um significado místico e importante. "R" é a letra para *manifestação exterior;* "A" é o *Eu Divino;* "K" é *rotação;* "I" é *extensão,* e "M" é *evolução* ou *amplificação.* Juntando as partes, descobrimos que o cão (ou o companheiro xamânico) é a extensão do Eu Divino, portanto um ser muito poderoso. O melhor amigo do homem é realmente o seu "eu" verdadeiro.

Em um comentário sobre o Alcorão, *Rakim* é alterado para *Katmir,* as mesmas letras com o acréscimo de um "T". Isso acrescenta ao significado do nome duas características distintas: (1) que agora há um segredo dentro do nome, e (2) que o Eu Divino tem continuação — ele dura para sempre!

Em seu movimento, vemos o Sol subir no leste e se pôr no oeste, passando pelos doze signos zodiacais. Esses signos são os mesmos doze apóstolos da Bíblia e as constelações no céu; são as paradas na estrada da iluminação. No verso corânico seguinte, vemos os jovens adormecidos sendo virados para o leste, e depois para oeste. Eles ainda dormem, portanto não estão completamente supraconscientes, sendo levados pelo caminho da Força do Sol através das diversas paradas, de modo semelhante ao Kundalini.

Em seguida, as duas partes estão despertas, e ainda assim só temos conhecimento de um conjunto de sete. Essas duas partes são a natureza dividida do homem, suas naturezas inferior e superior, e elas são testadas a fim de revelar o aspecto iluminado. Os adormecidos revelam seu estado iluminado ao saber que o Senhor é tanto dos céus como da

Túmulos romanos em Chipre. Observe o sol se elevando entre montes piramidais no horizonte. Este é o Portal, no estado intermediário.

terra. Eles descobriram isso por meio da Força Solar e de sua dualidade recém-descoberta.

Depois, descobrimos que Alá tem uma dualidade, pela qual ele pode guiar-nos bem ou nos desencaminhar, e se Alá, ou El, é verdadeiramente a Realidade Interior ou o equilíbrio Divino dentro de nós, então somos nós — o nosso eu — o guia. "E terias pensado que estavam acordados quando estavam dormindo." Essa é uma alusão óbvia ao fato de que, embora pudéssemos ver essas pessoas com os olhos físicos abertos, na verdade, seus olhos metafísicos estavam bem cerrados.

"E despertamo-los." Isso significa apenas que os servos do Eu Divino — os processos de pensamento — abriram os olhos, no nível dos chakras. Um por um os olhos do Homem Interior foram abertos. Em palavras simples e atuais, vamos lentamente aprender e adquirir conhecimentos, o que ajudará nossa mente interior, a parte de nós que cogita sobre as coisas, a desvendar novas maneiras de ver o Universo. Finalmente vamos ser consumidos por essa iluminação e nos sentir aquecidos, estimulados e energizados. Seremos Deus, como a serpente disse a Eva. Não mais haverá pequenas centelhas. Haverá, ao contrário, uma única luz brilhando — um livre fluxo de pensamento.

Há, evidentemente, aqueles que vêem o lado místico do Islã. São os sufis, os heróis não celebrados do caminho verdadeiro inspirado pelo místico Maomé. Sim, Maomé é visto por muitos como um místico. Também assim é entendido por John Baldock, em *The Essence of Sufism*, que diz tratar-se realmente do mundo Interior quando se fala da *Casa* ou *Templo*, num contexto místico.

> (...) aqueles que interpretam a "Casa" espiritualmente — isto é, os sufis — dizem que ela se refere ao nosso mundo interior, o qual pedimos a Deus para limpar dos desejos e tentações mundanos para que seja fornecido um santuário em que possamos comungar com Ele em paz e com segurança.

Baldock revela o fato simples de que a Casa de Deus é o lugar que precisa ser limpo das causas do sofrimento a fim de que seja fornecido um santuário psicológico para a comunhão com Ele. Esse Deus, com quem devemos comungar, evidentemente somos nós — a nossa parte que representa o estado Supraconsciente, e não o eu egocêntrico. Baldock cita um trecho extraído do místico sufi Jalaluddin Rumi:

> Liberte-se do eu com um único golpe,
> Purifique seu ser de todos os atributos do eu,
> Você poderá então ver sua própria essência brilhar,
> Sim, veja em seu coração o conhecimento do Profeta,
> Sem livro, sem tutor, sem preceptor.

Observe a sutileza da linguagem usada. É preciso que "purifique seu ser de todos os atributos do eu"; todavia, "veja em seu coração o conhecimento do Profeta". Para quem não entende a verdadeira gnose, isso é um paradoxo. Precisamos entender a diferença entre o que é chamado de *eu* e a verdade e o conhecimento que temos. Nossa verdade e nosso conhecimento não são diferentes dos do Profeta, que era um místico e, portanto, tinha a capacidade de enxergar além do eu terreno e ilusório. Possuímos um eu, que está preso ao mundo exterior dos desejos, e um verdadeiro eu interior, no qual repousa o conhecimento que procuramos.

Esse é um mistério revelado do Alcorão e representa o elemento místico, ou lado esotérico, do Islã. Mais uma vez, a verdade oculta está dentro do eu verdadeiro e, repito, é tão simples como as pétalas de uma flor. Bastam alguns raios de sol para revelá-las.

Capítulo 7

A Deusa do Templo

Vimos que a serpente da sabedoria, da energia, do movimento e da nossa Divindade interior é a mesma em todo o mundo. Aprendemos que ela se relaciona com o processo interior de auto-iluminação, conhecido na tradição hindu como kundalini. Escolhi o kundalini porque é um conceito moderno e entendido pela maioria das pessoas. Se tivesse escolhido as sefirot dos cabalistas, então teria de batalhar para que um número maior de pessoas entendesse. Se tivesse escolhido a Árvore Sagrada da Mesopotâmia, então precisaria explicar uma quantidade impressionante do antigo sistema de crença que a cerca.

Vimos como a tradição da sabedoria serpentina está fortemente entranhada nas páginas da Bíblia e do Alcorão, e também como Buda alcançou a iluminação usando mistérios simples envoltos numa linguagem caótica. Vimos também como essa energia dual e serpentina usa a árvore como metáfora para o seu aspecto ascendente. A árvore também é uma conhecida metáfora para a coluna vertebral humana — portanto estamos trocando uma metáfora por outra. Na verdade, árvore, eixo, coluna ou como quer que a chamemos, trata-se simplesmente de uma escada.

Em cada caso — seja a cabala ou o Kundalini, a Árvore do Conhecimento ou o carvalho dos druidas —, o que temos é um processo de crescimento que está ligado à ascensão. Esse é o eu — o eu interior

A escada de Jacó para o céu, vista no Mosteiro Kykkos, em Chipre.

— que precisa crescer e subir em direção à luz do sol interior a fim de revelar sua verdadeira natureza. Precisamos crescer ou escalar, repetindo o processo inúmeras vezes, para aprender e adquirir mais conhecimento. Como a árvore aumenta sua força ano após ano, nós também precisamos aumentar nossa força utilizando nossa própria energia, que é o poder da vontade e o conhecimento.

Três Segredos

Na introdução a este livro, expliquei que, no transcorrer da minha pesquisa, fui convidado a fazer parte de uma sociedade secreta. Nesse processo aprendi muitas coisas. Uma delas é a sabedoria secreta, que supostamente reside no coração do ser e é capaz de crescer tal como as árvores. É um processo interior extremamente simples que pode e tem ajudado muitas pessoas ao longo do tempo. Ensinei seus três princípios básicos em palestras no Reino Unido, e toda vez tem sido uma alegria

128 GNOSE

ver o rosto das pessoas que realmente captam o que é essa gnose. Outras, provavelmente aquelas que os místicos chamam de *cegos* e Jesus chamava de *tolos,* perdem o essencial e dizem coisas como "e daí"? Se cinismo é o resultado do seu conhecimento desses três princípios, então a pessoa não entendeu nada.

Vou apresentar um trecho extraído do livro *The Great Secret of Occultism Unveiled,* de um grande místico e mágico católico, Éliphas Lévi, para expressar esse princípio:

> O progresso é uma possibilidade para o animal: ele pode ser subjugado, domado e treinado: mas não é uma possibilidade para o tolo, pois o tolo pensa que não tem nada a aprender (...); portanto, em princípio, esse é um segredo poderoso e inacessível para a maioria das pessoas — um segredo que elas nunca vão adivinhar e que seria inútil contar-lhes: o segredo da sua própria tolice.

Agora, vou revelar os três segredos. Você já deve ter captado algo sobre esses princípios nos capítulos anteriores e estará, felizmente, mais preparado para eles. Eu disse também que ia levar você, leitor, por um caminho semelhante ao dos iniciados nos mistérios de outrora. É chegado o momento de passar para o próximo estágio.

O primeiro princípio que precisamos observar é a palavra *vontade*; lembrando sempre que nenhuma dessas palavras tomadas isoladamente vai tornar uma pessoa completamente realizada. Todas as três palavras ou princípios precisam ser entendidos para se atingir a iluminação.

Vontade

Tente entender essa palavra no sentido mais completo possível. O que o dicionário nos diz? Conta-nos que vários aspectos da sabedoria dessa palavra podem ser encontrados em outras palavras. A maioria dos dicionários usa as seguintes idéias para explicar "vontade":

Determinação. Fazer simplesmente uma idéia das nossas vontades não nos ajuda a sermos bem-sucedidos, mas acrescentar determinação

Batismo no Graal, Chipre.

ao nosso pensamento ajuda. Ter *vontade* é determinar por escolha: nossa escolha, não a dos outros. Não podemos ter a *vontade* de outra pessoa. Repito, mesmo essa palavra nos remete ao nosso eu verdadeiro.

Propósito. A determinação do nosso próprio eu também precisa ter um propósito para estar de acordo com a palavra *vontade*. Falta de propósito na vida mata nosso desejo e diminui a *vontade*. Se não há propósito, então não existe *vontade*, portanto não há determinação.

Força

O segundo princípio é a palavra *força*. Repito, é uma palavra que precisamos entender completamente em si e em relação a outras palavras para sermos capazes de atingir a iluminação mística.

Força é uma potência de energia. Uma potência fraca de energia não é forte. Do mesmo modo, ser muito forte quando a situação pede calma pode também ser uma fraqueza. Não é para ser extremamente forte o tempo todo; é ter força equilibrada. No mundo dos negócios, *força* poderia ter ligação com fundos suficientes para sustentar uma campanha específica de marketing ou com autoridade para enxergar os possíveis resultados do planejamento de um negócio. Na nossa vida pessoal, poderia ser a força de ter fundos suficientes para atingir um objetivo pessoal. Em cada caso, precisamos ter a *vontade* para usar a *força*. A *força* também pode ser alcançada por meio da nossa vida espiritual e é escorada por uma palavra citada freqüentemente pelos místicos — *fé*. Lemos muitas vezes que o alquimista diz que sua arte nada vale sem a fé. A fé, se verdadeira, energiza o indivíduo e lhe dá *força* interior. Sem *força*, a *vontade* é inútil, porque a determinação será fraca e desanimada.

Conhecimento

O capítulo final em nossa busca pelo equilíbrio completo é *conhecimento*. Trata-se, obviamente, do título deste livro, mas a verdadeira gnose seria o *conhecimento* unido à *vontade* e à *força*. Podemos ter bastante *força* e *vontade,* que conhecemos como "força de vontade", mas, se formos completamente tolos, então tudo o que essa força de vontade vai conseguir é nos colocar em apuros. A *vontade* e a *força* precisam ser equilibradas pelo *conhecimento*. Do mesmo modo, ter todo o *conhecimento* do mundo não nos dará a *vontade* ou a *força* que estamos procurando. Por exemplo, posso trabalhar para uma grande empresa e, a cada noite da minha vida, depois do trabalho, ler todas as enciclopédias que estão ao meu alcance. No final, terei acumulado uma quantidade enorme de *conhecimento*. Mas quando chego no trabalho, encontro um chefe que me odeia porque é um tolo e, portanto, não me dá nem dinheiro nem autoridade (*força*) para eu levar adiante minhas propostas inteligentes. Até que um dia perco minha *vontade*. Na nossa vida pessoal, podemos dispor de um tempo sozinhos em nosso quarto para ler e adquirir uma quantidade imensa de *conhecimento*, mas talvez sejamos fracos e nos falte determinação, e assim nunca faremos bom uso do nosso *conhecimento*. Ou podemos ter muita *vontade* e *conhecimento*, mas sem conseguir a *força* para potencializá-los.

A verdade dos mistérios é que esses três aspectos, que podem ser usados em todos os níveis da nossa vida, foram escondidos nos textos arcanos e podem ser descobertos pelos iniciados. O processo é liberado lentamente até que a mente perceba a totalidade do conceito. Somos esclarecidos repentinamente sobre um novo e vigoroso aspecto das nossas vidas. Ficamos completamente realizados. Esse é o verdadeiro eu.

Neste momento, talvez pareça estranho, mas está na hora de falarmos de *Asera*, a deusa do Templo de Salomão. Precisamos testar e entender como a literatura de sabedoria e o antigo conhecimento se relacionam com a Deusa do Templo. Na verdade, os três segredos são os três aspectos da sabedoria, e a Deusa do Templo (do Homem) é Sofia.

União de opostos.

A Deusa do Templo da Sabedoria

A antiga deusa Sofia, que emprestou seu nome à grande mesquita de Istambul, é um aspecto da *sabedoria*. Os leitores também vão ficar cientes de que o princípio feminino ao qual nos referimos é visto em tantos níveis quanto os da sabedoria e é freqüentemente simbolizado pela água. Por ser a senhora da sabedoria, Maria é muitas vezes vista em um barco ou sob a forma de um barco. O barco, como no símbolo da cidade de Paris, é também representado com um mastro ereto, equilibrado sobre o casco em forma de lua crescente. Esse é o aspecto lunar da Deusa (o princípio negativo ou feminino), e o mastro é originalmente a Árvore de Asera. Para entender Asera, precisamos dar uma olhada rápida nas deidades das religiões canaanita-fenícia e mesopotâmica, e em sua estrutura divina. O que vamos encontrar é um padrão repetitivo que combina com nosso próprio processo interior.

O deus *El* ou *Il* é o consorte de Asera. Em um de seus títulos (*ilu mabbuke naharemi*), ele é chamado de *a cabeceira da fonte de dois rios*. Claro que agora o significado disso torna-se óbvio. *El* quer dizer "deus", mas também significa "brilho". Os dois rios são as energias do kundalini, e o brilho é a iluminação encontrada na verdadeira fonte ou centro. O mesmo simbolismo está localizado em outro de seus títulos, *ilu qirba 'apige tihamatemi* ou *ele, que está no meio das correntezas de dois oceanos*.

El também é o *pai dos anos ou do tempo* (*mailk 'abi shanima/shunemi*) e o *perene* (*dordoru dykeninu*), porque a sabedoria da iluminação — a realidade interior da humanidade — passa de geração a geração. Na Bíblia, encontramos El como o *pai eterno* (*'abi 'ad*), os "Seres Luminosos" (ou Elohim, que é o plural de El) e o *ancião dos dias* (*attiq yomin*). Inicialmente, *El* ou *Il* significava simplesmente *o Uno*, uma indicação da inteireza e unidade da mente. Como o Criador (*baniyu banawati*), todas as coisas fluem dele. Ele é o Uno que precisa dar à luz a dualidade.

Em muitas referências, El aparece como uma figura com barba, copiada ao longo do tempo pelos sacerdotes do período e por meio de referências bíblicas à sabedoria (Sansão e os nazarenos) até os essênios, e mesmo até os Cavaleiros Templários. A barba como símbolo da sabedoria reflete sua associação com a iluminação.

Os reis eram mencionados como *Filhos de El* pela simples razão de terem recebido sua autoridade da sabedoria da iluminação, portanto eram vistos como deidades — acima das pessoas comuns não iniciadas. Por isso Alexandre, o Grande, e os faraós do Egito viajavam de um lugar a outro, mostrando ao povo quão iluminados eles eram.

Diz-se que El é o perfeito exemplo da força, da sabedoria e do conhecimento e inspira a *vontade* — assim todas as coisas podem ser criadas. Mas, por vezes, ele fica bastante inativo, precisando então de sua consorte Asera. Como a xamã

A Deusa Diana em Roma.

que adentra o Outro Mundo em nosso benefício, Asera não tem vergonha de atrair El a nosso favor, e com esse propósito é que são realizadas tantas oferendas a ela.

Asera é conhecida por muitos nomes. É *aquela que caminha sobre as águas ou sobre o mar (rabatu 'athiratu yammi)* e *a Sagrada (qdsh)*.[1] Com El, ela ajudou a criar os deuses *(qynt ilm)*. Na Suméria, encontramos Asera como *Ashratum*, a noiva daquele outro Ser Luminoso, Anu (o mesmo Deus que El), o qual era representado como o cruzamento e o centro dos quatro pontos cardeais, o céu e o quinto elemento. Finalmente, ela se tornou consorte do deus israelita Jeová e era conhecida como *Shekinah*, revelando sua verdadeira identidade sob a forma da energia sábia existente em todos nós. Assim não nos surpreende vermos essa verdade no título de Asera na Fenícia e no Norte da África — Tanith, que significa *dama serpente*. É conhecida também como *Dat ba'thani* ou *Dama da Serpente*.

No primeiro milênio antes de Cristo, Asera era chamada *Chawat*, que seria basicamente *Hawah*, em hebraico, e *Eva*, em português. Eva é, portanto, uma nova versão de Asera, a Rainha do Paraíso e a Dama Serpente. Devo observar que Eva veio de Adão, portanto Adão seria El.

Asera é muitas vezes representada por serpentes de bronze. Exemplos disso são encontrados no Oriente. Discute-se entre os estudiosos se essa é de fato *Nehushtan* ou a *Serpente de Bronze* de Moisés — especialmente porque é citada na mesma frase na Bíblia. Se for (e, com toda a probabilidade, é), então temos a prova da existência do culto à serpente como deusa mãe em união com uma deidade masculina. Mostra que Asera é o aspecto serpentino e feminino de uma das versões originais do kundalini.

Asera (ou *Asherah*) é um substantivo feminino singular; seu plural (da mesma maneira como *El* se torna *Elohim*) é *Ashtaroth*, embora a

Adão, Eva e a serpente, vitral da Catedral de Lincoln.

versão hebraica *Ashtoreth* traga a implicação de vergonha (*bosheth*), portanto mostrando como ficou a forma original depois de reescrita pelos patriarcas judeus. Ela aparece quarenta vezes e em nove livros do Antigo Testamento. *Asherim*, que também aparece na Bíblia, são estacas de madeira feitas à mão imitando as árvores de Asera, embora, nesse caso, o nome apresente uma terminação masculina.

As árvores de Asera provavelmente não eram árvores reais, já que temos evidências de que seriam fabricadas como os *asherim*, se, na verdade, os dois não forem a mesma coisa. Em I Reis 14:15, por exemplo: "Também o Senhor ferirá Israel (...) porque fizeram estacas sagradas (...)", e no versículo 23: "Também eles construíram altares, erigiram estelas e estacas sagradas em toda a colina elevada e à sombra de toda árvore verdejante." Nos dois casos, as estacas sagradas são as estacas de Asera.

Na verdade, em II Reis 23:7, as mulheres tecem vestes para Asera, indicando que o pilar tinha algum tipo de forma. Em I Reis 18:19, há uma referência aos quatrocentos profetas de Asera que comem à mesa de Jezabel, indicando um grande séquito religioso.

Um dos símbolos de Asera, em seu aspecto serpentino, é praticamente o mesmo do caduceu. Duas serpentes enroscadas na *estaca de Asera* ou *Árvore da Vida*. Óbvias influências de fertilidade são vistas nas imagens dela segurando no alto uma cornucópia e romãs. Muitas vezes se vê um cacho de uvas em seu ombro. Asera, muito simplesmente, é a energia feminina da Árvore da Vida. É a deusa da vida, produzindo frutos no deserto árido, sustentando a vida.

Asera era simbolizada por uma árvore sagrada e venerada nos bosques. "Salve Qadashu, Dama das Estrelas do Paraíso, Senhora de Todos os Deuses. Possa Ela conceder a vida, o bem-estar, a prosperidade e a saúde. Possais vós assegurar que eu veja vossa beleza diariamente." (Uma prece para Asera, encontrada no Egito, em um funeral levantino.)[2]

Asera também aparece com cabelos encaracolados e segurando serpentes. Muitas vezes é representada como uma leoa ou cavalgando um leão (um símbolo do sacrifício de sangue, mas também um símbolo da nossa natureza inferior — o sacrifício de sangue que é exigido por Asera), enquanto segura serpentes. Na Fenícia, ela ficou conhecida como Astarte.

Asera precisa de equilíbrio. Mas esse equilíbrio não está em El ou Anu, já que ele é a Luz suprema ou a iluminação presente na fonte dos dois rios. Necessitamos outro rio, e já que Asera é a Deusa da Paz e está tão fortemente associada à água ou oceano, então esse equilíbrio precisa ser forte e poderoso. Encontramos seu par exato em Baal. Baal é o *príncipe mais elevado* (*al'iyanu ba'lu*), o que indica sua posição logo abaixo de El. É o *conquistador dos guerreiros* (*al'ilyu qarradima*), o que mostra seu espírito ardente. Como Pidar, ele é brilhante ou luminoso; como Remon, é fulminante.

Ísis, Astarte, Ishtar, com a lua crescente.

Baal foi cultuado em Canaã e na Fenícia como o deus da tempestade, e é considerado como uma possível origem do fértil Homem Verde — que é necessário para a fertilidade e tornou-se assustador em muitos aspectos. Baal é uma força dinâmica; ele representa a força, em relação à paz e sabedoria de Asera. Uma série complexa de histórias revela que Baal não é filho de El, mas de Dagan (Odakon, o deus peixe), e, para se aproximar de El, ele precisa da ajuda de Asera.[3]

Baal é freqüentemente associado a Amon, o deus egípcio da fertilidade e do sopro da vida representado pela cabeça de carneiro, cujo nome estranhamente quer dizer "oculto". Isso pode estar relacionado ao fato de Baal ser também conhecido como *aquele que está oculto nas nuvens*. Este é um ponto interessante a ser observado: o aspecto da dualidade interior está escondido de nós pelas nuvens, e seu nome é Amon. Os egípcios se inclinam a ver Set como sua versão de Baal, o irmão de Osíris. Pode ser que, na verdade, os egípcios tenham apenas separado os dois aspectos da serpente ardente, ou elemento de energia positiva do kundalini, em Osíris e Set. Fica óbvio que Asera e Baal estavam juntos tanto no simbolismo religioso quanto na realidade. Neste versículo de Juízes 6:25, é dito a Gideão o que deve ser feito:

> Naquela mesma noite o Senhor lhe disse: "Pega o jovem touro que pertence a teu pai, o segundo touro de sete anos, e derruba o altar de Baal feito por teu pai e corta a imagem sagrada [a estaca de Asera] que está ao lado."

Nem é preciso dizer, Gideão fez exatamente o que lhe tinha sido ordenado, e até mesmo sacrificou o touro de sete anos utilizando o fogo da madeira da estaca de Asera. Qualquer que seja a verdade por trás dessa história, ela ilustra o fato de que ver Baal e Asera juntos era algo de suma importância — tão importante que os judeus tiveram de aniquilar a existência dos dois. Esse, claro, é o mundo das causas do sofrimento, que derruba nossas defesas e nos faz repetir o processo de limpeza de modo que possamos constantemente alcançar a mais elevada sabedoria.

138 GNOSE

Todavia, não destruiu os altares nas elevações, e neles o povo continuava sacrificando e queimando incenso.

— II Reis 12:3

Os altares nas elevações, porém, não desapareceram, e neles o povo continuava sacrificando e oferecendo incenso.

— II Reis 14:4

Oferecia sacrifícios e incenso nos altares em elevações, em colinas e debaixo de toda árvore perene.

— II Reis 16:4

Essa é uma pequena indicação do pecado recorrente desse culto, citado inúmeras vezes na Bíblia. Parece que, por milhares de anos, o judaísmo (e possivelmente até a própria Igreja Católica) se esforçou para eliminar esse relacionamento equilibrado entre feminino e masculino a fim de substituí-lo por suas regras patriarcais e autoritárias. Talvez isso se tenha voltado contra eles — como é visto nos citados versículos da Bíblia e na veneração dos cátaros e dos templários no século XII, nas teorias marianas e nas teorias da pesada carga da linhagem feminina do Graal, e no mito do *Código Da Vinci* no século XXI, apenas para citar alguns exemplos. Não é de admirar que esse culto da Divina Realidade Interior tenha sido cruelmente erradicado ao longo do tempo, já que ele corroía a própria base de poder da religião estabelecida, ortodoxa e masculina.

Em um dos livros da Bíblia que nos falam do Templo de Salomão encontramos um claro exemplo de um desses cultos sendo aniquilado.

E no vigésimo ano de Jeroboão, rei de Israel, Asa tornou-se rei de Judá, e reinou quarenta e um anos em Jerusalém. Sua avó chamava-se Maaca, neta de Absalão. Asa fez o que é reto aos olhos do Senhor, como Davi, seu pai. Ele expulsou da terra as pessoas pervertidas e acabou com todos os ídolos que seus pais tinham feito. Além disso, destituiu da dignidade de rainha sua própria avó Maaca, por ter feito uma imagem obscena de Asera.

— I Reis 15:9-13

Assim a neta de Absalão (a serpente da paz) foi tirada do trono por seu próprio neto (e oponente religioso) simplesmente por venerar Asera.

Lentamente nos encaminhamos em direção ao Templo de Salomão, mas precisamos nos certificar se Asera, como princípio feminino, era vista como consorte de Jeová, e se isso explica sua presença. Em 1967, nas escavações de Khirbet el-Qom, foram descobertos dois complexos de túmulos com algumas inscrições intrigantes. Em uma delas, datada do século VII ou VIII a.C., lê-se o seguinte:

Urias (...) sua inscrição Abençoada é Urias de Jeová — de seus inimigos ele libertou-o por meio de sua Asera. Por Onias.

Essa é uma pista muito enigmática, mas que não deixa de levantar uma questão, pelo menos: será que Asera é vista aqui em união com Jeová para erradicar os inimigos de Urias, isto é, aquelas coisas que lhe trouxeram sofrimento?

Os estudiosos perguntam-se insistentemente se "sua Asera" significa simplesmente um objeto de madeira usado para salvar Urias, ou se Asera é uma possessão de Jeová. A verdade é que os estudiosos estão procurando no lugar errado. Eles vão atrás de interpretações literais e ignoram a literatura de sabedoria, pois seus olhos não conseguem enxergar a verdade. Essas inscrições estão em túmulos, não em alguma grande laje cerimonial. São inscrições muito pessoais que contam como esse velho homem conseguiu se livrar dos seus inimigos. Deste modo, a verdade pode ser vista claramente: Jeová usava Asera (sabedoria, compaixão, e assim por diante) para obter bons resultados (pelo poder de Jeová unido ao conhecimento).

Inscrições semelhantes da união de Jeová e Asera foram encontradas em outros lugares, tais como Kuntillet Arjud, no deserto do Sinai. Em 1975, uma grande construção (chamada, por alguns, de santuário para os mercadores em viagem pelo deserto) foi descoberta na área, datada por volta do século IX a.C. No gesso branco que cobre as paredes, foram encontradas muitas inscrições. Uma delas fala de bênçãos de Jeová e de sua Asera. Foram achados também dois jarros para armazenamento, e sobre um deles a inscrição "Eu o abençôo em nome de Jeová, de Teman, e sua Asera" e sobre o outro "Abençoei você por Jeová smrn [sic] e sua Asera".

Não importa o que os estudiosos debaterão nos próximos trezentos ou quatrocentos anos, permanece o fato de que Asera era Shekinah, e que Shekinah era também Matronit, a consorte do deus judeu. Não se pode negar que a dualidade dos princípios feminino e masculino é importante para a religião judaica, quer os eruditos e o clero ortodoxo concordem ou não.

Sabemos que, por todo o mundo e em todas as religiões, a dualidade entre as serpentes gêmeas é necessária. De Adão e Eva a Baal e Asera, temos o padrão repetitivo de poder, sabedoria e equilíbrio da serpente. Nosso verdadeiro passado está na literatura de sabedoria secreta dos nossos ancestrais, e se decidirmos mudar suficientemente nosso sistema de crenças, então seremos capazes de enxergar a verdade e começar um real trabalho de alquimia.

Portanto, a Deusa no Templo é, em nossa mente e no nosso corpo, o elemento de sabedoria dentro de nós. Trata-se de equilíbrio, e esse equilíbrio é auxiliado por conceitos tão sábios como *vontade, força* e *conhecimento*. Esse conceito é parte integrante do Templo de Salomão. Estava nos fundamentos daquele lugar sagrado, mas as autoridades religiosas tentaram apagar sua existência.

Capítulo 8

O Templo e os Templários

Você se lembra do conceito de padrões repetitivos que discutimos ao longo deste livro? Então se prepare para ler mais sobre eles, pois o Templo de Salomão foi construído, destruído, construído, destruído, e as fés judaica e cristã (sem mencionar os franco-maçons) querem vê-lo reconstruído mais uma vez.

O autor em Roma.

141

Há muitas teorias sobre o Templo, e deveríamos considerar algumas delas. Provavelmente a teoria mais interessante, e que acompanha o clima dessa histeria relacionada à linhagem, é o conceito de que estes monges guerreiros medievais, os templários, cavaram sob o Templo e descobriram um imenso e assustador segredo. Diz-se que esse segredo, como você deve saber, teria sido a Arca da Aliança ou o Santo Graal, ou talvez um texto secreto, ou mesmo o crânio de Cristo.[1]

Qualquer que seja sua escolha entre esses mitos, você precisa entender que quase nunca há fumaça sem fogo. Os templários viajaram a Jerusalém partindo do Languedoc, região ao sul da França. A maioria das pessoas acredita que eles surgiram na Idade Média, embora eu tenha visto evidências de uma linhagem muito mais antiga.[2] Como parece que o mundo enlouqueceu em relação aos templários, e como talvez eles estejam profundamente envolvidos com toda a história do próprio Templo, devemos usar um pouco do nosso tempo para examinar o papel deles na História.

Originalmente, os templários eram um grupo de nove cavaleiros saídos da nobreza governante na região da França conhecida como Champagne. Por volta de 1118 d.C., eles se reuniram em Jerusalém sob a orientação de Hugh de Payens e formaram a Ordem dos Cavaleiros Templários. Tudo isso em seguida ao enorme sucesso da Primeira Cruzada e ao estabelecimento do *Outremer*, que significa "além-mar".[3] Ao norte de Jerusalém estava a cidade de Antioquia, governada por Bohemond de Taranto. A leste ficava Edessa, governada por Baldwin de Boulogne. No sul encontramos Trípoli, dirigida inicialmente por Raymond de Saint-Gilles; e no meio delas ficava o Reino de Jerusalém, governado por Godfrey de Bouillon.

Esses homens juraram comprometer suas vidas a um rígido código de normas, a saber, aquelas de Augustine de Hippo. Sob quaisquer circunstâncias, eles estavam encarregados de assegurar a passagem segura dos peregrinos para a Terra Santa. Os cavaleiros, originalmente conhecidos como *Os Pobres Soldados de Jesus Cristo*, solicitaram essa tarefa ao primeiro rei Baldwin de Jerusalém, que recusou. Nada surpreendente (e para a alegria dos teóricos da conspiração de todo o mundo) foi a morte de Baldwin, logo em seguida e envolta em circunstâncias misteriosas. Ele foi substituído por Baldwin II, que quase imediatamente garantiu aos templários os privilégios que eles haviam solicitado, além de propriedades em parte da Mesquita de al-Aqsa, no lado sul do monte do Templo. Essa área era conhecida universalmente como *Templum Salomnis,* ou o Templo de Salomão.

Agora quero explorar uma breve tangente e considerar algumas evidências numerológicas que rodeiam o Templo e outras edificações que se ergueram sobre ele.

O Templo de Jerusalém

No século X a.C., o rei Salomão, o Sábio, supostamente fundou o Templo de Jerusalém, também conhecido como o Templo de Salomão. Esse não era, como é amplamente entendido, um templo judaico. Ao contrário, era uma igreja dedicada a ídolos pagãos. ("Pagã" é o termo dado à religião pré-cristã e na verdade quer dizer *pessoas da terra.*) Salomão, segundo a tradição, tinha centenas de mulheres e centenas de concubinas, todas provenientes do Oriente Médio e todas idolatrando diferentes deuses. Esses deuses eram representados nesse grande centro religioso do Oriente Médio. (Infelizmente, não há evidências de quais nações ou culturas vizinhas eles eram.) Entretanto, a história prossegue com os exércitos da Babilônia destruindo o Templo, por volta de 587 a.C., e deixando a tarefa de reconstrução para aqueles judeus que voltariam do cativeiro babilônico. Faríamos bem em lembrar, é claro, que a cidade da Babilônia era freqüentemente usada como uma alegoria do pecado. Portanto, essa história pode ser interpretada como o pecado derrubando o Templo, e os que escaparam do pecado seriam aqueles que um dia o reconstruiriam.

O segundo Templo foi construído por Herodes, que (segundo alguns) o construiu ainda maior do que o anterior. A construção começou no período imediatamente anterior ao nascimento de Cristo. Entretanto, exatamente quando essa construção magnífica estava ficando pronta (cerca de 70 d.C.), os romanos a destruíram como parte das represálias contra o surgimento do *Jesus Bar-Kochba*. Nada restou além do *Muro das Lamentações*, que é tido como parte do Templo original. Parece que ninguém tem certeza absoluta da localização exata do Templo original, e as conclusões deste livro vão esclarecer exatamente por que isso acontece.[4]

O Templo de Salomão está intrinsecamente vinculado aos Cavaleiros Templários. Na verdade, é a razão de ser do nome deles. Mas o que foi que os templários viram no Templo de Jerusalém que os inspirou? Nos anos que se seguiram ao seu retorno do Oriente Médio, observamos um impulso na arquitetura gótica. Antes desse período, as igrejas eram em geral pequenas e feitas de madeira. De repente, com a inspiração trazida do Oriente Médio, a Europa foi tomada pela febre da construção. Só na França foram erguidas mais de oitenta catedrais entre 1128 e 1228 d.C. A maior parte desses projetos foi conduzida por monges cistercienses, li-

Interior da Catedral de São Pedro.

gados aos templários. Todos esses edifícios sofreram influência gnóstica, estando repletos de simbolismo oculto nas obras de cantaria. Algumas dessas igrejas deram origem à franco-maçonaria. É fato aceito entre os estudiosos que os templários foram os incentivadores do crescimento dos franco-maçons, e foram esses franco-maçons — os pedreiros-livres — que ocultaram, na pedra, a sabedoria profunda. Outra coincidência surpreendente é que, nessa ocasião, a Europa assistiu a um repentino aumento de interesse pelos textos alquímicos, astronômicos, médicos e filosóficos — todos assuntos que correm paralelos ao Templo.

Entretanto, ainda permanece a questão: O que os templários encontraram em Jerusalém? De acordo com John Michell, em *The Temple at Jerusalem: A Revelation*, temos:

> As lendas sobre o Templo o descrevem como o instrumento de uma ciência mística, sacerdotal, uma forma de alquimia pela qual os elementos com cargas opostas, na terra e na atmosfera, eram reunidos e casados ritualmente. O produto de sua união era um espírito que abençoava e santificava o povo de Israel. No Santo dos Santos residia a Shekinah, a deusa nativa da terra de Israel. Era sua câmara nupcial, na qual o noivo entrava em certas estações.

Michell está definindo algo que pode ser provado pela mitologia e pela tradição judaica. Ele nos fala de tradições que revelam a *Deusa do Templo* (ou Shekinah) e a unidade do ritual nupcial. É uma declaração profunda que nos fornece um lampejo da espantosa verdade sobre o que realmente os templários estavam procurando — um canal de ligação com a experiência de iluminação dos "Seres Luminosos". Como já assinalei, o Templo inicialmente não fora feito para o Deus único, mas para muitos deuses. Era um lugar de união, da junção de opostos vista na experiência do Kundalini, em que o masculino e o feminino (positivo e negativo) juntam-se para produzir a verdadeira iluminação. Era essa experiência mística que estava no âmago da tentativa de revitalização ensaiada pelos templários. Muitos textos alquímicos da época falam do simbolismo oculto nas igrejas e catedrais européias — especialmente naquelas semelhantes à capela escocesa de Rosslyn.

O mesmo simbolismo secreto e místico pode ser visto na numerologia utilizada pelos templários e no Templo de Salomão. É sabido que os templários inicialmente eram nove e mais tarde *divididos* em 72 (72 = 7 + 2 = 9) capítulos. Por que seria assim?

Para responder a essa questão, precisamos observar o simbolismo do número 9. É provavelmente o número mais importante na numerologia mística, já que sua estrutura matemática o torna um número perfeito. Por exemplo, o 9 sempre reverte ao 9: 9 + 9 é 18, 1 + 8 = 9; 9 x 9 = 81, 8 + 1= 9; 99 + 99 = 198, 1 + 9 + 8 = 18 e 1 + 8 = 9. Essa cena se repete com inúmeras variações. O número 9 é também composto do todo-poderoso 3 x 3, ou a *tríade tripla*. É o 9 o número final, a realização e, portanto, o cumprimento de toda profecia — o número perfeito. É o número dos anjos ou sentinelas, também conhecidos como *"Seres Luminosos"*. Está também ligado geometricamente ao número de graus da circunferência de um círculo: 360 graus = 3 + 6 + 0 = 9. Cada quarto de um círculo mede 90 graus. Simbolicamente, ele é visto como um triângulo invertido dentro de um triângulo em pé, por isso também é visto como o famoso *Olho de Deus* dentro da pirâmide. A cruz templária consiste em um símbolo oculto do número, com oito pontas e o ponto central, perfazendo nove. Os celtas viam esse número como significativo de sua própria trindade — a deusa tripla que era três vezes grande (semelhante ao *três vezes grande Hermes*, ou Hermes Trismegisto).

Na China, o 9 era o mais auspicioso dos números e é considerado notável também no Feng Shui, com os quatro quadrados externos, para o cultivo da terra, e um quadrado central ou nono quadrado, que é chamado *acre de Deus*. Esse conceito do número 9 ser predominante no Feng Shui também o liga à arquitetura, já que o Feng Shui envolve a escolha do melhor lugar para situar um edifício. Naturalmente esse edifício é a natureza ou o corpo inferior do homem e seu lugar na terra. O número 9 ou *acre de Deus* é, portanto, a outra dimensão ou o lado espiritual do homem. Para o Feng Shui, o número 9 implica poder celestial, ou a consciência superior do homem, impregnando o lugar em que o edifício é construído. Isso também acontece com o posicionamento do Templo de Salomão.

No hinduísmo, o deus luminoso (Agni) é visto como o número 9. Na cabala, ele significa a fundação (pedra). Na mitologia escandinava, Odin ou Wotan permanece crucificado na *yggdrasil* (a árvore cósmica) durante nove dias, a fim de obter os segredos da imortalidade e da sabedoria. De fato, eu poderia enumerar centenas de exemplos, desde o mundo antigo até o mundo atual, em que o número 9 é usado na espiritualidade humana e na arquitetura sagrada, mas o que permanece é o fato de ele ser um número extremamente importante em todo o mundo. Por sua natureza geométrica perfeita, está vinculado favoravelmente à construção e à iluminação. Não devemos confundir o número 9 com o número 7, já que o 7 é o processo pelo qual nós, indivíduos, devemos passar para alcançar a iluminação.

A exata posição do Templo gera calorosas discussões, embora na verdade gnóstica não haja necessidade de debate. Mas há alguns fatos conhecidos que realmente se relacionam e explicam por que se supunha que o Templo fora construído de acordo com medidas específicas.

Há um eixo que percorre o complexo do Templo chamado *eixo messiânico*. Seguidores da fé judaica acreditam que essa linha é o caminho que o Messias esperado tomará. Os cristãos acreditam que foi a linha sobre a qual Jesus andou. A linha começa no monte das Oliveiras, que é onde se diz que Jesus ascendeu; sobe então o monte do Templo até a Porta Dourada e cruza o Domo das Tábuas e uma pedra (que se supõe ter sido a Pedra Santa dentro do Santo dos Santos, no Templo). O eixo continua na direção oeste até Gólgota, onde Jesus supostamente foi crucificado. Surpreendentemente essa linha reta liga pontos considerados extremamente sagrados, tal como as *linhas ley* ou os *Caminhos do Dragão*, em outras partes do mundo. Todas essas visões são importantes para a experiência da iluminação. Acredita-se que as almas passem ao longo dessa linha sagrada a fim de receber sua recompensa no *Santo Sepulcro* ou *Paraíso* (com o significado de lugar da iluminação). Na

Antigo templo em Roma.

verdade, os judeus acreditavam que, quando o Templo foi destruído, a sagrada Shekinah escapou seguindo essa linha. Essa tradição se relaciona a tradições de outras linhas de energia vistas por todo o mundo (e à ciência moderna), já que se acredita que a linha positiva (masculina) e a negativa (feminina) da energia ondulatória (serpente) cruzam certos pontos, chamados nódulos, ao longo de diferentes linhas. Esses nódulos estão em locais de importantes edificações, e essa é uma das idéias do Feng Shui. É assombroso vermos que a distância coberta por essa linha é de pouco mais de oitocentos metros e que, após alguns cálculos, ela nos dá a distância exata do centro da Terra até a superfície — portanto trata-se de um local muito sagrado, já que as duas rochas que compõem essa distância são naturais (864 côvados [8 + 6 + 4 = 18; 1 + 8 = 9] ou 1.728 pés [1 + 7 + 2 + 8 = 18; 1 + 8 = 9], multiplique isso por 14 mil e obteremos o raio da Terra: 12.096.000 côvados [1 + 2 + 9 + 6 = 18; 1 + 8 = 9] ou 20.901.888 pés [2 + 9 + 1 + 8 + 8 + 8 = 36; 3 + 6 = 9]). A profundidade desse enigma matemático está além do escopo deste livro. Basta dizer que inúmeros religiosos, místicos, gnósticos e filósofos de todo o mundo foram atraídos pela perfeição matemática do número 9.

Os 864 côvados têm destaque nas medidas do Templo estudadas por Michell. Isso é interessante, já que também voltamos ao 9. De acordo com a linguagem do simbolismo numérico, 864 é o centro da energia radiante e simboliza o Sol e a experiência da iluminação. A Terra tem 864.000 côvados de diâmetro; a lua, 2.160 côvados (2 + 1 + 6 = 9). Essa linguagem está embutida nas construções que remontam ao império egípcio. É indicativa da linguagem oculta dos "Seres Luminosos" ao redor do mundo, e também vista na notória jarda megalítica.[5] Indicam o conhecimento astronômico visto a partir da época dos sumérios. Até mesmo o nome de Jerusalém soma 9 quando são usadas as letras gregas e a linguagem do simbolismo numérico. (Iota, épsilon, rô, ômicron, ípsilon, sigma, alfa, lambda, eta e mu = 864 = 9.)

Quando trabalhava em meu livro *O Graal da Serpente*, fiquei sabendo que a água aparece em muitas representações da Divindade da Serpente (que está ligada à Shekinah feminina). Não nos causa surpresa encontrar o *Poço da Serpente* ao pé do monte do Templo. Espantosamente, descobri também que há uma falha geológica correndo próxima ao Monte e que está sendo usada por cristãos e judeus fundamentalistas como um sinal de que a Bíblia está correta quando diz que o Monte será dividido em dois. (Esse, na verdade, é um recurso simbólico para dividir os campos positivo e negativo — como Adão foi dividido para que Eva fosse criada.) Essas falhas aparecem em muitos lugares do mundo e estão vinculadas a locais antigos e sagrados. Algumas pessoas acreditam que os movimentos da placa tectônica tenham carregado eletromagneticamente as rochas subterrâneas. Foi demonstrado que essas rochas têm ajudado a melhorar o crescimento das plantas e estão ligadas aos efeitos do emaranhamento quântico. Sua carga energética é, em parte, a energia serpentina, da qual os antigos falavam, e é utilizada nos estado de meditação profunda para conduzir ao processo de iluminação — fundindo o eletromagnetismo humano ao da Terra, ou eletromagnetismo universal, no nível das partículas subatômicas.

Em todos os casos, a linha parte do leste — portanto, o sol nascente ou Ser Luminoso. Uma indicação do processo de iluminação é dada pelos autores do Salmo 24:9:

> Pórticos, alteai vossos frontões!
> Alçai-vos, portais antigos,
> Para que entre o rei da glória!

A referência a pórticos e portais é simplesmente a abertura da mente para o processo de iluminação ao se levantar a cabeça. Quem é o Rei da Glória? Não é outro senão o Senhor das Hostes, o Senhor dos "Seres Luminosos".

Assim, o Templo teoricamente foi construído num lugar auspicioso contendo o simbolismo da dualidade de energias em que todos os antigos acreditavam. Mas, por um instante, quero voltar ao número 9, tão importante para os templários. Com esse propósito, retorno a John Michell e seu livro *The Temple of Jerusalem: a Revelation*.

O autor no Coliseu de Roma.

Em 135 d.C., os áugures romanos projetaram a nova cidade de Jerusalém depois que ela foi arrasada durante a revolta de Bar-Kochba. Esses áugures eram místicos da ordem mais elevada, e sua história remonta à Suméria e aos "Seres Luminosos" originais, e mais tarde aos franco-maçons, como tentaram provar o notório historiador maçônico Albert Pike e outros. Eles tinham um código ritual de planejamento urbano, que alegavam ter herdado do culto etrusco à serpente. Segundo John Michell, o conceito era exatamente igual ao do Feng Shui, e consistia em "levar ordem e boa fortuna às cidades e povoados".

Em primeiro lugar, os áugures estabeleceram um eixo padrão norte–sul chamado *cardo maximus* ou, como é mais conhecido, o *axis mundi* — o *eixo do mundo* ou *eixo universal* — um símbolo também utilizado no Kundalini. A *via dolorosa*, percorrida por milhões de peregrinos e que atravessa Jerusalém, corre paralela ao *cardo maximus*. Para demarcar o fim do *cardo,* os áugures colocaram um pilar alto formando um ângulo de 36 graus. (Lembre-se, 3 + 6 = 9; 36 graus é a medida de cada ângulo de um pentagrama; é também o símbolo do homem perfeito, como foi ilustrado por Leonardo da Vinci.)

Os áugures romanos seguiram o eixo messiânico, do monte das Oliveiras ao Gólgota. "Paralelo a ele, a 360 côvados ao sul, passa a linha axial estendida através do templo, identificada pelo arquiteto Tuvia Sagiv. É também a linha do *decumanus* romano. Corre entre a borda norte da coluna de Absalão e a quina da torre da cidadela de Davi, na porta de Jaffa (...)."[6]

Observe o emprego de 360 côvados (uma medida antiga) que se resolve no número 9. Mesmo as ruas que não se emparelham com o novo eixo ou *corda* se encaixam nesse plano. As ruas que saem da coluna de Adriano seguem com 36 graus de intervalo, semelhante ao centro do pentagrama. Esse centro do pentagrama está localizado no eixo messiânico, com cada lado medindo 720 côvados (7 + 2 + 0 = 9). O Messias é, portanto, representado pelo pentagrama, que é o símbolo do homem perfeito.

Segundo John Michell, existe também o surpreendente retângulo formado pelo Templo, que mede 729x1728 côvados (ambos os números revertem a 9), e, quando medido pelo sistema *côvado e um palmo*, tem 20.736 pés (que também reverte a 9). Esse retângulo era imaginado pelos construtores como uma moldura através da qual o eixo messiânico corria, e sobre a qual é colocado o pentagrama — os quatro lados do retângulo acrescidos aos cinco lados/pontos do pentagrama, somando 9, mais uma vez.

O pentagrama tem um vínculo na etimologia, já que *pen* significa "cabeça". Essa cabeça é vista no topo do eixo messiânico, como Cristo é visto no alto do crucifixo. Não é de admirar, portanto, que o pentagrama esteja sempre associado à experiência da iluminação, já que significa tanto *cabeça* quanto 9. Também um símbolo representado por uma estrela, no mundo antigo, ele significa Ser Luminoso na forma glífica. Michell descobriu que o pentagrama recíproco estava em conjunção com o primeiro e em um eixo comum, e o eixo messiânico realmente se reduzia — um dentro do outro — a um ponto que apontava para o Gólgota, o lugar da cabeça ou caveira.

Fico imaginando se esse simbolismo arquitetônico foi uma das coisas que os Cavaleiros Templários (entre outros) descobriram. Seria esse

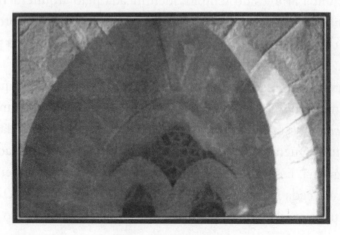

Pentagrama de Silves.

um dos segredos divinos que eles trouxeram de Jerusalém? Foi isso que deu origem à onda de construções durante o século XII? Decidi fazer um pequeno trabalho de detetive por conta própria.

Escolhi a Catedral de Chartres, na França. Em primeiro lugar, procurei uma planta baixa e observei a posição do labirinto entre os nove conjuntos de colunas, de cada lado. Usando um conceito que eu descobrira anteriormente (que o labirinto era também simbólico da cabeça-mente, assim como do caminho da energia serpentina), centrei um pentagrama dentro do labirinto. A cabeça do pentagrama encontrava-se com a Porta Oeste, enquanto os pés, na outra extremidade, encontravam uma fileira de colunas indo de norte a sul. Quando inverti essa imagem de modo que a cabeça ficasse voltada para leste, o centro do novo pentagrama ficou centrado no coro. Desenhei então um círculo em volta dos dois pentagramas e descobri que eles se cruzavam no centro da catedral, formando um perfeito *vesica piscis* — que é a *Passagem Ru*, ou entrada para a consciência superior. Símbolos das crenças gnósticas foram definitivamente inseridos nos desenhos arquitetônicos.

Considerando essa mensagem arquitetônica, decidi observar as outras catedrais construídas naquele mesmo período e com as plantas baixas originais. Cada uma das plantas se encaixava nessa geometria sagrada. Descobri também dentro de cada uma a representação da vida de um homem, ou 72 anos, que é um ano processional e soma 9.

Conhecemos, agora, um pouco mais de numerologia e sabemos que seus aspectos subjacentes giram em torno da iluminação da mente. Descobrimos também que essa compreensão foi levada para a Europa, onde se manifestou fisicamente nas grandes igrejas e catedrais.

Com o tempo, os Cavaleiros trocaram de nome várias vezes: *Os Pobres Soldados de Jesus Cristo e do Templo de Salomão, Os Cavaleiros do Templo de Salomão, Os Cavaleiros do Templo, Os Templários*, ou até mesmo apenas *O Templo*. Este título, *O Templo*, é uma indicação do verdadeiro significado do *Templo de Salomão*, porque era assim que os templários viam a si mesmos.[7]

O autor em um castelo templário em Portugal.

Por nove anos os templários escavaram sob o Templo de Salomão em completo segredo. O grão-mestre voltou para a Europa, supostamente levando segredos que ficaram escondidos durante séculos. Bem rapidamente, os cavaleiros conseguiram uma dispensa especial do papa para que pudessem cobrar juros em empréstimos — indicando sua crescente riqueza e sua importância subjacente. Logo o grande período de construção de catedrais começou pela Europa, usando os novos segredos arquitetônicos descobertos pelos cruzados. Parece até que havia uma necessidade de depositar esse conhecimento por toda a Europa.

Talvez esse conhecimento seja proveniente de algumas das descobertas feitas pelos templários, especialmente se considerarmos que o responsável pelo programa de construções foi ninguém menos que São Bernardo. (Esse é o mesmo Bernardo que ditou as normas da Ordem dos Cavaleiros Templários, e que tinha laços de sangue com vários de seus membros.) Com toda a probabilidade, a nova influência na construção deveu-se ao contato recente e revigorante com a arquitetura islâmica e do Oriente Médio, e com os avanços matemáticos islâmicos, que eram muito superiores a quaisquer outros que a Europa possuísse na época.

Os templários cresceram em poder e riqueza, supostamente usando sua recém-descoberta sabedoria. Tanto a propriedade de terras como seu sistema bancário tornaram os templários um dos grupos mais poderosos e temíveis de toda a Europa. Ninguém conseguia se equiparar à sua força internacional.

De acordo com George F. Tull, em *Traces of the Templars*, eles também estavam "bem situados para obter relíquias", já que detinham o respeito, devido à sua nobreza, e possuíam muitas propriedades estrategicamente situadas na Terra Santa. Perto de Loughton-on-Sea, na Inglaterra, havia vários sítios ligados aos templários. Seu templo ali era "bem abastecido de livros litúrgicos, vasos e pratos de prata, prata banhada a ouro, marfim e cristal, vestimentas, toalhas e frontões de altar. Entre as relíquias ali mantidas havia duas cruzes que continham fragmentos da Verdadeira Cruz e uma relíquia do Sangue Sagrado". Tull conta também como algumas dessas relíquias entraram na Grã-Bretanha: "Às vezes os navios voltavam com uma carga especial, como quando, em 1247, o irmão William de Sonnac, mestre do Templo em Jerusalém, enviou um eminente templário para levar à Inglaterra 'uma porção do Sangue de nosso Senhor, que ele verteu na Cruz para a salvação do mundo, contido em um elegante vaso cristalino' e dá-lo de presente ao rei Henrique III. A relíquia era autenticada sob o selo do patriarca de Jerusalém, dos bispos, abades e nobres da Terra Santa."

Em Surrey, os templários possuíam a terra conhecida então como Templo Elfold, com 192 acres de terra arável. Em 1308, foi mencionado um graal e um cálice nesse local. É evidente que parte da riqueza dos templários veio da propaganda do comércio medieval de relíquias, o que prova sua aguda percepção para os negócios. Eles também estavam presentes na divulgação do culto a São Jorge, o que é especialmente interessante quando consideramos que eles sabiam do santuário desse santo em Lídia, isso sem mencionar sua atuação no marketing medieval do rei Artur e nos mitos do Santo Graal. Mas, no início do século XIV, tudo chegou ao fim quando o rei Filipe, da França, organizou a derrocada deles, e os supostos segredos e a riqueza dos Cavaleiros Templários desapareceram.

Em seus julgamentos, os templários não só eram acusados de adorar a cabeça sagrada (conhecida hoje como Baphomet), mas também de venerar a serpente. Como Andrew Sinclair aponta em *The Secret Scroll,* outro emblema templário era o cajado folheado de Moisés, o mesmo cajado que se transformou em serpente e era emblemático do culto religioso à serpente e do despertar do Kundalini.

O *Missal Rosslyn,* escrito por monges irlandeses no século XII, mostra as cruzes templárias com grandes dragões e discos solares. Sobre o Pergaminho Secreto está o símbolo das doze tribos de Israel — o peitoral de Aarão (cujo cajado de serpente supostamente está na Arca), com doze quadrados significando as doze tribos, encimados por uma serpente. A serpente, que governa as tribos como um símbolo de dominação sobre os doze aspectos humanos, também é representada. Acredita-se que alguns templários fugiram para a Escócia (levando seus segredos), e que o surgimento da franco-maçonaria aconteceu logo depois. Algumas pessoas acreditam que os franco-maçons estão diretamente relacionados aos templários.

No ano de 1314, o rei Eduardo da Inglaterra invadiu a Escócia, esperando pôr fim às lutas fronteiriças. Encontrou o exército escocês em Bannock Burn e foi surpreendido por uma força de homens bem treinados que lutavam pelos escoceses. O curso da batalha mudou e a Escócia conseguiu sua independência, embora somente por três anos. A história oficial diz que esses homens bem treinados que viraram a maré contra o exército inglês não passavam de vivandeiros e servos. Mas muitos acreditam que eles eram os famosos Cavaleiros Templários, que se haviam instalado na Escócia para fugir da tirania católica. Estranhamente, logo depois da batalha de Bannock Burn, Roberto I (o novo rei escocês) recompensou a família Sinclair, ligada aos templários, com terras próximas a Edimburgo e Pentland. Essas mesmas terras estão associadas atualmente a centenas de túmulos, sítios e símbolos templários.

Os franco-maçons da Catedral Lichfield erigindo a superestrutura da Passagem para o Outro Mundo.

Uma indicação da popularidade histórica dos templários é demonstrada na revolta camponesa, liderada por Wylam Tyler, em 1381, quando uma multidão marchou em protesto contra os impostos opressivos. Estranhamente, a multidão não danificou as antigas construções templárias; ao contrário, voltou sua atenção para a Igreja Católica. Em certa ocasião, uma multidão retirou objetos católicos de uma igreja templária, em Londres, e queimou-os na rua para não danificar o prédio. Talvez essa revolta tenha sido uma coincidência ou foi inspirada por ações de uma sociedade templária, então oculta e secreta — oculta em razão da perseguição católica. Se for verdade que os templários inspiraram essa revolta, então, apesar de não terem sido bem-sucedidos, eles tentaram novamente cem anos mais tarde, e daí deram início à Reforma. Por volta dessa época (século XV) é que começam a aparecer os primeiros registros dos encontros franco-maçônicos na Escócia e em York.

Fiquei imaginando se os templários alcançaram uma verdadeira percepção da antiga sabedoria da qual temos tratado, e se incluíram, em suas próprias obras, parte do simbolismo dessa sabedoria. (E também se eles cresceram tanto e se tornaram tão populares que ficou muito perigoso para as autoridades católicas aceitarem esses fatos.) Seria, é claro, uma absoluta heresia declarar que Jesus era um símbolo da divindade interior e que certas doutrinas-chave da Igreja Católica eram de uma literalidade espúria.

Existem vínculos, creio eu, entre a iconografia suméria e o simbolismo templário que precisam ser explorados. A veneração à serpente pode ser rastreada até a Suméria, como expus em *O Graal da Serpente*. A imagem templária mais óbvia é aquela de dois pobres cavaleiros sentados sobre o mesmo cavalo, que é muito semelhante à idéia e ao conceito dos dois corredores vistos comumente na antiga Suméria. Os historiadores ortodoxos (que obviamente têm pouco ou nenhum conhecimento das tradições esotéricas) acreditam que isso era simplesmente um esquema tático de guerra, mas também poderia ser visto como um simbolismo da dualidade e do equilíbrio. Representa a natureza inferior e a natureza superior da consciência do homem em união e equilíbrio. É o equilíbrio do mundo interior com o mundo exterior, que é a tradição oculta ou esotérica dos sufis — o elemento místico do Islã, e uma tradição com a qual os templários devem ter entrado em contato.

A cruz templária também aparece em muitas imagens sumérias. Ela está normalmente associada com uma lua crescente voltada para cima. Essa cruz é um símbolo de Anu, o grande Ser Luminoso, e a lua crescente voltada para cima é o símbolo da deusa Asera. Representa a união Divina. Ao usar esse simbolismo, os templários talvez quisessem indicar seu próprio equilíbrio interior. Descobrimos, em *O Graal da Serpente*, que o vermelho e o branco simbolizam essa união, e uma cruz vermelha sobre um fundo branco (usados pelos templários) é um indicativo da serpente.

Outro símbolo, representado sob várias formas e transposto da Suméria para a França, é o *abraxus*. Uma figura com cobras em lugar de pernas é um símbolo usado para deuses como *Oannes* (o pai de Baal), que mais tarde se tornou o símbolo do grão-mestre da Ordem dos Tem-

Armadura do Grão-Mestre, o Cavaleiro de Malta.

plários. O que isso significaria? Que o chefe da ordem templária via a si mesmo como o chefe das serpentes?

Os templários também usaram a serpente como símbolo de eternidade e imortalidade: a serpente comendo a própria cauda. Então temos um segredo serpentino sendo usado pela mais elevada entre as organizações cristãs. O *abraxus* revela um homem-divindade que é investido de poder pelo equilíbrio de suas serpentes gêmeas. Elas são o símbolo do conhecimento místico. Os templários estão revelando, por meio de simbolismo, exatamente a sabedoria antiga que descobriram no Templo de Salomão.

A cruz de Lorraine, o símbolo usado pelos templários antes da cruz de Malta, é também vista na Suméria como símbolo de majestade, a qual, como sabemos, era concedida apenas aos que possuíam a brilhante iluminação. Essas influências devem ter sido incorporadas enquanto os templários estavam no Oriente Médio. Sabemos que eles usavam esses símbolos porque durante os processos que sofreram, no início do século XIV, os prisioneiros templários gravaram-nos nas paredes de suas celas.

A cruz de Lorraine (o emblema heráldico de René d'Anjou) era o que o pesquisador Charles Peguy dizia representar as armas tanto de Cristo como de Satã e o sangue de ambos, segundo um artigo de Boyd Rice, intitulado "The Cross of Lorraine: Emblem of the Royal Secret" [A cruz de Lorraine: emblema do segredo real]. Seria isso representativo do equilíbrio existente na cruz? Diz-se que a cruz de Lorraine também incorpora o símbolo da letra grega *fi* ou a *proporção áurea da Sagrada Geometria* — muito importante para os franco-maçons e que simboliza o homem completo. René d'Anjou tinha conhecimento de muitos segredos e se interessava profundamente por eles, dirigindo ele mesmo uma pesquisa a antigos textos herméticos. A cruz de Lorraine foi, portanto, assumida por René e subseqüentemente por Marie de Guise (mulher de Jaime V, pais de Maria Stuart, rainha da Escócia) por causa de seu simbolismo oculto. Essa cruz simbolizava o veneno. A prova desse significado é que ela se tornou o símbolo usado pelos químicos nas garrafas que contêm substâncias venenosas. O conceito está oculto na dualidade. Por que reis e templários usariam o símbolo do veneno, se o veneno não tivesse seu oposto? Os templários eram o antídoto.

No início do século XX, Aleister Crowley, grande mago (criador da Ordem dos Templários do Oriente) e autoproclamado alquimista, assinalaria esse mesmo símbolo como o *Brasão de Baphomet*. Acredita-se que a cruz de Lorraine também seja um signo de segredos. É o símbolo da *raça angélica*, que supostamente desceu à Terra e partilhou sua sabedoria e os segredos da imortalidade com a linhagem real. Mas o que é essa raça angélica senão os "Seres Luminosos"? É o símbolo dos que obtiveram a iluminação. De acordo com Boyd Rice é "um brasão daquele Segredo Real, a doutrina dos Entes Esquecidos". Por isso, parece estranho que, nos anos 1940, Charles de Gaulle tenha feito dela o símbolo oficial da Resistência Francesa. Mas a cruz de Lorraine não é o único símbolo que detém uma sabedoria mais profunda.

Certo dia, eu estava brincando com uma cruz maltesa igual à dos templários, imaginando por que e como seu desenho teria evoluído. Sabia que ela tinha oito pontas e tudo o que isso implicava, mas então me lembrei que Fulcanelli acreditava que a arquitetura gótica era, na verdade, uma mensagem esotérica tridimensional. Graças ao fato de que os mistérios dos templários se desenvolveram a partir de muitos lugares (inclusive influências árabes ou muçulmanas, crenças cabalísticas judaicas e até mesmo rituais sagrados egípcios), eu tinha certeza de que devia haver outra mensagem encerrada na forma simples dessa cruz. Trabalhando com a suposição da existência do aspecto tridimensional, e me perguntando se haveria ligações com um dos maiores mistérios do mundo, imaginei o que aconteceria se eu recortasse num papel uma cruz de Malta e a colocasse sobre a mesa, criando uma imagem bidimensional. Depois pegasse a cruz bem pelo centro e o erguesse, deixando as pontas encostadas à mesa: teria uma pirâmide perfeita — símbolo da sabedoria egípcia e da imortalidade. Mas, em algumas cruzes templárias, as bordas são angulosas para dentro a fim de criar oito pontos. Pensei que a pirâmide de Gizé tivesse paredes retas, até que olhei com mais cuidado. A Grande Pirâmide de Gizé tem uma arquitetura secreta — suas paredes curvam-se para dentro. É a única pirâmide em que isso acontece!

Fiquei imaginando: será que os templários adotaram esse simbolismo oculto na Grande Pirâmide? A cruz era projetada para incorporar a geometria tridimensional citada por Fulcanelli e se dizia ter sido levada para a Europa pelos templários e seus aliados, os cistercienses. Esses misteriosos irmãos no gnosticismo compreendiam o significado por trás do simbolismo das pirâmides — que simbolizava, em todos os aspectos, a imortalidade da serpente.

Hirão e o Templo

Hirão era filho de mãe judia e pai fenício, e é creditada a ele a decoração do Templo de Salomão. Em I Reis 7:13-15, vemos: "Ele era filho de uma viúva da tribo de Neftali (...) e modelou as duas colunas de bronze

162 GNOSE

(...)". Precisamos também observar algo interessante mencionado em I Reis 7:16-17:

> Em seguida fundiu dois capitéis de bronze, para os colocar no alto das colunas. A altura de um capitel era de cinco côvados; e a altura do outro capitel era de cinco côvados. Ele fez redes de malhas e cadeias de guirlandas para os capitéis que estavam em cima das colunas: sete para um capitel e sete para o outro.

Essas colunas ficaram conhecidas como *Jaquim* (significando *ele sustenta*) e *Boaz* (que significa *nele há força*). Atualmente elas são consideradas fundamentais para as lojas e templos maçônicos modernos. Cópias delas são claramente vistas na Capela Rosslyn.

O que é interessante aqui é o texto original sobre essas colunas. Primeiro, é usado o bronze para os capitéis, como também é usado o bronze para a *Serpente de Bronze* de Moisés, como indicativo do aspecto incandescente da serpente. A altura das colunas era de cinco côvados, combinando com as cinco najas vistas na Índia e no topo de muitas colunas (embora a Bíblia as chame de lírios, que simbolizam o equilíbrio). Encimando os capitéis havia *cadeias de guirlandas*, sete sobre cada coluna. Estranhamente, as cadeias eram para os capitéis, o que nos aponta a cabeça! Será que isso significa que essas cadeias eram destinadas a conduzir nossa atenção para esse importante capitel de bronze — a cabeça? Tal como a cobra, na Serpente de Bronze? Em todo caso, é interessante, e provavelmente não por coincidência, que foram escolhidas sete cadeias específicas, exatamente como os braços da Árvore Sagrada mesopotâmica e o Kundalini.

Há vínculos reais entre Hirão e a serpente. Por exemplo, observamos acima que ele era da tribo de Neftali. O estandarte dessa tribo, de acordo com a tradição judaica, é uma serpente ou basilisco. Isso pode ter origem egípcia, já que a tradição judaica declara que Neftali era irmão de José, que foi escolhido para representar a família junto ao faraó.

O TEMPLO E OS TEMPLÁRIOS   163

Envio-te, pois, um homem hábil e entendido, o mestre Hirão, filho de uma mulher da tribo de Dan, e de um pai tírio. Ele sabe trabalhar em ouro e prata, em bronze e ferro, em pedras e madeira, em púrpura azul e violeta, em linho fino e carmesim; ele sabe fazer todas as espécies de escultura e elaborar todo plano que se lhe confie. Trabalhará ele com teus artífices e com os de meu senhor Davi, teu pai.

— II Crônicas 2:13-14

Os versículos acima dizem que esse Hirão é filho da tribo de Dan, cujo emblema era a serpente, porém dessa vez com um cavalo. É inacreditável, mas há também uma verdade oculta e um padrão repetitivo nesses versículos sobre as verdadeiras habilidades reais desse personagem literário. Siga o padrão: Hirão é habilidoso com (1) ouro e prata; (2) bronze e ferro; (3) pedra e madeira; (4) púrpura azul e violeta; (5) fino linho e carmesim; (6) esculturas de qualquer espécie; e (7) elaborar todo plano que se lhe confie. Observe que há sete elementos equilibrados contidos na habilidade do homem que irá construir o Templo! De fato essa é uma pista real para o segredo do Templo.

Segundo esse livro de Crônicas, Hirão era um homem possuidor de grande destreza e conhecimento, que sabia trabalhar em ouro, prata, bronze, pedra e madeira. Mas ele também contava com ferramentas que podiam perfurar as pedras. A pedra simboliza a sabedoria e a fundação. A ferramenta de Hirão, pois, perfurava o véu da sabedoria.

Segundo o livro de Reis, o Templo foi construído de pedra (construído de sabedoria) antes de ser levado ao local. Era semelhante a uma construção pré-fabricada. Diz a tradição que nem martelo nem machado nem qualquer ferramenta de ferro foram usados na construção. Então, como foi ele construído? Isso é um paradoxo em si mesmo, que só pode ser respondido ao se revelar o verdadeiro segredo do Templo.

No Êxodo, é ordenado a Moisés que construa, sem usar ferramentas, um altar dedicado ao Senhor, caso contrário ele o profanaria.

164 GNOSE

Se me construíres um altar de pedra, não o faças de pedras lavradas, porque ao manejar o cinzel contra a pedra, tu a profanarias.

— Êxodo 20:25

Parece o mesmo simbolismo que foi utilizado na construção do Templo.

De acordo com os ensinamentos rabínicos, a pré-fabricação do Templo foi executada por *Shamir*, um verme gigante ou serpente que podia cortar pedras. (A propósito, verme significa serpente.) Essa crença assemelha-se às crenças nórdicas e celtas, em que o Valhala e Camelot foram construídos com o fogo do dragão; na China acreditava-se que a construção era ajudada pela energia serpentina.

Segundo Rashi e Maimônides, Shamir era uma criatura viva. Mas é pouco provável que seja no senso estrito da expressão. Mais provavelmente é a idéia da sabedoria do verme ou da cobra Shamir que foi usada na construção do Templo. Esse é um conceito universal, como pode ser visto na Índia, onde era a naja alegórica que fugia da sua terra e levava a sabedoria arquitetônica para o exterior. Os deuses arquitetos, como o egípcio Thot, estão fortemente vinculados à sabedoria da serpente, porque eles se relacionam com a construção de Templos de Sabedoria dentro de nós mesmos. Outras referências também fazem a ligação entre Shamir e a serpente, como o *Testamento de Salomão*, que o chama de pedra verde, assim como a *Tábua de Esmeralda*.[8] De acordo com uma lenda registrada por William Bacher e Ludwig Blau, em *Shamir*, o verme Shamir foi depositado nas mãos do príncipe do Mar, que evidentemente é o símbolo do príncipe da Sabedoria. Em resumo, o que temos, na verdade, é o Templo da Sabedoria sendo construído pela serpente. Essa serpente é nada menos que o Kundalini interior.

Estranhamente, o nome Hirão realmente significa *cabeça elevada do povo* (*Hir* = "cabeça" ou "elevada"; *Am* = "povo") e se relaciona intimamente com Abraão (*Ab Hir Am*). É claro, essa é uma pista sutil no que diz respeito à realidade do Templo de Salomão. A cabeça elevada é certamente o único elemento que pode tornar o Templo real. Somente a cabeça que está elevada acima de todas as outras tem a sabedoria para alcançar tamanha proeza.

Entretanto, temos outro significado de Hirão que nos diz mais. *Ahi-Ram* significa, na verdade, *cobra elevada*. Assim, nos dois sentidos, Hirão era a cabeça ou a cobra elevada; ambos os sentidos são importantes para a descoberta do fio condutor da veneração à cobra e das crenças religiosas subjacentes. Tanto a cabeça elevada (que tem uma sabedoria acima de todas as outras) quanto a cobra elevada (que tem a estatura do Kundalini) estão revelando artifícios etimológicos.

Segundo David Wood, em seu livro *Genesis*, acreditava-se também que Hirão descendesse de Caim, passando por Tubal-Caim, que se dizia ser o único sobrevivente da *raça superior* depois do Dilúvio. Imagina-se que a raça seja chamada *Elohim* (povo da cobra ardente) ou os "Seres Luminosos", também conhecidos como o povo da serpente. Essa lenda deriva de um texto conhecido como *E* ou *Elohim*, escrito por volta de 750 a.C. — e também dá origem às histórias dos *Arquitetos Dionisíacos* — que seriam um dos progenitores dos franco-maçons. Não é de se admirar que as colunas de Hirão estivessem tão intimamente relacionadas com o culto à serpente.

A Capela Rosslyn, já mencionada, fica na Escócia, não muito distante de Edimburgo, e é incrivelmente importante para os franco-maçons. Isso se deve a suas colunas, imitando as do Templo, que estão entrelaçadas com o simbolismo das cobras. As colunas não foram erigidas para estabelecer uma relação direta com os mitos nórdicos da *yggdrasil* e com a família Sinclair, que construiu o lugar no século XV, mas definitivamente com os símbolos do poder religioso da serpente gnóstica.

No *Manuscrito Secreto* que mencionamos antes (descoberto por Andrew Sinclair), uma das mais importantes imagens é a visão de uma grande serpente enroscada, sob os degraus do Templo, a uma coroa, uma picareta e uma pá, como se indicasse a escavação do próprio Templo.

Há uma lenda que pode dar sustentação aos achados de Andrew Sinclair. Essa lenda oriental narra que a rainha de Sabá se sentiu atraída por Hirão e que o rei Salomão ficou com ciúmes. Ele estava de tal modo tomado pelos ciúmes que planejou a morte de Hirão. O metal derretido para moldar um mar de bronze ia ser usado para matar Hirão, mas ele foi salvo pelo espírito de Tubal-Caim, seu antepassado que tinha ligações com o culto à serpente. Ele foi, portanto, salvo da morte pela serpente; foi avisado pelo outro lado.

Hirão atirou sua jóia num poço profundo (com o significado de sabedoria oculta), mas foi morto pelos assassinos de Salomão, com um golpe na cabeça. Diz-se que, mais tarde, três mestres encontraram seu corpo e o veneraram. A jóia foi encontrada e colocada num altar triangular (que Salomão havia erguido) localizado em uma câmara secreta sob o Templo.[9]

O que seria a jóia desse construtor? Por que ela deu lugar a tanta veneração? O que quer que ela fosse, sabe-se apenas que, mais tarde e sob a orientação dos templários, os cruzados escavaram furiosamente sob o Templo para descobrir a verdade. Claro que os templários poderiam ter escavado atrás de outros objetos, como a Arca da Aliança, mas creio que essa seja uma linguagem simbólica e que a verdadeira preciosidade fosse a gnose.

Em seguida a essas supostas escavações, tanto os templários como os cistercienses, sob a orientação de São Bernardo, ficaram ricos. É verdade que vestígios dos templários foram encontrados dentro e em volta dos túneis no sítio do Templo, mas isso poderia ter acontecido com propósitos defensivos, já que fazer túneis era uma prática comum naquele tempo.

Grandes construções foram erguidas por toda a Europa, todas escondendo o simbolismo secreto da cobra e todas usando as técnicas de arquitetura descobertas pelos templários enquanto estavam no Oriente Médio. As ocas *Colunas de Bronze de Hirão* tornaram-se, mais tarde, as colunas gêmeas dos franco-maçons, as quais — similar a Moisés, a serpente emergente — originaram-se nos templários. Dizia-se que essas colunas eram ocas e continham manuscritos, lembrando-nos a suposta descoberta dos manuscritos de Rennes-le-Château, que se julga terem sido encontrados também dentro de uma coluna.

Sem dúvida, no período das Cruzadas não existiam reproduções da crucificação em nenhum dos edifícios construídos, reforçando a alegação de que os templários negavam a crucificação. Acredita-se que os templários e os cistercienses descobriram segredos contidos em antigos manuscritos, e assim perceberam a verdade por trás do cristianismo. Uma coisa que realmente surgiu foi o culto de *Baphomet e Sofia,* os elementos da sabedoria serpentina. Se os templários descobriram o Santo Graal, como muitos afirmam, então o que eles realmente descobriram foram os segredos desse Graal. E foram esses segredos que eles fizeram desaparecer misteriosamente de Montségur, a fortaleza cátara tomada pela Cruzada Católica Albigense.

Mas estou divagando. Nosso verdadeiro caminho não está com os cátaros nem com os templários. Eles não passam de coadjuvantes em um palco muito maior. A verdade sobre o Templo de Salomão gerou esses grupos enigmáticos; deu lugar também à maior sociedade secreta do mundo moderno. Vimos também que dentro desse Templo estava Asera, a deusa serpente cultuada por todo o mundo conhecido. Vimos também que uma serpente mística ajudou na criação desse Templo, e que esse foi um segredo descoberto pelos Cavaleiros Templários.

Capítulo 9

OS SEGREDOS DE SALOMÃO

A Jornada da Iluminação

Acreditamos que os textos de Moisés, dos Profetas e de todos os primitivos Mestres não devem ser tomados literal mas figurativamente, como se eles contivessem um sentido secreto oculto sob a mera letra. Esses textos devem ser comparados a uma bela mulher que esconde seu charme sob um véu e espera que seus admiradores tenham o trabalho de erguê-lo; esse também é o caso da palavra de Deus escondida sob o véu, em um sentido figurado, o qual não pode ser erguido nem mesmo com a mais alta engenhosidade humana nem com o mais alto grau de sabedoria sem a assistência da graça divina. Em outras palavras, aquilo de que fala a Torá (a Palavra de Deus) não deve ser tomado literalmente, segundo sua simples fraseologia, mas precisamos orar pelo Ensinamento do Divino Espírito a fim de sermos capazes de discernir a essência que repousa sob a mera concha ou casca da palavra.[1]

O Divino Espírito Santo, que consta ajudar-nos a entender essas coisas que algumas pessoas não conseguem compreender, nada mais é que a nossa força interior, encontrada em nossa busca da sabedoria interior.

O verdadeiro Templo será descoberto nessa mesma jornada. Mas mais do que isso, a jornada consiste na destruição do Templo que imaginamos anteriormente e na construção de um novo Templo. Para destruir o Templo que temos em nossa mente, precisamos entender o que é realmente o verdadeiro Templo. Só assim conseguiremos reconstruí-lo como morada da nossa Divindade Interior. Nosso novo Templo, construído por nós, é a coleção de nossas experiências, influências e causas do sofrimento. Mas e quanto ao Templo de Salomão físico? Algum dia ele existiu?

Durante o período tradicionalmente atribuído ao rei Salomão (isto é, 1000–900 a.C.), a Europa estava em plena Idade de Ferro. Segundo o Professor James Pritchard, em *Salomon and Sheba*:

> (...) na realidade, as assim chamadas cidades de Megido, Gezer e Hazor, e a própria Jerusalém, assemelhavam-se mais a vilas. Nelas, havia edifícios públicos relativamente pequenos e residências simples com chão de terra. Os objetos revelam uma cultura material que, mesmo pelos padrões do antigo Oriente Próximo, não podia ser considerada sofisticada ou luxuosa (...) A "magnificência" da época de Salomão é provinciana e decididamente sem brilho, mas o primeiro livro de Reis sugere exatamente o contrário.

Para que lá tivesse existido um Templo da magnitude que somos levados a acreditar, necessitaríamos de um milagre arqueológico. Precisaríamos descobrir um edifício grandioso que possuísse toda a magnificência que estaria implícita no entorno. Infelizmente, as escavações arqueológicas revelam vilas simples e residências pobremente construídas. Não é por acaso que a posição exata do Templo seja debatida acaloradamente — simplesmente ela não é encontrada. Em *A Test of Time: The Bible from Myth to History*, o autor David Rohl chega a uma conclusão semelhante:

> Biblos é rica em belas construções de pedra da Idade de Bronze. Entretanto, quando se chega à Idade de Ferro (que é suposta-

mente a época de Salomão e seu aliado, Hirão, rei de Tiro), não encontramos construções de pedra em Biblos. Como, então, Salomão conseguiu adquirir a técnica de construção fenícia se nem os próprios fenícios tinham ainda a prática e os recursos para construir estruturas de pedra?

John Allegro, em seu livro *The Sacred Mushroom and the Cross*, acredita que o Templo era um símbolo do útero do renascimento:

O templo foi projetado seguindo, em grande medida, a uniformidade existente em todo o Oriente Próximo, agora reconhecível como um microcosmo do útero. Era dividido em três partes; o Pórtico, representando a extremidade final da vagina até o hí-

Mnadjra, em Malta. Um portal ou passagem para o templo dedicado ao feminino.

men, ou Véu; o Vestíbulo, ou a própria vagina; e o santuário interior, ou Santo dos Santos, o útero. O sacerdote, vestido como um pênis, ungido com diversas seivas e resinas, que representam o sêmen divino, entra pelo Pórtico, ou "lábios" da vagina, passa pelo Véu, ou "hímen", e então entra no Vestíbulo.

Claro que, se o Templo simplesmente não existiu, esse era um elemento simbólico da regeneração do eu, exigida pelas crenças gnósticas. O elemento simbólico dos atributos femininos se relacionaria inteiramente com a presença de Asera (como a *Deusa do Templo*) e com a estaca de Asera (como o falo masculino), significando a unidade do macho e da fêmea dentro do verdadeiro Templo. Isso explicaria a troca da palavra feminina *Asera* para a versão masculina *Asherim*. Mesmo o Evangelho de Filipe diz-nos que o Templo significa unidade: "O Santo dos Santos é a câmara nupcial." Mas o que nos diz a Bíblia?

No quarto ano, no mês de Ziv, tinham sido lançados os fundamentos da casa do Senhor. No ano 11, no mês de Bul, que corresponde ao oitavo mês, estava terminada a casa de acordo com todos os planos e requisitos. Salomão a levantou em sete anos.

— I Reis 6:37-38

Aqui temos uma indicação da verdade. O período de *sete* foi utilizado para a construção do Templo. Há as sete rodas da vida, os chakras, antes de alcançarmos a verdadeira iluminação, e isso está na raiz da verdade por trás do Templo de Salomão.

Há outras evidências mostrando que o Templo era puramente uma metáfora e que jamais existiu na realidade. O Templo de Salomão foi chamado de *Templi omnium hominum pacis abhas,* que significa *Deus do Templo da Paz entre os homens.* Abreviado, isso reverte em *Tem Oph Ab.* Quando escrito de trás para a frente, temos *Baphomet.* Baphomet, claro, é a cabeça que os templários eram acusados de venerar. *Baphe* significa "imersão" (como no antigo "baptismo") e *metis* significa "sabedoria".

Portanto Baphomet é, na verdade, a imersão de alguém na sabedoria. Esse é o verdadeiro Templo.

Os templários eram acusados de venerar sua própria cabeça, como a cabeça elevada de Hirão, por exemplo, que era tão-somente a imersão na sabedoria interior. Isso era uma heresia; mas, por alguma razão, foi permitido que ela se desenvolvesse. Parece até que a religião organizada estava dando corda para os templários se enforcarem.

Esse é o grande segredo dos templários. A verdade sobre o Templo de Salomão é que os templários descobriram algo, logo após a Primeira Cruzada, que poderia muito bem ter sido encontrado na Europa — os templários descobriram a *si mesmos*. Precisamos agora investigar dois dos principais atores que supostamente transitaram nos grandes corredores do poder no século X a.C.: Salomão e a rainha de Sabá.

Salomão

O nome grego *Solomon* deriva do hebraico *Sh'lomoh,* que quer dizer "pacífico", e nos dá os nomes árabes *Solimão* ou *Suleyman.* Há muitos autores que afirmam que *Sol Om On* são três diferentes títulos para o deus sol. Isso faz todo o sentido — a divindade solar está dentro de cada um de nós, e é onde encontramos a verdadeira sabedoria. Esse sol interior é iluminação, luminosidade e brilho. A palavra pode também derivar de *Salim,* com o significado de "totalidade" (visto na frase *Jeru Salim*). Isso também faz sentido, pois vimos que unidade e unicidade são de extrema importância para atingirmos a iluminação.

Historicamente, Salomão foi o terceiro rei de Israel e o herdeiro escolhido por Davi. Dizem ter sido o homem mais sábio que jamais existiu e o autor de Eclesiastes e do Cântico dos Cânticos, assim como de muitos provérbios e salmos. Supõe-se que Salomão cresceu em um ambiente familiar polígamo, com Davi e suas dezoito esposas. Sua mãe era Bate-Seba [Bathsheba] outro exemplo de repetição na Bíblia: *bath* significa *casa de; Sheba* significa *Sabá, o reino dos sabeus.* Assim, o rei Davi casou-se ou

O olho de Deus equilibrado e luminoso, daí a iluminação e a totalidade.

estava em união com a Casa de Sabá. Salomão era o resultado sábio, a luminosidade ou iluminação, vistos em seu nome, que significa "sol".

Davi tomou Bate-Seba de Urias e criou o salvador rei Salomão. Nas lendas de Artur, passa-se o mesmo quando Uther Pendragon toma Igraine do marido para gerar o salvador rei Artur. Artur acaba casando-se com a rainha das serpentes, Guinevere, exatamente como Salomão acaba casando-se com a rainha de Sabá, a terra das serpentes. É esse processo repetitivo que nos ensina.

É claro que não há evidência da passagem de qualquer uma dessas pessoas pela Terra, além daquilo que é narrado nos textos bíblicos e religiosos. Não há qualquer evidência arqueológica ou histórica da existência de Salomão. Precisamos, portanto, assumir como *puramente simbólico* tudo o que foi dito sobre ele. Desse modo, sua história se tornará clara.

Podemos constatar isso na lenda que descreve como Salomão soube da existência da rainha de Sabá. A história relata que, certa noite, ele convidou todos os pássaros do mundo para cantar para seus convidados.

Entretanto, estava faltando um pássaro — uma poupa, ou um abibe. Segundo Harold Bayley, em *The Lost Language of Symbolism,* a palavra *hoop* [poupa é *hoopoe,* em inglês] significa *olho brilhante.* Salomão ficou furioso e ordenou a busca do pássaro. Finalmente ele foi encontrado e repreendido por sua ausência. Mas o pássaro explicou que acontecera o oposto. Ele estivera ausente, procurando no mundo todo encontrar alguém que não conhecesse as maravilhas do reino de Salomão. Até que achou uma terra chamada Sabá, governada por uma linda e sábia mulher, a rainha Balquis (Belqis). Aquela terra não sabia da existência de Salomão. Os habitantes da região não conheciam a guerra e a paz reinava ali (o que mostra o lado pacífico de Sabá em oposição à raiva belicosa de Salomão).

O rei então escreveu uma carta à rainha, prendeu-a no pássaro e mandou-o de volta à Sabá. Na carta, ele a convidava para visitá-lo e prestar-lhe tributo. Se ela assim fizesse, continuaria dona de sua terra; caso contrário, ele a tomaria pela força. Os conselheiros da rainha foram contrários à visita, mas ela respondeu à carta de Salomão dizendo que, embora a viagem levasse sete anos, se esforçaria para chegar em três. Quando ela chegou, foi recebida com grande honra e encaminhada diretamente para a sala do trono, próxima ao rei.

Dissecar essa pequena amostra de folclore é muito simples. O pássaro, a poupa, é nosso espírito ou consciência. Ele transita entre os dois lados da nossa mente. Um lado é belicoso e poderoso; o outro é pacífico, forte e sábio. Os dois lados precisam estar em união para ter o conhecimento total um do outro (assim como Sabá não tinha conhecimento de Salomão, e Salomão não sabia da existência da rainha de Sabá, até que o espírito fez o contato entre eles). O pássaro é a nossa consciência — a percepção da dualidade dentro da nossa mente. A menos que saibamos que temos personalidades separadas ou aspectos duplos, não conseguimos encontrar o equilíbrio. Esse processo leva um período de sete anos. Mas como os dois lados estão chegando ao equilíbrio juntos, a rainha de Sabá completa sua viagem em três anos. Isso reflete os sete aspectos ou níveis do Kundalini — em equilíbrio. É um método de ensino para nosso próprio equilíbrio interno. Precisamos todos reconhecer que estamos desequilibrados, mas para isso é necessário ter conhecimento do outro lado. Se não tivermos conhecimento de ambos os lados, então como chegaremos ao equilíbrio? Precisamos de uma mudança interior para encontrar esse conhecimento, e então devemos passar por um período de viagem ou jornada para descobrir essa união de opostos e nos tornarmos seres perfeitos.

A Rainha de Sabá

A lendária rainha de Sabá deu origem a centenas de filmes e milhares de livros. Ela só se iguala à rainha egípcia Cleópatra, que morreu com a ajuda de uma serpente. Há poucas mulheres na História que cativaram tanto a imaginação da humanidade. Mesmo assim, exatamente como o rei Salomão, a rainha de Sabá nunca existiu. A história dela foi repetida muitas vezes e em muitos contextos, mas não há sequer uma migalha de evidência de sua existência, fora os textos religiosos da Bíblia, do Alcorão, do Kebra Nagast e de alguns outros. Como acontece com Salomão, o verdadeiro nome da rainha de Sabá é um enigma.

Vamos dar uma olhada na vida e na época de Sabá e Salomão, como eram vistas pelas fábulas da religião ortodoxa popular. Segundo a história bíblica:

A rainha de Sabá teve notícia da fama de Salomão e foi a Jerusalém a fim de o pôr à prova com enigmas. Ia acompanhada de enorme séquito e com muitos camelos, carregados de preciosidades, ouro em quantidade e pedras preciosas. Ela visitou Salomão e conversou com ele sobre tudo que tinha em mente.

— II Crônicas 9:1

Aqui a vemos retratada em pé de igualdade com Salomão, apesar de, em outras lendas, as autoridades patriarcais tenderem a diminuir sua posição. Essa igualdade é o equilíbrio da sabedoria com o comportamento agressivo e enérgico de Salomão. Salomão desempenhava o elemento masculino, energético e positivo do processo de dualidade. A rainha de Sabá, sua contrapartida feminina e passiva, é enviada para questionar e levar presentes de sabedoria (especiarias, ouro e, especialmente, jóias). Ela, sendo a rainha da Terra da Paz, só fala de paz com Salomão (tudo o que está em sua mente), e eles ficam em equilíbrio. Devemos observar também que ela leva ouro e jóias — ambos símbolos de divindade e sabedoria.

A história prossegue relatando como a rainha percebe que a sabedoria de Salomão é boa e valiosa, e como eles dois são iguais. Essa igualdade é exercida quando eles se presenteiam mutuamente. Para poder enxergar mais profundamente por que a rainha de Sabá foi escolhida como um elemento simbólico na literatura de sabedoria, precisamos olhar em direção à sua terra natal, um lugar hoje chamado de Etiópia, mas que já foi conhecido como Cuche.

Os Cuchitas

Os cuchitas eram simplesmente *o povo de Cuche (Kush)*, que é a moderna Etiópia. Hargrave Jennings, em sua fabulosa obra *Ophiolatreia,* salienta que eles eram chamados de *filhos de Vulcano.* Vulcano é o deus pai egípcio Ptah, equiparado ao Enki mesopotâmico (o deus serpente), que dá o conhecimento ao primeiro casal e diz a Utnapishtim para construir uma arca a fim de se preparar para o dilúvio. O filho de Ptah é o egípcio Imhotep, ou o grego Esculápio, ambos deuses serpentes da cura. Imhotep é também o primeiro construtor e arquiteto; ele está envolvido com as sociedades maçônicas.

Os cuchitas, ou povo de Cuche, eram filhos de Vulcano (*can* significa "serpente", enquanto *volo* significa "vontade") e, portanto, adoradores da serpente, similares aos veneradores de Imhotep ou Esculápio. Eles eram descendentes de Enki, aquele que deu a gnose a Adão e Eva e disse a Noé para construir sua arca. Diz-se que os cuchitas mudaram-se para o Egito, depois para a Síria, então para perto do Eufrates e também para a Grécia, difundindo o culto à serpente entre as grandes civilizações.

Loja maçônica em Llanfairfechan, Gales.

Talvez os cuchitas tenham tido ligações temporárias com os sacerdotes babilônios e os nergais, de Cuta, onde se situava a cidade de Opis (que significa "serpente"), à beira do rio Tigre.

Os etíopes parecem ter sido grandes adoradores da serpente e ter dado origem ao culto à serpente em outras terras, como o Egito, a Síria e a Grécia. Mas existe um elemento aqui, além da serpente, que serve de fio condutor entre todos eles — a arca. Agora, essa *b'arca* [arca ou *barca*], é tanto a arca de Noé, carregando as esperanças da humanidade, como a arca da Aliança.

Na lenda egípcia, a b'arca solar é usada pelos deuses para penetrarem no Tuat, ou mundo subterrâneo:

> O Outro Mundo, conhecido como Tuat, divide-se em doze seções ou países; cada seção tem seu próprio nome e é separada

da próxima por uma entrada vigiada por um guardião. As seções correspondem às doze horas da noite. A barca solar [b'arca] está repleta de deidades que protegem o deus de todos os perigos da Noite; e é pilotada, por meio de cada seção, pela deusa daquela hora, que é a única que conhece a senha para a passagem no final de seu domínio; sem essa senha, nem mesmo Ré teria permissão para ir além. O Sol morre no crepúsculo e é apenas seu cadáver que entra no reino da Noite. Dois grandes eventos ocorrem durante a jornada. O primeiro é a tentativa permanente da terrível e atemorizadora serpente Apófis (Aa-pep) de destruir o Sol, uma tentativa que é sempre frustrada pelos guardiões da divindade; o outro acontecimento é que Khepri, na forma de um escaravelho, espera a chegada do Sol morto para então sua alma e a alma de Ré se unirem. Khepri significa a existência, portanto Vida. A alma de Ré é assim revivificada, e ele chega vivo no nascer do sol; seu corpo morto é despejado da barca antes que ele se levante na terra do Egito.[2]

Gostaria de observar que Apófis, a serpente do Outro Mundo, é vista como um agressor; assim as serpentes do Outro Mundo são, às vezes, protetoras e, outras vezes, hostis, revelando seu propósito dual. Por exemplo, a serpente Mehen é retratada cobrindo a b'arca com seus anéis para protegê-la dos ataques de Apófis — a serpente agressiva. Se a b'arca tiver surgido como uma idéia da África, e a serpente com ela, então isso é uma revelação da natureza dual do homem. Em outras histórias, especialmente as relacionadas ao *reino de Sokar,* a b'arca é transformada em uma serpente e Osíris (Sokar) viaja pela barriga da serpente. Qualquer que seja o verdadeiro significado de tudo isso, a serpente está intrinsecamente envolvida com a b'arca.

A b'arca está repleta de deidades para nos proteger em nossa viagem espiritual. A jornada é um processo repetitivo, não somente porque o Sol repete seu ciclo todos os dias, mas porque precisamos também repetir o ciclo a fim de melhorarmos. Essa idéia não é diferente das versões hinduísta e budista sobre escapar do *samsara* (a roda da vida ou os ciclos) em direção ao *nirvana* (uma espécie de paraíso, ou libertar-se dos ciclos). Está incluída aí a idéia de reencarnação — afinal, todas essas origens serpentinas têm a mesma raiz. Mesmo no cristianismo havia, em seu início, o conceito de reencarnação.

> Outra teoria do Além-mundo, e que recebeu pouca atenção dos egiptólogos, é a teoria da reencarnação. Heródoto é bem preciso em relação a esse assunto: "Os egípcios foram os primeiros a afirmar que a alma do homem é imortal e que, quando o corpo perece, ela entra em algum outro animal, surgindo continuamente; e depois de passar por diferentes tipos de seres terrestres, marinhos e aéreos, ela entra novamente no corpo de um ser humano que nasceu; essa revolução leva três mil anos para acontecer. Os gregos adotaram essa opinião, alguns mais cedo, outros mais tarde, como se fosse deles; mas, embora eu saiba seus nomes, não os menciono." Essa declaração de Heródoto é totalmente extraída da evidência egípcia. Como é comum em todos os aspectos da religião egípcia, a faculdade da reencarnação era originalmente inerente somente ao faraó. Os nomes *ka* dos dois primeiros reis da 12ª dinastia mostram isso claramente; o título que acompanhava Amenemhat era "aquele que repete os nascimentos", e o de Senusret era "aquele cujos nascimentos vivem".[3]

Mesmo no Egito, a reencarnação e o elemento da existência eterna da alma são conhecidos. Isso remete a outras regiões onde havia o culto à serpente, como a Índia.

Voltemos à arca, ou b'arca, que levava os deuses e os protetores em seu percurso através do Outro Mundo. A b'arca conduzia-os numa jornada rumo ao renascimento, jornada que equilibrava a serpente protetora e destrutiva. Em primeiro lugar, temos a arca de Noé, uma história que sabemos remontar à Suméria e a Enki, o Senhor serpente. Simbolicamente esse barco não difere daquele do Egito, em que um bom homem,

Arca da Catedral de Lincoln. Observe que o sacerdote tem chifres; portanto, a iluminação.

escolhido pelo Senhor, viajou durante um período específico cumprindo uma jornada fabulosa e perigosa dentro de uma arca. A história da arca muda, contudo, quando descobrimos a arca da Aliança. Ela não parece estar nem um pouco relacionada à b'arca! Mas está. A arca da Aliança é dada ao povo de Israel para protegê-lo em sua jornada. A arca é o instrumento usado para ligar o povo a seu Deus e foi colocada no alto do tabernáculo, ou templo móvel — sendo encontrada mais tarde no próprio Templo de pedra, no Santo dos Santos.

Em Isaías 37:14-16, há uma menção peculiar ao fato de que Ezequias cultuava o "(...) Deus de Israel, que habitas entre os querubins". Naturalmente, esses querubins estavam ali para proteger a Arca, portanto o que ficava entre eles era a própria Arca. Isso é peculiar, porque o que "habitava" a Arca era o *Cajado de Aarão,* que havia se transformado miraculosamente em uma cobra (e era, ela mesma, um símbolo do culto à serpente) no exato momento em que Moisés levantava a Serpente de Bronze no deserto. Muito esclarecedor, já que se dizia que Deus só estaria onde a Arca estivesse; ele a habitava. Estranhamente, é depois da época de Ezequias que a Arca se perde para a História, nunca mais tendo sido vista. O culto à serpente é obviamente abafado em favor do monoteísmo.

Eu gostaria de deixar de lado a Arca, por um momento, para examinar os querubins mencionados em relação a ela. Em Gênesis 3:24, temos o seguinte versículo:

Tendo expulsado o homem, colocou diante do jardim do Éden os querubins com o cintilar da espada fulgurante, para guardar o caminho da árvore da vida.

Aqui estão os mesmos querubins usados para guardar a Árvore da Vida, que está no centro do jardim. Essa Árvore da Vida é o *axis mundi* (estaca ou coluna vertebral). É o método vertical de obter a verdadeira vida. Nessa árvore sobem as serpentes gêmeas trazendo a iluminação, segundo a tradição Kundalini. O mesmo aparato é usado na Pérsia, onde inúmeros servidores estão protegendo a árvore *Hom*, situada no *Heden*.

Os querubins também são os mesmos *kherufu* ou *kherubs,* que sustentavam o Sol no horizonte — eram os elementos iluminados entre os poderes equilibradores. Eles também são semelhantes aos *cherubs* da Assíria, da Babilônia e aos do Oriente: fabulosas bestas aladas parecidas com os grifos medievais. Em essência, os querubins são serpentes ou dragões guardiães. Eles são os poderes que despertamos dentro de nós mesmos, equiparados à energia da serpente e que precisamos usar para nos proteger das influências externas que fariam com que nos perdêssemos pelo caminho. Eles são vistos pelo mundo todo sob uma forma ou outra. Na Índia, o monte Meru é guardado pelo dragão; Meru é um outro *axis mundi* ou um símbolo da estaca. Alcançar o topo da montanha-mundo é chegar ao paraíso, da mesma maneira que precisamos fazer as serpentes subirem até o alto da árvore. Assim, a Arca é equiparada à Árvore da Vida, e a montanha-mundo, como ela, é guardada por duas

182 GNOSE

bestas divinas. Fazem, portanto, parte de nós, do mesmo modo que a árvore e a montanha. Quem quer que tenha ficado com a Arca física (se alguma vez ela existiu) pode muito bem ter tido a segurança dela em mente. O segredo seria crucial numa tarefa como essa.

O filho de Ezequias, *Manassés* (687–642 a.C.), acabou provocando sua própria condenação ao adorar imagens esculpidas, erguer mais bosques para Asera e cometer muitas maldades. A imagem do bosque do qual fala II Reis 21:7 é, de fato, a imagem de Asera. Em 628 a.C., Josias livrou o Templo de todas as imagens. Ele mandou queimar a estaca de Asera no rio Cedron (II Reis 23:6). Apesar disso, Ezequiel, um século depois, culpa Josias por ter mandado pintar as paredes com imagens idólatras. Em *Peake's Commentary on the Bible,* o autor "vê murais contendo figuras de 'coisas rastejantes' e outras cenas mitológicas (...) o que parece indicar práticas sincréticas de origem egípcia".

Em 520 a.C., a Pérsia, a primeira nação indo-européia, conquistou a Babilônia. É relatado em *Elephantine Papyri,* de Bezalel Porten, que "os persas puseram abaixo todos os templos dos deuses do Egito, mas não causaram qualquer dano" ao Templo judaico. A influência religiosa dessa invasão persa-indiana deve ter tido também influências sociais, especialmente tendo em vista o zoroastrismo.

Agora chegamos ao país da rainha de Sabá — a Etiópia. A razão de chegarmos nela é simples. Alguns estudiosos declararam que a Arca está na cidade de Axum, na Etiópia. Amós, escrevendo no século VIII a.C., disse: "Não sois vós como os filhos dos etíopes diante de mim, Ó filhos de Israel? Pergunta o Senhor."

A palavra "Etiópia", embora muito discutida, provém diretamente da cobra, como em *aithiopians,* proveniente de *Ath-Opis,* o deus cobra que os etíopes cultuavam. Eles eram vistos como filhos da cobra. Portanto, o Senhor vê os filhos de Israel como filhos da Etiópia, ou povo da cobra. Na verdade, é provável que houvesse um fluxo migratório de hebreus cruzando o Egito e indo para Axum ou para a Abissínia. De acordo com o livro santo e a lista de reis da Etiópia, o *Kebra Nagast,* escrito no século

XIII d.C., a Arca foi levada para a Etiópia por Menelik, o lendário sábio, filho da rainha de Sabá e de Salomão.

Não causa surpresa, portanto, o fato de que os etíopes, sem saber, ainda venerem a serpente no culto religioso *Betre Aron* da Igreja Copta etíope e no *Boku Rod* da procissão *Oromo Gada,* em Axum. Segundo a história religiosa oficial da Etiópia, a serpente *Arwe Waynaba* é o único governante mencionado para os primeiros séculos de história registrada. A rainha de Sabá (ou como era conhecida por um de seus outros nomes, *Makeda*) era filha de um homem chamado *Angabo.* Diz-se que ele tentou acabar com a veneração à serpente, mas esta continuou secretamente.

A idéia da serpente em Axum tem muitas tradições por trás de si. Por exemplo, diz-se que certa vez um rei serpente chamado *Arwe* ou *Waynaba* (naja) reinou sobre a terra, cobrando o tributo de uma jovem a cada ano. Isso reflete a memória social do culto à serpente na região. Finalmente, Angabo, o pai da rainha de Sabá, chegou à cidade, salvou a jovem escolhida e matou na mesma hora o rei serpente. O povo então elegeu Angabo como rei. Seu sucessor foi Makeda — a rainha de Sabá. Algumas lendas dizem que a própria rainha teria sido a vítima intencional do sacrifício. Entretanto, os elementos essenciais dessa história são a época e o lugar: todas as lendas se referem às remotas origens da história etíope. Nathaniel Pearce, que viveu na Etiópia no início do século XIX, relata como essas histórias ainda eram correntes entre os modernos etíopes; "À noite, quando me sentava com Ozoro, ela me contava inúmeras lendas tolas sobre Axum, entre outras uma longa história sobre uma grande cobra que governou o país (...) que algumas vezes morava em Temben, embora das duas, Axum fosse sua residência favorita".

Mais tarde mostraram a Pearce o que parecia ser um espremedor de frutas, mas que ele interpretou como sendo "feito pelos antepassados para preparar algum tipo de cimento de construção". Sua amiga etíope lhe contou que aquela peça, na verdade, tinha sido projetada como um recipiente para comida de cobra. Caí na risada diante da ligação da comida de cobra e do cimento com o mesmo recipiente, como se fossem ambos indicativos do corpo e da alma do homem. Somos o alimento para a serpente sábia, que é tão simbólica, e fazemos de nós mesmos o Templo!

É altamente improvável que qualquer uma das lendas em torno de Axum seja literal. O mais provável é que algumas das lendas sobre Salomão e a rainha de Sabá sejam tentativas posteriores de cristianizar a região, ao passo que outras são memórias populares do antigo culto à serpente. Com relação à serpente, ela foi transformada em um terrível monstro que devorava meninas. A verdade é o aspecto oculto do *Cajado de Aarão* e a *Asera* — antigos símbolos de cura relacionados à serpente. Mais uma vez, o cristianismo destruiu nosso passado.

Então, na Etiópia, temos uma história do culto à serpente, em mito e lenda. A rainha de Sabá era vista como um sacrifício oferecido à cobra. Ela é uma versão de Asera e, quando parte de sua terra para visitar o apaixonado rei Salomão, ela está entrando no Templo como uma rainha serpente. Na verdade, seu culto não se extinguiu, ele se tornou o elemento uterino do Santo Graal de um modo que os leitores do *Código Da Vinci* jamais imaginariam.

O Sacro Catino

O *Sacro Catino* é uma relíquia da Terra Santa. É um grande prato feito de vidro verde que os cruzados tomaram durante o saque de Cesaréia em 1101 d.C. Dizia-se que ele fora dado a Salomão pela rainha de Sabá e passara por várias gerações até seu uso na Última Ceia. Revela-se assim a crença constante na serpente sábia e na dualidade entre a serpente feminina e sua contrapartida masculina nos rituais e crenças ocultas do cristianismo.

A rainha de Sabá foi ao encontro de Salomão, e eles se equiparavam. Ela era a rainha serpente de uma terra serpentina. Era a indicação do aspecto feminino de Asera, que estava dentro do próprio Templo. Foi chamada de *Astar,* com o significado de "útero". Surpreendentemente, Makeda (a rainha de Sabá) era também conhecida como *Magda,* que significa "grandeza". Fiquei sempre imaginando se o nome *Maria Ma-*

dalena era usado propositalmente como uma alusão a essa antiga deusa serpente.

O Alcorão nos conta que Salomão viajou para o sul a fim de se encontrar com a rainha na capital de Sabá. Embora aí haja uma discrepância em relação às histórias cristãs, trata-se apenas de uma ligeira diferença. De um modo ou de outro, a união está completa — a sabedoria e o poder masculino com a sabedoria e a paz feminina. Consta que a rainha gerou um filho de Salomão, chamado *Menelek,* que é o resultado simbólico usual dessa união. Seu nome árabe é *Ibn al-Hakim, filho do homem sábio.*

Segundo a tradição árabe, a rainha de Sabá (conhecida entre os muçulmanos como *Belqs*) governava com o coração de uma mulher e a cabeça de um homem, e venerava o Sol e a Lua — revelando seu perceptível equilíbrio interno. Ela é retratada em muitas lendas do folclore árabe, em particular na miraculosa transferência de sua corte e do seu trono para o palácio de Salomão, que simboliza a elevação da serpente para o lugar de paz e equilíbrio. Mesmo os presentes da rainha para Salomão revelam o equilíbrio. O olíbano foi um dos primeiros produtos fabricados pelos sabeus, e era um antídoto de venenos.

Sabá (assim como sabeu) significa *Exército do Paraíso e da Paz* e era uma região muito maior do que a Etiópia dos nossos tempos. Ela ficava no extremo do Mar Vermelho, incluindo os atuais Iêmen e Etiópia. Mesmo nas descrições do povo de Sabá temos uma dualidade peculiar em jogo. São descritos de diferentes maneiras: como tendo cabelos extremamente crespos ou escorridos, com a face negra e, contudo, iluminada por seu deus.

A visita da rainha de Sabá a Salomão representa o lado pacífico de nós mesmos encontrando e equilibrando o nosso lado mental poderoso, mas muitas vezes belicoso. Juntos, e em equilíbrio, ambos se tornaram fortes e deram à luz nosso verdadeiro eu, que está representado no filho salvador. Mas o processo é repetitivo e precisa ser constantemente reciclado, se quiser permanecer um instrumento poderoso. Nas histórias, isso fica implícito quando a rainha de Sabá abandona Salomão. Depois que ela parte, Salomão continua a escrever palavras sábias, mas Israel, como um todo, se deteriora, exatamente como a Inglaterra perde sua fertilidade quando Artur se separa de Guinevere. As lendas são as mesmas e têm o mesmo significado antigo e sagrado — que precisamos trabalhar muito para manter o equilíbrio, ou corremos o risco de perder tudo. Salomão sabia dessa verdade e tentou recobrar seu outro lado erigindo templos a Asera (sob muitos nomes diferentes). Mas isso era falso; existe um elemento em nós mesmos que acredita que encontramos o equilíbrio quando, na realidade, não o fizemos.

Salomão se tornou agressivo em suas tentativas de recuperar sua rainha perdida, alienando-se daqueles que o rodeavam, como fazemos quando nos tornamos deterministas e autocentrados. Ele elevou os impostos para pagar os templos e fez seu próprio povo trabalhar forçado. No final, o resultado foi a ruptura de Israel. Será essa a verdadeira razão de se dizer que a Arca reside na Etiópia? As tradições declaram que Menelek, o filho de Salomão e da rainha de Sabá, pegou a Arca e enterrou-a em uma câmara subterrânea. A Arca, como instrumento para se falar com Deus, não estava mais com Salomão, já que ele tinha perdido todo o equilíbrio. Ele não se conhecia mais. Menelek, como o produto da união, é o verdadeiro centro divino de Salomão, e Menelek escondeu-o de seu próprio ego.

O coroamento glorioso da simbólica e sábia vida de Salomão foi o Templo. O fato de que a história de Salomão e a rainha de Sabá seja uma história antiga de sabedoria e ensinamento psicológico não nos deixa outra opção a não ser encarar o próprio Templo como puramente simbólico. Essa é a verdade sobre o Templo — ele não existiu. É um símbolo do nosso crescimento espiritual.

Podemos, entretanto, ver no termo *Shiloh* um pouco do que essas histórias queriam dizer com relação ao Templo. Essa palavra hebraica designava os templos de pedra israelitas ou casas de Deus. De fato, ela significa "messias". Em Gênesis 49:10 encontramos o uso da palavra, o que prova sua etimologia:

O cetro não se afastará de Judá, nem o bastão de comando de entre seus pés, até que venha *Shiloh*, e a quem devem obediência os povos.

Shiloh é o homem perfeito, aquele em contato com a divindade — ou como chamaríamos hoje, *em contato consigo mesmo*. Esse indivíduo é igualado ao Templo ou à casa de Deus, já que ele é verdadeiramente a casa de Deus, porque só ele pode alcançar Deus, que é ele mesmo.

Mas ainda há aqueles que acreditam que o Templo realmente existiu e está atualmente oculto sob as pedras de Jerusalém. Pense nisso, e a verdade vai se revelar para você. Vimos como o Senhor disse a seu povo para construir o Templo sem o uso de ferramentas, pois isso seria uma afronta a ele. A razão é simples: nós já sabemos que a verdadeira divindade ou Senhor da Iluminação é a verdadeira Gnose do eu. É a Realidade Interior, e se essa Realidade Interior precisa de um Templo edificado, então é o Templo do corpo físico e espiritual. Nenhuma ferramenta é necessária para esse trabalho, já que seria uma afronta ao nosso próprio intelecto.

Vemos também que aquele a quem foi dado o poder de construir o Templo era outro personagem ficcional, Hirão, um homem equilibrado e com sete níveis de habilidades, semelhante ao método kundalini para alcançar a iluminação. Esse homem era a *cabeça/cobra elevada*, semelhante ao aspecto kundalini do *ponto bindu* ou do *kether cabalístico*.

Acrescido a isso, o nosso Templo precisa ter a Deusa Interior, ou Asera, que é retratada na Bíblia como uma estaca com a serpente entrelaçada — mais uma vez, exatamente como o Kundalini a representava. Essa *Deusa Dentro do Templo* simboliza a nossa própria energia serpentina. O verdadeiro Templo é construído pelo rei e pela rainha em equilíbrio.

As Colunas Gêmeas

Embora tenhamos tratado dessas colunas no capítulo anterior, precisamos agora considerá-las à luz deste novo conceito — que todas as coisas relacionadas com o Templo (como o próprio Templo) são puramente simbólicas.

Um dos primeiros e mais importantes elementos do suposto Templo físico são as colunas chamadas *Jaquim* e *Boaz*. Esses símbolos tornaram-se físicos quando foram construídos pelos franco-maçons em todo o mundo. Por exemplo, na capela Rosslyn há duas maravilhosas colunas, que são motivo de controvérsias há décadas, mas que verdadeiramente significam os segredos arcanos do Templo. Evidentemente, tanto o Graal quanto a cabeça de Jesus são (simbolicamente) a mesma coisa, e assim, em um certo sentido, Rosslyn contém o segredo supremo.

Coluna do Aprendiz, em Rosslyn.

As colunas do Templo de Salomão eram feitas de bronze, assim como a Serpente de Bronze de Moisés. Elas se localizavam bem na entrada do Templo. Esse posicionamento é importante na nossa interpretação. Para entrar no lugar onde existe a conexão com a Divindade, ou o eu, precisamos estar equilibrados. Isso é representado simbolicamente pelo ato de caminhar entre as colunas. Podemos também dizer que as colunas são pernas e é necessário andar por entre elas para entrar no útero da deusa. Elas representam duas coisas pelo meio das quais precisamos passar — equilibrados.

A coluna à direita é chamada Jaquim. Pronunciada *Yakini*, a palavra realmente quer dizer "Um" e significa unidade e inteireza — algo que, no simbolismo, é de suprema importância para alcançarmos a verdadeira Gnose. Também significa *ele estabelecerá* e, juntamente com Boaz, significa *ele fornece toda a força*.

Boaz, a coluna à esquerda, vem do radical *awaz,* significando "voz" ou *Torá, a palavra da Criação*. Ambas as colunas compõem o *vitríolo* dos alquimistas, a força vital da criatividade. Em palavras simples, não podemos nem ao menos pensar em entrar no Templo até termos passado entre as colunas da criação e da inteireza. É claro que devemos nos lembrar que Salomão, assim como Salim, significa *inteireza*.

A Planta Baixa

A planta baixa do Templo é conhecida como *tabnit,* que dá origem à palavra "tabernáculo". A palavra apresenta significados variados: projeto, estrutura, modelo ou forma, e é também usada na expressão *o modelo do homem*. Embora muitos considerem que o Templo de que tratamos neste livro seja uma criação de Salomão, na verdade ele teria sido idealizado por Davi, seu pai. Davi teria recebido o modelo por inspiração divina, do mesmo modo que Moisés recebeu a inspiração para o tabernáculo. Assim como Moisés jamais entrou na Terra Prometida, o rei Davi jamais construiu o Templo. Isso foi deixado para Salomão, seu filho.

Tabnit também se relaciona com *banah,* que basicamente significa "construir" e é empregado tanto para edificações como para famílias. Os termos são intercambiáveis, por isso é difícil saber a intenção original dos autores. Tudo o que realmente sabemos é que Salomão construiu o Templo, enquanto se deve a Davi o modelo. É claro, esse vínculo entre "modelo e construção" e "pai e filho" implica que o pai forneceu o modelo para o crescimento de seu filho. Transferindo isso para dentro de nós mesmos, significa que precisamos dar vida e forma ao nosso verdadeiro eu interior a fim de que ele cresça e dê frutos.

Desse modo Salomão construiu o Templo em lugar de seu pai, e o Senhor então disse a ele:

> Quanto a este Templo que tu edificas, se obedeceres às Minhas leis, praticares os meus Mandamentos e observares todos os Meus preceitos, seguindo-os cuidadosamente, cumprirei em ti as promessas que fiz ao teu pai Davi: permanecerei no meio dos filhos de Israel e não abandonarei Israel, meu povo.
>
> — I Reis 6:12-13

A Escada de Jacó

Retornemos ao Gênesis, com o versículo 28, para novas revelações:

> Jacó, partindo de Bersabéia, tomou o caminho de Harã. Chegou a um lugar, e ali passou a noite, porque o sol já se tinha posto. Serviu-se como travesseiro de uma das pedras que ali se encontravam, e dormiu naquele mesmo lugar. E teve um sonho: via uma escada, que, apoiando-se na terra, tocava com o cimo o céu; e anjos de Deus subiam e desciam pela escada.
>
> — Gênesis 28:10-12

Mais adiante, Jacó diz que o lugar era impressionante e certamente Deus estava lá. Ele disse ainda mais: "É nada menos que a casa de Deus;

OS SEGREDOS DE SALOMÃO 191

é aqui, a porta do céu." Jacó estava à procura de uma esposa com quem pudesse se unir e começar a modelar e constituir uma família — a família que se tornaria Israel. Supostamente isso se realizou, pois as duas mulheres de Jacó eram chamadas de construtoras. Mais uma vez, não há qualquer evidência da veracidade dessa história. O que temos realmente é o homem que se tornará Israel. Se dividirmos a palavra em *Is Ra El,* então teremos três elementos constitutivos da divindade solar ou do aspecto iluminado de nós mesmos. *Is* significa "luz", *Ra* é a divindade solar egípcia, e *El* quer dizer "brilho". Talvez isso pareça controverso e o significado real seja simplesmente *aquele que luta com Deus,* como é visto no constante questionamento de Jacó. Mas, muitas vezes, a etimologia funciona desse modo — com significados em vários níveis.

Para o cabalista, a escada de Jacó tornou-se uma visão alquímica poderosa, e é outro modo de expressar a localização da supraconsciência — a visão dos elementos subatômicos sendo despertada, ou ajudada, por Jacó ter pousado a cabeça sobre uma pedra. O folclore e as tradições irromperam em volta dessa pedra graças à importância que muitos viram nela. Segundo alguns, foi levada para o Egito ou transferida para outro lugar pelos israelitas. Algumas pessoas acreditam mesmo que ela é a pedra dos *Tuatha de Danaan.* Para outros, ela se tornou a *Pedra de Scone* ou *do Destino,* sobre a qual os reis e as rainhas da Grã-Bretanha têm sido coroados. No entanto, as pessoas estão procurando uma pedra real, onde de fato existia um ensinamento literário. O Senhor estava naquele *lugar,* e em todos os outros lugares que Jacó decidisse, porque Ele está dentro — Ele é Jacó, e você, e eu. Nós todos temos essa divindade dentro de nós. Todos nós podemos nos conectar com o estado quântico que denominamos *o vazio,* só precisamos aprender a construir esse Templo.

Capítulo 10

Místicos, Alquimistas e Gnósticos

Toda vez que encontrar em nossos livros um conto, cuja realidade pareça impossível; uma história, que seja contraditória tanto diante da razão como do senso comum, esteja certo então de que a história contém uma alegoria profunda encobrindo uma verdade misteriosa; e quanto maior o absurdo da letra mais profunda a sabedoria do espírito.

— Rabino Moisés Maimônides

Agora conhecemos o segredo do Templo de Salomão — que ele é apenas um recurso de ensino utilizado simbolicamente ao longo dos anos para nos ajudar a atingir a iluminação. Sabemos que o Templo existe dentro da humanidade. Deveríamos agora conseguir entender os textos e os enigmas que não fomos capazes de compreender antes. Com nosso novo entendimento, ganhamos mais visão. Podemos ler novamente e enxergar onde antes estávamos cegos. Este capítulo inclui novos lampejos intuitivos de vários místicos, alquimistas e outros expoentes da gnose. Espero que essas novas interpretações o entusiasmem e o surpreendam.

Os Franco-maçons

Mnadjra, obra dos maçons [= pedreiros] megalíticos.

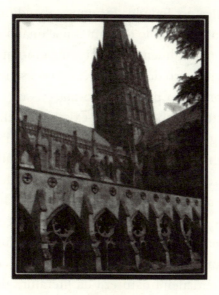

A obra medieval dos franco-maçons. Catedral de Salisbury.

Em primeiro lugar, precisamos obviamente incumbir-nos dos franco-maçons, já que toda sua história está baseada na construção do Templo de Salomão. Afinal, eles conservaram os segredos do Templo entre seus poucos iniciados, e assim mantiveram viva, para nós, a verdade da passagem entre a construção de pedra literal e a construção da nossa verdade interior. Em seus graus secretos, eles conservaram vivo o espírito da verdade por trás dessa antiga literatura de sabedoria.

Segundo os autores da *Encyclopedia of Freemasonry:* "De todos os objetos que constituem a ciência maçônica do simbolismo, o mais importante, o mais acalentado pelos franco-maçons e, de longe, o mais significativo, é o Templo de Jerusalém. A espiritualização do Templo é o primeiro e o mais notável e difundido de todos os símbolos da franco-maçonaria."

Essas não são as palavras de um conservador fundamentalista tentando confundir o conceito de franco-maçom; são as palavras dos próprios franco-maçons do século XIX. O que podemos aprender a partir delas? Em primeiro lugar, aprendemos uma lição muito importante: a franco-maçonaria é a *ciência do simbolismo*. Em segundo, aprendemos que esse simbolismo se aplica ao Templo. Ficamos sabendo que o mais importante e mais difundido símbolo da franco-maçonaria é a *espiritualização do Templo*. O que, naturalmente, não significa tornar o Templo real, ou verdadeiro o edifício físico do Templo. Não, isso significa que o Templo era, é e será sempre visto pelos franco-maçons de todo mundo como um artifício espiritual simbólico. Não existe um Templo de Salomão e jamais existiu. Os graus e as declarações dos franco-maçons parecem reforçar essa idéia. Entretanto, os franco-maçons manifestam fisicamente seus sistemas de crença (simbólica) na arquitetura de suas lojas.

Albert Pike escreve, em *Morals and Dogma*, que "toda loja maçônica é um templo". Os franco-maçons constroem e decoram suas lojas de acordo com a forma do Templo, seguindo a antiga literatura de sabedoria, portanto há construtores tanto no plano físico como no espiritual. Eles abrangem a verdadeira natureza da literatura de ensinamento, da qual temos tratado. Como sabemos disso? Como sabemos que os fran-

MÍSTICOS, ALQUIMISTAS E GNÓSTICOS   195

co-maçons — ou pelo menos os adeptos entre suas fileiras — compreendem os segredos e ensinamentos mais profundos que cercam a natureza do Templo de Salomão? Declarações como esta comprovam isso:

> As tradições e as narrativas que envolvem o Templo do rei Salomão despertam grande interesse em todos aqueles que lêem a Bíblia. E são de importância transcendente para os franco-maçons. O Templo é o símbolo notável da franco-maçonaria, e o lendário edifício do Templo é a base fundamental das normas e orientações maçônicas para a condução da vida.[1]

Dessa declaração, fica-nos a impressão de que o Templo tem grande importância para muita gente, o que é verdade. Mas para os franco-maçons ele é *transcendente*. Essa palavra significa *exceder acima das capacidades humanas normais*. Isto é, o Templo esconde um significado mais profundo para os franco-maçons do que para as outras pessoas, e esse significado está acima do raciocínio humano comum. Como descobrimos, a verdade é que o Templo de Salomão, uma vez construído, permite ao indivíduo falar com a Divindade. (Ou pelo menos é a linguagem e a terminologia usada para a capacidade de descobrir a si mesmo.)

"Hoje, o Templo de Salomão é o lar espiritual de todo franco-maçom."[2] E assim poderia ser se cada um seguisse os ensinamentos do Templo. O lar do espírito deveria ser a construção que a pessoa ergue para si mesma — o *Templo do homem só*. Não nos resta qualquer dúvida sobre essa interpretação quando lemos o que disse o famoso franco-maçom Albert Pike: "Para o mestre franco-maçom, o Templo de Salomão é verdadeiramente o símbolo da vida humana." Pike deixa muito claro que o Templo é um símbolo da vida humana, nada mais. "[O Templo] torna-se um símbolo adequado à vida humana ocupada na busca da Verdade Divina, a qual não está em algum lugar esperando para ser encontrada (...)" Pike reitera que a questão do Templo gira em torno da busca da verdade, e explica com muita clareza que não vamos encontrar a verdade em algum outro lugar, só no Templo, que na realidade somos nós mesmos.

Os franco-maçons têm, em todas as ocasiões, semeado com avidez a idéia de representar o homem interior e espiritual sob a forma de um templo material, por meio da sua linguagem simbólica.[3]

Em *Masonry and Its Symbols in the Light of Thinking and Destiny*, Harold Waldwin Percival escreve: "A loja, como uma sala ou *hall*, é um quadrado oblongo, isto é, a metade perfeita de um quadrado, e que está dentro ou fora da parte inferior de um círculo. Todas as lojas possuem esse mesmo tipo de sala, mobiliada do mesmo modo, mas a loja em que funciona o grau de Aprendiz é denominada Andar Térreo; a do Companheiro é chamada Câmara Média; e a loja em que o grau de Mestre funciona é chamada de Santo dos Santos, todas no Templo do Rei Salomão."

Mas, atualmente, os franco-maçons deram um passo adiante e acharam outro nível. Na *Encyclopedia of Freemasonry* encontramos este verbete e as classes de graus:

Mas há uma segunda, e superior, classe da Fraternidade, os franco-maçons do Arco Real, para os quais o simbolismo do Templo ainda vai ser desenvolvido. Essa segunda classe, deixando de lado seu simbolismo inicial, e olhando além desse Templo de Salomão, encontra na história bíblica um outro Templo, que, anos depois da destruição do primeiro, foi erguido sobre suas ruínas; e eles elegeram o segundo Templo, o Templo de Zorobabel, como seu símbolo principal. E, como os franco-maçons da primeira classe encontraram em seu Templo o símbolo da vida mortal, limitada e perecível, eles, ao contrário, vêem nesse segundo Templo, construído sobre as fundações do primeiro, um símbolo de vida eterna, onde a verdade perdida será encontrada, onde um novo incenso subirá de um novo altar, e cuja perpetuidade foi prometida por seu grão-mestre quando, no verdadeiro espírito do simbolismo, exclamou: "Destrua este templo, e em três dias eu o colocarei de pé."

Os autores desse trecho aludem à declaração de Jesus Cristo sobre levantá-lo em três dias. Essa declaração acompanha perfeitamente o que aprendemos até aqui. Que precisamos destruir as causas do sofrimento antes que possamos, mais uma vez, construir o Templo — é necessário elevar a energia serpentina. É também interessante observar que os franco-maçons superiores indicam acreditar não apenas no Templo de Salomão como símbolo de uma vida melhor agora, mas que eles também acreditam em um segundo Templo para a vida eterna:

> E assim, para essas duas classes ou Ordens de franco-maçons, o simbolismo do Templo se apresenta de uma maneira conectada e contínua. Para o mestre franco-maçom, o Templo de Salomão é o símbolo desta vida; para o franco-maçom do Arco Real, o Templo de Zorobabel é o símbolo da vida futura. Para o mais antigo, seu Templo é o símbolo da procura da verdade; para o último, o seu é o símbolo da descoberta da verdade; e então o círculo é completado e o sistema torna-se perfeito.[4]

É claro que as lições do Templo de Zorobabel precisam aguardar o leitor, agora felizmente dotado de uma nova percepção. Entretanto, vamos dar uma passada de olhos em alguns textos. Em Esdras 3:1-2, encontramos:

> Tendo chegado o sétimo mês, e estando os filhos de Israel instalados em suas cidades, todo o povo se reuniu como um só homem em Jerusalém. Então Josué, filho de Josedec, e seus irmãos sacerdotes, bem como Zorobabel, filho de Salatiel, e seus irmãos principiaram a reconstrução do altar do Deus de Israel e ofereceram holocaustos, como a lei de Moisés, homem de Deus, prescrevia.

A primeira coisa que percebi nessa passagem foi o aparecimento do número *sete*, como se ele fosse o número certo para completar o Templo perfeito. Em seguida, notei como *o povo se reuniu como um só homem*, o que é a inteireza ou o fator de unidade. Percebi também como dois grupos distintos ou opostos tiveram de se unir para construir o altar.

Em Zacarias 4:6 temos uma outra percepção em relação a Zorobabel:

Esta é a palavra do Senhor a Zorobabel: Não pelo poder nem pela força, mas sim pelo meu espírito, diz o Senhor Todo-poderoso.

O olho que tudo vê da Mente Universal. No centro,
um emblema franco-maçônico.

Mais uma vez dizem-nos que, para construir o Templo, não precisamos usar a força nem o poder, mas sim o espírito. Como podemos construir uma estrutura física apenas com o espírito? Não podemos. Mas podemos construir uma estrutura espiritual com o espírito! (Ou, alternativamente, uma força psicológica com a psicologia.)

Éliphas Lévi

Alphonse Louis Constant, mais conhecido como Éliphas Lévi ou Éliphas Lévi Zahed, foi um mestre da tradicional tradução rosa-cruzista da cabala. Acredita-se que seu pseudônimo seja o equivalente hebreu do seu nome verdadeiro, usado para propósitos mágicos. Nascido na França, em 1810, era filho de sapateiro e foi educado na igreja de Saint Sulpice, sem pagar por isso e com o propósito de entrar para o sacerdócio. Além de grego e latim, ele também aprendeu hebraico. Entrou como noviço, tomou as ordens menores, e logo se tornou diácono. Ele foi indicado para professor no Pequeno Seminário de Paris, de onde mais tarde foi expulso por ensinar "doutrinas contrárias às da Igreja Católica Romana".[5]

Em 1825, Lévi começou a estudar o ocultismo. Ele continuaria escrevendo sobre essas antigas ciências pelos trinta anos seguintes. Lévi declara que, começando em 1825, ele foi do "sofrimento ao conhecimento", que é o caminho do verdadeiro iniciado.

Durante os últimos cem anos, muitos pesquisadores tentaram definir Éliphas Lévi. Segundo alguns, ele era um demônio anticristo e fundamentalmente contrário ao cristianismo. De acordo com outros, era um ardente defensor da fé. Tudo o que posso dizer é que você precisa ler a obra de Lévi para descobrir a verdade, e com o conhecimento explorado neste livro você já será capaz de entender essas obras.

Por que escolhi pôr em foco esse homem quando há tanta controvérsia em relação às suas crenças? A verdade é que simplesmente gosto dele. Por causa das controvérsias, julguei que valia a pena dar-lhe ouvidos decentemente. Agora que temos conhecimento da verdade, podemos ver onde Lévi estava querendo chegar, assim como podemos ver agora o que a Bíblia, o Alcorão, os Upanishads e muitos outros textos antigos realmente querem dizer. Vamos dar uma espiada em alguns de seus textos que podem ser encontrados em *The Great Secret of Occultism Unveiled:*

200   GNOSE

(...) esta é uma vida comum partilhada por todas as almas; ou, pelo menos, um espelho comum para toda imaginação e toda memória, em que nos é possível olhar uns para os outros como uma multidão diante de um espelho.

Uma declaração bastante simples, mas o que ela quer dizer? Que todos nós compartilhamos uma vida comum. O que seria esse espelho comum a toda imaginação e memória? Precisamos nos lembrar da ciência do *Vazio*. Poderia isso, na verdade, se relacionar com a capacidade de ver todas as lembranças? Será que Lévi nos dá outras pistas mais adiante?

Este refletor é a luz ódica (...) a qual chamamos luz astral, e é a grande força de vida denominada od, ob e aour, pelos hebreus. O magnetismo controlado pela vontade do operador é Od; o da clarividência passiva é Ob: as pitonisas da Antiguidade eram videntes embriagadas com a passiva luz astral. Essa luz é chamada de espírito da Píton, em nossos livros sagrados, porque na mitologia grega a serpente Píton é sua representante alegórica.

Esse é um lugar ou uma localização em que podemos ver a luz astral. Lévi está dizendo as mesmas coisas a que estamos dando nomes científicos atualmente. Ele também está ligando esse magnetismo à serpente:

Em sua dupla ação, ele também está representado pela serpente do caduceu: a serpente à direita é Od, a da esquerda é Ob e, no meio, no alto do bastão hermético, brilha o globo dourado que representa Aour, ou luz em equilíbrio.

Essa é uma imagem do Caduceu e contém o conceito do Kundalini. Evidentemente, para aqueles que não alcançaram o conhecimento da iluminação, o texto não faria o menor sentido. Mas Lévi vai muito mais longe e nos dá toda a verdade. Ele nos conta que aqueles que viram esse lugar encantaram-se com sua natureza cálida e fértil. Torna-se um nexo ao qual precisamos voltar. Não difere das reações vistas naqueles testes científicos de que falei em capítulos anteriores. Lévi se sente em unidade com esse lugar, sente uma inteireza que só pode ser descrita como sendo Deus.

> Creia-me, você não precisa ir muito longe: o vazio está em seu espírito e em seu coração (...) O amor verdadeiro, o amor natural, é o milagre do magnetismo. É o entrelaçamento das duas serpentes do caduceu. A geração delas parece predestinada, mas é criada pela suprema razão, que a produz segundo as leis naturais. Diz a lenda que Tirésias incorreu na ira de Vênus por separar duas serpentes que estavam copulando, e se transformou em hermafrodita: o que neutralizou sua potência sexual.

Como podemos ver, Lévi é muito claro com relação à dualidade da energia da serpente. Ele tem certeza de que essas energias seguem a natureza — elas são um fenômeno perfeitamente natural —, que é o modo de Lévi dizer que elas são cientificamente explicáveis. Isso não é surpreendente, já que em sua época, contemporânea ao magnetismo e à eletricidade, acreditava-se que todas as coisas eram possíveis. Lévi também tem a mais absoluta certeza de que, ao separarmos essas serpentes equilibradas, somente causamos desastre, como aconteceu quando a rainha de Sabá abandonou Salomão e Guinevere deixou Artur. Precisamos conservar nosso equilíbrio o tempo todo ou pode ocorrer um desastre.

Mas como conseguimos essa percepção? Lévi nos dá pistas. Como sabemos, o instante em que estamos cônscios do mundo inconsciente é chamado de *hipnagógico* (entorpecimento que precede o sono) ou *hipnopômpico* (estado que antecede o despertar). É o instante em que adormecemos ou acordamos do sono. É um estado intermediário — entre as colunas, se você desejar. Uma vez tendo dominado o controle desse estado e permanecendo nele por algum tempo, podemos começar a manipulá-lo. Será que Lévi e talvez outros adeptos do ocultismo conheciam esse estado? A linguagem muitas vezes esconde o conhecimento, e é difícil interpretar o que Lévi sabia ou não. Mas com o que você sabe agora, leia este trecho extraído de *The Great Secret*, de Lévi, e veja se consegue localizar o estado hipnagógico:

> Em seu livro sobre o movimento perpétuo das almas, o grande rabino Isaac Loriah diz que é necessário tomar um cuidado especial com o uso da hora que precede o sono. De fato, a alma perde sua vida individual por um tempo, durante o sono, e mergulha na luz universal, a qual, como dissemos, aparece como duas correntes opostas. A entidade adormecida entrega-se ou aos abraços da serpente de Esculápio, a serpente vital e regeneradora, ou se deita nos anéis venenosos da terrível Píton (...) A vida no sono é essencialmente diferente da vida real; tem seu cenário, seus amigos e suas lembranças; nessa vida a pessoa possui, sem dúvida, faculdades que pertencem a outras formas e outros mundos. Alguns reencontram entes queridos que nunca conheceram neste mundo; aqueles que morreram são vistos vivos novamente; uns são levados pelo ar; outros andam sobre a água como se o peso do corpo pouco agisse; outros falam línguas desconhecidas e fazem contato com criaturas que se organizam de modo muito estranho. Tudo lá lembra coisas que nada tem a ver com este mundo; não seriam vagas reminiscências de existências anteriores? Será que os sonhos brotam sozinhos do cérebro? Bem, se o cérebro os produz, quem os inventa? Muitas vezes eles nos aterrorizam e nos deixam exaustos. Será que um Callot ou um Goya inventa nossos pesadelos?

Lévi conhecia os métodos psicológicos para manter o equilíbrio — *força, conhecimento* e *vontade*.

> Para alcançar tal realização é necessário SABER o que tem de ser feito, QUERER o que é exigido, OUSAR o que precisa ser tentado (...) O homem-Deus não tem direitos nem deveres, tem conhecimento, vontade e poder.

Nesse caso, e por estar falando da jornada como está simbolizada na Odisséia, Lévi simplesmente aperfeiçoou a Força com a Ousadia, mas de qualquer modo resta a mesma questão. Na segunda declaração, de algum modo o Poder substitui a Ousadia. Lévi também conhecia alguns dos segredos de Salomão:

> Acredita-se que Salomão tenha sido o sumo pontífice da religião dos iniciados, que deu a ele o direito à real prerrogativa do sacerdócio ocultista, para que ele possuísse — por assim dizer — o conhecimento universal, e somente em Salomão se cumpria a promessa da grande serpente: "Vós sereis como deuses, conhecendo o bem e o mal."

Nesse trecho Lévi declara que Salomão tinha o conhecimento universal, com o que concordo, especialmente se considerarmos que Salomão não existiu e que está no ápice do nosso próprio eu. Lévi também explica detalhadamente o sentido da natureza dual:

> Todos somos capazes de sentir a vida dual dentro de nós. A luta da mente contra a consciência; do desejo indigno contra os sentimentos nobres; em uma palavra, do bruto contra a criatura inteligente; a fraqueza da vontade tão freqüentemente traída pela paixão; as reprovações com as quais nos censuramos; nossa insegurança; os sonhos que nos assombram em nossas horas de vigília; tudo isso parece demonstrar a existência dentro de nós de duas pessoas com caracteres diferentes, uma que nos pressiona para fazer o bem enquanto a outra tenta nos envolver no mal (...). A força dos magnetos reside em seus dois pólos extremos, e seu ponto de equilíbrio está no centro, entre esses dois pólos.

Agora podemos entender a quantidade de gêmeos encontrados nos mitos do mundo inteiro. De Castor e Pólux (da constelação de Gêmeos), aos irmãos bíblicos Jesus e Tomás, e muitos outros — esses são os artifícios simbólicos ao longo dessa luta que todos temos interiormente. Mas, na alusão ao magneto, Lévi está nos dizendo que o segredo reside *entre* os gêmeos, onde nada há além da força criada pelos dois opostos.

Nossas emoções nos dão o desejo. Esse desejo existe em cada um de nós para encontrarmos a verdade. Pessoalmente, vejo isso como um artifício evolucionário que nos capacita a lutar por grandes objetivos, tornando nossa espécie a mais adaptada de todas. Vejo isso como a mais importante centelha da vida humana. Sem essa centelha não haveria vida, e sem vida não haveria centelhas. A centelha é o elemento criativo, mas de onde ela vem? Da Mente Universal? Lévi colocou a questão deste modo:

> O brâmane descobre-as [as emoções] quando se perde na contemplação de Iswara; o israelita é possuído por elas na presença de Adonai; as devotas freiras católicas vertem lágrimas de amor aos pés do seu crucifixo. Não tente lhes dizer que são ilusões e mentiras: eles lhe dirigiriam um sorriso piedoso, justificadamente. Cada um deles foi preenchido com raios luminosos do Espírito Eterno.

No final, Lévi revela a mesma verdade pela qual estivemos procurando o tempo todo — que nós mesmos somos Divinos:

> O grande arcano, o arcano que não pode ser expresso, o arcano perigoso, o arcano incompreensível pode ser definitivamente formulado deste modo:
> A divindade do homem.
> Tal é o homem que foi bem-sucedido na busca do ponto central de equilíbrio, e se pode chamá-lo, sem blasfêmia ou loucura, de homem-Deus.

Abade N. de Montfaucon de Villars

Agora vou passar para outro dos meus livros favoritos, o *Comte de Gabalis: Discourse on the Secret Sciences and Mysteries, in Accordance with the Principles of the Ancient Magi and the Wisdom of the Kabalistic Philoso-phers*, do abade N. de Montfaucon de Villars. Há uma advertência como introdução:

> Cuidado. Este livro é para o estudante que busca iluminar sua inteligência pelo Facho de sua própria divindade. Tome cuidado com suas páginas aquele cuja procura é pela recompensa oferecida a um intelectualismo egoísta, porque este é um livro de mistérios e poderes ocultos. Portanto, deixe a mente ficar tão pura que possa convidar a Alma Peregrina a se aproximar e chegar a uma nova percepção da Onipotência e Justiça de Deus.

Por que esse livro fala tão de perto ao meu coração? Simplesmente porque ele é espirituoso e preciso. É também um daqueles livros conhecidos pelos iniciantes que querem captar os segredos do arcano. Ele conduz o leitor em uma jornada esotérica. Vamos dar uma olhada agora em alguns trechos e verificar se De Villars concorda com Lévi e se o que ele diz está de acordo com as minhas revelações sobre o Templo de Salomão.

Em comentários sobre o *Comte de Gabalis* e sua declaração acerca da sabedoria da serpente, encontrei que essa sabedoria era imaginada como a Força Solar ou o Fogo da Serpente. A explicação é muito precisa e até mesmo se encaixa em modernas descobertas científicas:

> A Terra recebe do Sol não somente luz e calor, mas, pela transformação de luz e calor, quase todas as formas de energia se manifestam sobre ela; a energia do crescimento das plantas, a energia vital dos animais, não passam de energia recebida do Sol, transformada em suas expressões. A suprema manifestação dessa energia vital ou solar no plano físico é encontrada no sistema nervoso simpático e cérebro-espinhal do homem, e a voltagem desse sistema pode ser elevada até a Energia Supersensível, o instrumento que a alma do homem usa para construir seu Corpo Solar ou Espiritual imortal. O desdobramento da natureza su-

persensível ou espiritual do homem é a manifestação progressiva nele daquela energia vital que vem do Sol e de sua Fonte Divina, conhecida ao longo dos tempos como Força Solar ou Serpentina, que provém do Criador do Sol e dos Mundos, o Grande Arquiteto do Universo.

Embora, cientificamente, soe um pouco ingênua, essa declaração faz muito sentido. A energia discutida pelo homem — por milhares de anos em seus mitos, em sua religião e em seu folclore — como sendo o poder da serpente certamente tem que vir de algum lugar. Foi o poder de controlar internamente essa energia que vimos nos capítulos de ciência deste livro, e cabe aos cientistas modernos descobrirem-no. Todas essas tradições antigas não podem estar erradas. As cobaias dos nossos cientistas contemporâneos mostraram adequadamente que essa é uma experiência humana real. A diferença em relação a alguns textos é o emprego da palavra Deus. A partir de tudo o que descobri, eu aceito que esse é um termo usado para o estado de Supraconsciência e sua ligação direta com o que denominamos a Mente Universal através do vazio. No trecho em questão, o conceito é denominado Arquiteto Universal, o que naturalmente liga a coisa toda a criadores e construtores, e aos franco-maçons.

O *Comte* continua, dizendo que "precisamos apenas concentrar o Fogo do Mundo [Força Solar ou Serpente de Fogo] em um globo de cristal, por meio de espelhos côncavos; e essa é a arte que todos os antigos religiosamente ocultavam, e que o divino Theophrastus descobriu". O divino Theophrastus é, naturalmente, Paracelso, a quem voltaremos logo a seguir. Mas antes precisamos analisar uma declaração estranha que parece não fazer sentido. É uma daquelas frases peculiares que leva o crédulo a sair correndo e comprar esferas de cristal e espelhos côncavos. A verdade sobre a questão é muito mais simples: O verdadeiro globo de cristal é o *Ovo Filosofal*; é a aura de energia ou névoa luminosa vista por aqueles que têm olhos para ver. Acreditava-se que fosse a manifestação divina dos pensamentos da mente ou da alma. Pensava-se que a Serpente de Fogo ficasse conosco durante nossa vida, quer estivéssemos acordados ou dormindo, e que podíamos controlar o poder do pensamento simplesmente olhando para dentro em direção ao nosso Divino Eu. Esse é o significado dos espelhos côncavos: eles refletem internamente o nosso verdadeiro eu, e não externamente. Mas que evidência temos de que De Villars entendeu o sistema de chakras da Serpente de Fogo, ou Kundalini, e seus sete princípios, que vimos aparecer em tão variadas religiões e tradições?

> Você precisa, entretanto, consultar seu próprio coração quanto a essa questão porque, como você verá um dia, um Sábio se governa pelas estrelas interiores; as estrelas do céu exterior servem apenas para dar a ele um conhecimento mais exato dos aspectos das estrelas daquele céu interior que está em todas as criaturas.

Aqui temos uma estranha declaração. O sábio, que é uma pessoa que tem uma boa capacidade de julgamento (ou deveríamos dizer, uma pessoa bem-equilibrada), governa-se pelas estrelas interiores. Havia sete estrelas nos céus, que evidentemente se relacionam com os sete estágios dos chakras. Cada planeta tem uma localização específica no corpo. Saturno era o sacro, Júpiter o prostático, Marte o epigástrico, Vênus o cardíaco, Mercúrio o faríngeo, a Lua era o pós-nasal e o Sol era a pineal — o Terceiro Olho. Tudo isso está intimamente relacionado tanto com o Kundalini quanto com a história dos sete adormecidos, do Alcorão. Essa associação faz sentido, já que os muçulmanos também acreditam que o homem só pode nascer outra vez em espírito com a ajuda dos poderes celestiais tipificados pelo anjo Gabriel (Jibreel), que levou Maomé em suas jornadas místicas noturnas. Esse é o mesmo Gabriel do livro de Enoque, que era "um dos Arcanjos, que está acima do Paraíso e das Serpentes e dos Querubins". Na Bíblia, Gabriel é o anjo que explica as visões de Daniel e anuncia os nascimentos de João Batista e de Cristo. Ele é o Anjo das Visões dos místicos.

A mesma característica de sete é mencionada no *Comte de Gabalis*. Aprendemos sobre os Reis Santos, que eram seres hierárquicos chamados *Reis* porque representavam estados da nossa própria coroa ou consciência. Eles governavam a inteligência e tinham autoridade sobre os sete planetas. Encontramos também uma citação de Hermes Trismegisto, em *Poimandres I*, em que a mente é igualada a Deus, o equilíbrio é o cume e a nossa Mente cria esses sete elementos:

> Mas a Mente, O Deus, sendo masculino-feminino, dando origem à Vida e à Luz, gerou pela Palavra uma outra Mente Criadora, Que sendo Deus do Fogo e do Espírito, criou os Sete Administradores, abarcando em círculos o mundo sensível.

Observe como esses sete administradores abarcam o mundo dos sentidos em círculos. Isso é semelhante aos chakras, as rodas da vida. O lugar de Deus, ou da mente, é naturalmente visto como um trono Divino e majestoso, mas, antes que possamos tomar assento e realmente nos tornar mestres de nós mesmos, precisamos nos locomover pelos sete planos.

> (...) convosco estejam a graça e a paz da parte daquele que é, que era e que há de vir, e dos sete espíritos que estão diante de seu trono.

— Apocalipse 1:4

O autor do livro do Apocalipse revela que conhece o propósito do seu Templo e seu verdadeiro significado. O clã levita era formado pelos descendentes de Levi, o terceiro filho de Jacó. Discute-se se seus descendentes formaram uma das doze tribos, já que nenhum território foi jamais alocado para eles. A razão é muito simples, pois, simbolicamente, eles não eram da Terra ou da natureza inferior do homem. Isso está mostrado porque o iluminado Moisés é um descendente de Levi. Os levitas eram os encarregados do santuário. Eles conduziam o tabernáculo no deserto. De modo semelhante a Jesus, a Buda (e a todos os avatares que representam nossa própria iluminação), o sacerdote levita atingia a maioridade aos 30 anos. Há uma serpente especial na Bíblia chamada

Leviatã, cujo nome é formado por duas palavras, *Levi* e *Than* (ThN). *ThN* é a raiz da palavra "serpente" ou "dragão", e Levi é o progenitor do clã levita. Assim, o Leviatã é a serpente de Levi, aquele que é o encarregado da mente.

Podemos supor que a raiz [de Levi] descreve as espirais da serpente, talvez o brilho metálico de suas escamas. Por ser a tribo da serpente, Levi produziu gerações voltadas para o conhecimento [Gnose] e controle do Mundo Serpentino, Força Solar. Leviatã ou a Serpente de Levi significa a Força Solar, governada e direcionada para cima ao longo da espinha pelo sacerdote da tribo de Levi, a fim de regenerar e construir o Corpo Solar imortal (corpo espiritual). Acuradamente falando, Leviatã é a Força Solar manifestando-se no sistema nervoso cérebro-espinhal depois de sua passagem pelos gânglios [chakras] do sistema nervoso simpático.[6]

Assim os levitas estão encarregados do Templo, e atribui-se sua origem à serpente enroscada, que é conhecida como Kundalini. Eles têm um Leviatã, ou serpente, associado a eles e não parecem ser uma das doze tribos da terra. São os sacerdotes da Serpente que ajudam a humanidade em sua busca pela Divindade na construção do Templo.

Também encontramos no *Comte de Gabalis* uma declaração completa de que Jesus e a serpente são uma coisa só, e que esse é um segredo dos franco-maçons e templários — os mesmos cavaleiros que atingiram a gnose por meio do verdadeiro Templo. (E não daquele supostamente enterrado sob Jerusalém.)

No Evangelho de João 3:14-15, lemos: "e, como Moisés levantou a serpente no deserto, assim também é preciso que o Filho do homem seja levantado, a fim de que o que nele crer, possua a vida eterna" (literalmente a Força Solar). Esses versículos insinuam que a serpente e o Filho do Homem, ou Messias, são manifestações da mesma Força Divina, um fato que é indicado por sua identidade de valor numérico e confirmado pela franco-maçonaria: "Nos graus templários e filosóficos, a serpente é um emblema de Cristo."

O messias ou o ungido é o mesmo que a serpente. A verdade dessa declaração é vista no grau templário dos franco-maçons, pelo qual Cristo é representado pela serpente. Precisamos nos lembrar de que o mestre templário original tinha a serpente *abraxus* como seu símbolo. Essa imagem serpentina se conservou ao longo do tempo. Isso porque ela guarda simbolicamente o segredo da nossa própria divindade e nos ajuda a alcançá-la.

Mas quanto ao valor numérico? A Serpente de Bronze que Moisés levantou no deserto (de sua mente) tinha como número 358, do mesmo modo que a palavra "messias"! Até mesmo numerologicamente os dois elementos, que se supõem opostos, são idênticos.

Paracelso

Está na hora de irmos atrás de outros indivíduos que devem ter tido conhecimento da Divindade Interior. Um deles, que foi não só difamado como glorificado, é conhecido como *Paracelso,* e vamos usar o livro *The Life of Paracelsus,* do dr. Franz Hartmann, como nosso guia.

Seu nome verdadeiro era Philippus Aureolus Theophrastus Bombastus von Hohenheim, mas ele é comumente conhecido como Paracelso. Nasceu em 1493, nas cercanias de um lugar chamado Maria-Einsiedeln, próximo a Zurique, na Suíça. Tinha parentesco com o, na época, grão-mestre da Ordem dos Cavaleiros de São João, que era intimamente relacionado com os templários. Por volta de 1510, Paracelso já era médico e se casara com a enfermeira-chefe do hospital que estava sob a jurisdição da abadia de Maria-Einsiedeln. Com o correr do tempo, ele estudou e praticou alquimia e magia, incorporando sua formação médica ao seu amor às artes alquímicas. Tornou-se um médico muito bem-sucedido, embora nunca tenha realmente recebido o crédito por sua obra. Morreu em 1541, em um quarto modesto da hospedaria do Cavalo Branco, em Salzburgo, depois de uma breve enfermidade.

Paracelso não sentia prazer em escrever, e os poucos textos que temos são principalmente aqueles escritos por alunos. Só vez por outra ele pegava a pena para escrever. Vamos examinar algumas das idéias que tornaram Paracelso famoso, como estão retratadas em *The Life of Paracelsus*, e verificar se elas têm relação com o segredo do Templo de Salomão.

A essência da alma do Homem é formada pelas influências etéreas ou astrais emanadas das almas do mundo e dos planetas e estrelas, especialmente da alma (ou corpo astral) do planeta em que ele vive. Como a alma de cada homem e de cada animal tem suas qualidades peculiares que a distingue das outras, da mesma maneira a "alma" de cada planeta, cada sol, cada mundo tem suas características particulares e envia suas influências benéficas ou destrutivas, permeando o espaço cósmico, agindo sobre o Microcosmo do homem e produzindo, finalmente, resultados visíveis. Esses elementos astrais são os organizadores da alma do homem. Eles são os construtores do templo no qual o espírito reside (...).

Nesse trecho, Paracelso é realmente muito claro. A alma de um homem é construída exatamente como o Templo é construído. É influenciada por outros corpos, como os planetas e as estrelas do plano astral. Em resumo, esses planetas são os planetas internos ou rodas da vida. Foi por entender esse princípio que Paracelso pôde ignorar o charlatanismo da época e salvar internamente as pessoas. Ele também entendeu o relacionamento quântico do homem com o Universo, o fato de que somos um ente só, inteiro e interligado a tudo o mais que existe.

O homem é, portanto, a quinta-essência de todos os elementos, e um filho do Universo ou uma cópia em miniatura de sua Alma, e tudo o que existe ou acontece no Universo existe ou pode se realizar na constituição do homem. O acúmulo de forças e essências que compõem a constituição do que chamamos homem é igual ao acúmulo de forças e poderes que, em uma escala infinitamente maior, chamamos de Universo, e tudo no Universo se reflete no homem e chega à sua consciência; e essa circunstância permite ao homem que conhece a si mesmo conhecer o Universo.

Achei essa uma declaração surpreendente que chegou até nós através dos séculos. Ela nos diz que, similar à moderna física quântica, tudo o que acontece, acontece dentro de nós. É dito até como podemos nos tornar conscientes disso. Ao nos conhecermos, conhecemos o Universo.

Essas coisas são possíveis, e os maiores mistérios estão abertos à percepção do espírito; se honestamente desejarmos dons e, com fé incessante, fizermos nossas preces ao poder do Supremo, que reside em nós, para que eles nos sejam dados, seremos capazes de ver os *Mysteria Dei* e compreendê-los tão bem quanto Moisés, Jesaías e João.

Observe a expressão *reside em nós*. Essa é a verdadeira porta de entrada para os mistérios de Deus, que estão dentro de nós. Também quando Paracelso fala que precisamos ter uma fé incessante, ele quer dizer que a verdadeira fé vem do conhecimento, pois sem conhecimento não há fé. Mas de onde vem o verdadeiro conhecimento?

Todo conhecimento vem das estrelas (a Mente Universal). Os homens não inventam ou produzem idéias; as idéias existem, e os homens têm a capacidade de alcançá-las (...) A consciência interior despertará para uma compreensão das influências das estrelas, e os mistérios da Natureza serão revelados à percepção espiritual do homem.

Paracelso também nos diz que o próprio conde de Gabalis ensinou essas coisas e revela a verdade de Gabalis — que ele é, na verdade, a percepção espiritual do homem:

Essa arte é ensinada por Gabalis (a percepção espiritual do homem). É um poder que pode se tornar especialmente ativo nos sonhos, e que aquilo que é visto nesses sonhos é o reflexo [espelho] da luz da sabedoria.

Paracelso nos conta que os homens que estão completamente despertos não conseguem conhecer essas coisas. Os homens precisam ser sonhadores, mas conscientes, como no estado hipnagógico, que mencionamos anteriormente. Os homens, ele nos diz, não conhecem seu verdadeiro eu, portanto não conseguem conhecer as coisas que estão no mundo interior. Cada homem tem a essência da divindade dentro de si e toda a sabedoria e poder de que necessita em seu interior. Ele nos diz que há uma luz interior no espírito do homem que ilumina tudo e pela qual podemos ser capazes de perceber as coisas sobrenaturais. Essa é a iluminação.

As verdades perfeitamente simples ditas por Paracelso, de uma maneira também simples, compõem tudo aquilo que, durante milhares de anos, foi escondido de nós pela linguagem esotérica, misteriosa e, muitas vezes, ridícula. Como escreveu Maimônides, essas verdades estariam, de fato, ocultas em histórias, nas quais parece impossível acreditar.

Alquimia

O dogma central da alquimia é o da unidade — reconciliar a natureza inferior do homem e uni-la com a natureza espiritual superior da divindade interior (o mundo exterior e o interior dos sufis). Caso fosse possível encontrar essa ligação, os alquimistas acreditavam realmente que ela seria benéfica para os homens. Talvez os alquimistas do passado se tenham intrometido no mundo da química, descobrindo todo tipo de substâncias estranhas e maravilhosas, mas o valor de suas ações está no fato de que eles transformavam a Natureza para entender a si mesmos. Era uma crença básica de que o homem fazia parte da Natureza, portanto os padrões descobertos na Natureza se relacionariam com o homem. Sempre há os assim chamados alquimistas que alegam ter feito isso ou aquilo, mas o verdadeiro trabalho alquímico era uma repetição permanente de proporções bíblicas em cima do "eu".

Não havia diferença entre os gnósticos e os alquimistas. Ambos procuravam sua própria regeneração, ou renascimento, mediante o conhecimento (gnose) que eles acreditavam ser possível alcançar pela união ou Unicidade do eu. Símbolos dos níveis alquímicos foram criados, mas não eram diferentes das verdades subjacentes às tradições dos chakras e do Kundalini. Milhares de símbolos alquímicos foram criados, incluindo os inúmeros expedientes que descobrimos dos tempos antigos: as duas colunas Jaquim e Boaz, as serpentes entrelaçadas ou gêmeas, os sinais das estrelas, mas sempre havendo *equilíbrio*. Metais ou *prime materia* substituíam ou combinavam os planetas, e nada maior do que a *aqua vitae*, ou água de fogo, receberia uma avaliação tão elevada, porque ela exemplificava perfeitamente a união dos completos opostos, ou *coincidentia oppositorum*.

Por meio de processos aparentemente físicos, o alquimista falaria da dissolução ou queima (ou qualquer outro termo que pudesse servir como metáfora para "redução") das causas do sofrimento. Eles entendiam que essa era uma *Grande Obra*, e que ela estava em andamento.

Analise todos os elementos em você mesmo, dissolva tudo o que for inferior em você, mesmo que você se rompa ao fazer isso; com a força adquirida da operação anterior, solidifique-se.[7]

Os alquimistas entendiam que seus segredos não eram novos, eram os segredos dos antigos. Sua própria tradição remontava a milhares de anos. Em *Secret Fire: An Alchemical Study*, E. J. Langford Garstin escreveu que os alquimistas foram os construtores do Templo e os controladores da Serpente de Fogo, a qual sabiam significar o mesmo que o Paracleto (Espírito Santo) da Bíblia, o *Speirema* dos gregos e o sânscrito *Kundalini*.

Esse processo de despertar o Kundalini precisa ser repetido constantemente, só assim o ato se torna completamente natural, quando finalmente ele só volta segundo a vontade do iogue. Essa repetição constante encontra seu paralelo nos vários estágios dos processos alquímicos, não apenas no de purificação, mas também no da multiplicação.

Uma das imagens mais enigmáticas da jornada para a sabedoria e o estado de pura gnose é o Santo Graal. É algo que não podemos atingir totalmente e que jamais encontraremos no sentido literal. Mas a idéia original de taça ou cálice representa a completa gnose da mente.

Hermes: Ele encheu uma grande taça com *noûs* [mente] e despejou-a na terra, e apontou um arauto e ordenou-lhe que fizesse uma proclamação aos corações dos homens: "Escute, cada coração humano; batize-se na taça, se puder, reconhecendo o propósito para o qual você foi criado e crendo que você ascenderá a Ele que despejou a taça." Agora, aqueles que deram atenção à proclamação e mergulharam no banho da mente, esses homens conseguiram sua parte de gnose; eles receberam a mente e então se tornaram homens completos.[8]

Essa é uma alusão à verdade do Graal feita mil anos antes que ele surgisse com a imagem que temos atualmente. É do *Corpus Hermeticum*, ou a Hermética, o corpo de textos atribuído a um personagem fantástico que nunca existiu, Hermes Trismegisto. Apesar disso, Hermes é uma figura útil quando associada a qualquer literatura de sabedoria.

A Hermética

No livro *The Hermetica: The Lost Wisdom of the Pharaos*, Timothy Freke e Peter Gandy interpretam os diversos textos da Hermética e os reúnem em capítulos, que são úteis para aqueles que não têm tempo ou o privilégio de percorrer os próprios textos originais. Resolvi deixar esses textos para o final, pois são algumas das fontes originais a que esses alquimistas (Paracelso e o abade De Villars) recorriam para seus próprios trabalhos.

Meus sentidos estavam suspensos em um sono místico — não uma sonolência fatigada e cheia de fastio, mas um vazio alerta e consciente. Liberado de meu corpo, eu fluía com meus pensamentos, mas enquanto pairava, pareceu-me que um Ente vasto e sem limites chamou meu nome: "Hermes, o que você procura?". "Quem é você?", perguntei. "Eu sou o Guia do Caminho, a Mente Suprema."

Esse, o parágrafo de abertura da interpretação de Freke e Gandy, é muito revelador. Hermes estava suspenso num sono místico, que não era um sono profundo, mas um estado ainda alerta. Descreve, sem dúvida, o estado hipnagógico, e esse é o método que devemos usar para permanecer naquele ponto do ciclo em que ficamos conscientes do nosso mundo inconsciente. Esse estado liberava Hermes do seu corpo, que é de fato sua natureza inferior — a natureza do homem que o mantém no sofrimento. Uma vez liberado e sabedor da própria consciência, Hermes encontra-se com seu próprio estado supraconsciente, o *Guia do Caminho* ou *Mente Suprema*. Esse estado é o que Hermes chama de *Atum*. Atum é ele mesmo, e também é tudo, a inteireza, a unicidade e está conectado a todas as coisas. Sem Atum, nos diz Hermes, nada há.

Será que você compreende os segredos dessa visão? Eu sou a Luz — a Mente de Deus, cuja existência é anterior à escuridão caótica das águas da potencialidade. Minha Palavra tranqüilizadora é o Filho de Deus, a idéia da bela ordem (...) Quando ele disse isso, olhou para dentro de mim; Eu olhando para Mim.

Aqui temos a verdade dita de modo perfeitamente claro. Eu sou a Luz, a Mente de Deus; Eu olho para dentro de Mim. Eu, portanto, sou Deus.

MÍSTICOS, ALQUIMISTAS E GNÓSTICOS **217**

Esse Atum é a *Mente Primordial*, seu Ser é *conhecido somente por meio do pensamento*; *Ele é o Todo que contém todas as coisas*; *Ele é Um, não Dois*; *Ele é Tudo, não os muitos*. Isso me lembra dos termos empregados para Alá, o Deus do Islã. Alá também é o *Deus uno*, e isso me faz voltar rapidamente ao maravilhoso livro de John Baldock, intitulado *The Essence of Sufism*. Baldock prontamente se encarrega de nos orientar na direção certa.

Orientação é a palavra-chave neste momento, pois significa mais do que apenas indicar fisicamente uma determinada direção para alguém. Refere-se também à nossa orientação interior, quer seja em direção a nós mesmos — isto é, ao nosso ego-personalidade — ou em direção a algo muito maior, à Fonte da qual nosso ser depende.

Baldock faz uma distinção entre o eu e a fonte, coisa que não fiz ao longo deste livro. Isso porque tomei a liberdade de decidir que a fonte é parte integrante do nosso Eu Divino — que nossos antepassados diziam estar conectado à fonte da Mente Universal. Há, é claro, esse ego-personalidade do qual John fala, mas encarei-o como parte das causas do sofrimento. De qualquer modo, o que temos aqui é o caminho sufi (o Islã místico) — que diz que a verdade está no interior. A seguir temos uma bela interpretação de A Viagem Noturna (Isra') e da Ascensão (Mi'raj) de Maomé:

> Certa noite, Maomé estava próximo à Caaba, "num estado entre o sono e a vigília", quando Gabriel (Jibreel) apareceu-lhe e lhe disse para montar uma besta alada, chamada Buraq. O animal, que era menor que uma mula e maior que um asno, tinha cabeça de mulher e cauda de pavão. O extraordinário corcel de Maomé levou-o a Jerusalém, para o local das ruínas do Templo de Salomão, onde Abraão (Ibrahim), Moisés (Musa), Jesus (Isa) e todos os outros profetas estavam reunidos. Maomé conduziu-os à prece, e então Buraq ascendeu-o até os Sete Paraísos. À medida que passavam por cada um dos sete paraísos, Maomé encontrava um

dos sete Profetas que haviam pregado a Unicidade de Deus para a humanidade.

Temos nessa lenda clássica de jornada e ascensão o exemplo perfeito da jornada xamânica. É o estado hipnagógico (ou hipnopômpico) que desperta essa visão — o estado entre o sono e a vigília. Maomé sobe através dos sete planos e fala da Unicidade de Deus. Em que isso difere das antigas palavras da Hermética? A Hermética também nos fala de nossa descoberta moderna do emaranhamento quântico:

Atum está em toda parte. A mente não pode ser confinada, pois tudo existe dentro da Mente. Nada é tão rápido e tão poderoso. Basta você observar sua própria experiência. Imagine-se em uma terra estrangeira, e tão rápido quanto a sua intenção, você estará lá! Pense no oceano — e lá está você. Não se moveu como as coisas se movem, contudo você viajou. Voe através dos céus — você não precisa de asas! (...) Tudo é pensamento.

Também encontramos os sete planos do paraíso ou os chakras, que conhecemos como os planetas interiores:

Então a alma eleva-se em direção às estruturas dos paraísos. Na primeira zona, ela é desobrigada de crescer e decai. Na segunda, mal e simulação. Na terceira, luxúria e desejo ilusório. Na quarta, arrogância prepotente. Na quinta, audácia desequilibrada e precipitação. Na sexta, cobiça por riquezas. Na sétima, engano e falsidade. Tendo sido despida de tudo o que lhe tinha sido imposto pelas estruturas dos paraísos, a alma agora possui seu próprio poder e pode ascender (...).

Devemos buscar uma visão clara dos sete planos auto-impostos do sofrimento humano, os quais sabemos que temos de eliminar. Só então podemos verdadeiramente ascender ao poder de nossa própria mente em união como o mundo quântico da existência, e daí renascer por meio do útero da sabedoria.

Conclusão

O autor em frente a uma catedral, em Southwell Minster, Inglaterra.

Enquanto escrevia este livro, visitei muitas catedrais e igrejas na Inglaterra, sempre procurando por fragmentos de vida esotérica e influência gnóstica. Normalmente, eu estava acompanhado por minha mulher e meus dois filhos, que corriam por todos os lados como dois maluquinhos — para desprezo dos homens em trajes clericais. Em uma ocasião em especial, visitamos a Catedral de Lincoln. Depois de pagarmos a extorsiva taxa de entrada, lentamente olhamos à nossa volta. As crianças correram como sempre procurando cobras e cruzes templárias para o papai.

Depois de tirarmos muitas fotos e ficarmos imersos na história da bela catedral de pedra, minha mulher (parecendo mal-humorada) disse: "Você sabe que, um dia, esse lugar vai se tornar apenas um jardim de pedras." A princípio atribuí essa observação a seu desprezo costumeiro por "tediosas edificações de pedra", pois há anos eu vinha minando o bom humor dela com viagens a "pedreiras" e "jardins ornamentais com pedras". Mas, então, pensei que ela talvez tivesse razão.

Olhei em volta e vi os presunçosos clérigos cristãos, todos cheios de pompa e farisaísmo. Eles não diferiam dos clérigos de milhares de outras igrejas e lugares de culto que eu visitara ao longo dos anos. Em alguns locais, entretanto, havia vida. As pedras tornavam-se animadas, como se aquele fosse um templo vivo. Mas outras eram sombrias; todas haviam sido tomadas pelos desejos e pelas causas do sofrimento. A humanidade afetou as construções que erigiu, tanto para o bem como para o mal. Nessa ocasião, lembrei de Jesus expulsando os mercadores do templo. Cobrar taxas de pessoas simples que não podem pagar por um circuito hipócrita e pomposo pelo interior de um prédio religioso insensível é uma coisa que deixaria enfurecido Cristo ou um cristão de verdade. Esse deveria ser um lugar de reflexão, no verdadeiro sentido da palavra (refletir nossa Divindade Interior) — não um lugar de transações comerciais.

A analogia que me ocorreu é que esse edifício maciço, dedicado a um Deus inexistente e erguido sobre uma encosta, não era diferente do Templo humano. Estava desmoronando sob seus próprios pecados. Não havia mais vida no local, exceto o tipo de vida que Jesus expulsara do templo. Mais uma vez, era o macrocosmo e o microcosmo. Nós somos

CONCLUSÃO 221

o Templo de Salomão — ou podemos ser — e o templo, ou catedral, é a forma do homem aperfeiçoado — ou deveria ser.

Mais uma vez, minha mulher, meu princípio feminino, tinha trazido algo para mim. Ela freqüentemente me surpreende com suas introvisões. (Introvisões que eu regularmente tenho sido levado a obter por mim mesmo.) Repito, essa é uma sabedoria secular, que age de uma maneira física tridimensional; homem e mulher em harmonia e unicidade.

A verdadeira compreensão do que foi escrito neste livro chegará quando entendermos que, em todos os níveis da nossa vida — físico e espiritual, grosseiros ou refinados, relacionados conosco ou com os outros —, devemos sempre começar com o equilíbrio. Mas cada nível precisa ser trabalhado. É necessário entender que há elementos que nos causam sofrimento, e eles aparecem e reaparecem. Precisamos repetir o ciclo de erradicação se planejamos prosseguir para o próximo nível e ficar livres dos maus desejos. Assim que nossa mente ficar livre de todos os elementos que nos distraem, seremos realmente luminosos. Assim que compreendermos a verdadeira natureza da nossa interligação uns com os outros e com o Universo, então teremos o conhecimento, ou gnose, daquilo que verdadeiramente almejamos. Compreenderemos que todos os mitos, fés, religiões e tradições estão ligados a uma única coisa — a verdade do nosso eu. Assim que a humanidade tiver construído os seus seis bilhões de Templos, talvez haja então esperança para o mundo.

Apêndice A

DICIONÁRIO DO CONHECIMENTO

'abd

Termo sufi que significa "servo" ou "escravo". Na doutrina islâmica, o indivíduo é visto como sendo o servo ou escravo de Deus e não necessariamente o filho, como na relação pai-filho judeu-cristã.

ablução

Termo alquímico para a lavagem de um sólido com um líquido. Entretanto, o significado real é a pessoa se purificar das coisas que causam sofrimento, como o desejo ou o ego.

Adão e Eva

Segundo a Ante-Nicene Christian Library, Clemente de Alexandria declarou que *Heviah* (a raiz de "Eva") significa *mulher serpente*. "Se prestarmos atenção ao sentido estrito do hebraico, o nome *Evia*, aspirado, significa mulher, serpente." O nome está ligado à mesma raiz arábica que significa tanto "vida" como "serpente". Os persas chamavam a constelação da Serpente de a pequena Ava ou Eva. No acadiano antigo, *Ad* significa "pai", e segundo C. Staniland Wake, em *The Origin of Serpent Worship*, o nome "Adão" estava associado nas lendas com Seth, Saturno, Thot ou Taautus, que eram todos fortemente relacionados a serpentes. "Abel", o filho de Adão e Eva, signifi-

222

ca *deus serpente*. Julgava-se que Caim fosse descendente de serpente. Adão e Eva são nomes que explicam seus próprios significados, e ainda assim ao longo do tempo perdemos essa significação. Em resumo, os dois aspectos da energia da serpente precisam ser reunidos para chegar ao homem perfeito — o Adão Cadmon dos alquimistas.

adepto

Extraído do termo latino *adeptus,* que significa *tendo alcançado.* Nesse caso, é a sabedoria que o adepto obteve. O adepto está além do estágio de iniciação da iluminação e é, no momento, um Adepto Mestre ou está prestes a se tornar.

Adito

O nome grego para o Sagrado dos Sagrados em qualquer templo. É um dos locais mais secretos e sagrados conhecidos pelo homem, em que nenhum profano pode entrar.

agartha

Essa palavra tibetana significa *o reino subterrâneo situado no centro da terra, onde reina o rei do mundo.* Ele é simbólico e usado extensivamente para abranger o verdadeiro centro. Esse é um artifício usado pelos seguidores da experiência da iluminação para descrever o aspecto central necessário para se alcançar a iluminação.

Agatodemon

A *boa serpente*, ou a *serpente sagrada*, dos gnósticos e fenícios. Essa boa serpente é nada mais que a Força Solar ou Energia da Serpente, que ajuda o homem ao longo do caminho da iluminação. É também a cobra em espiral do Kundalini. Nas bacanais havia, notavelmente, um *Cálice do Agatodemon.* Esse cálice de vinho consagrado à serpente era passado de mão em mão e recebido com muita gritaria e satisfação. O hino cantado por intermédio da serpente para o Pai Supremo era o mesmo cantado em memória da Píton, em Delfos, no sétimo dia da semana, simulando o sétimo chakra do processo Kundalini para a Divindade. Agora, milhares de anos depois, os cristãos ainda bebem do cálice de Cristo (chamado de a *boa serpente* pelos

GNOSE

gnósticos) e comem o pão consagrado. Esse ritual moderno é semelhante ao original, mas renomeado *Cálice da Serpente Sagrada,* que fornece o corpo e o sangue do nosso deus mais antigo.

Agni

Deus hindu que significa *Ser Luminoso.* Ele ilumina o céu. Nisso, podemos ver a associação cruzada entre o Sol físico e o sol interior.

ajna, centro/chakra

Este é o chakra oriental, entre as sobrancelhas, que está alinhado com a glândula pituitária. É o centro da personalidade do indivíduo. É também conhecido como o *chakra agni* ou *chakra do fogo ou luminoso.*

akáshicos, registros

Registros de todas as palavras e realizações de uma pessoa que serão encontrados no reino espiritual. Em *Gateway to the Serpent Realm,* eu defendi a teoria de que eles seriam encontrados num campo de vácuo quase-quântico, e que a humanidade é capaz de ver os registros num estado supraconsciente.

akh

Termo egípcio que significa *Alma Luminosa.* Observe o uso do termo nos nomes de certos faraós, como *Akh-en-Aten* [Akhenaten], o rei egípcio de quem se diz ter cultuado somente o Sol Exterior.

Alá

O Deus do Islã; proveniente de *Ilah* ou *El,* que significa *brilhar muito.* É a iluminação interior. É semelhante à realidade interior da nossa própria divindade, que nos deixa imersos na luz.

alcaeste

Este é o termo alquímico para *o poder que vem de cima,* e permite ou torna possível a transformação alquímica. Algumas vezes traduzido como *solvente universal,* é o conceito de transmutar elementos materiais (ou mentais) em sua forma mais pura. É, em resumo, o conceito de revelar a natureza oculta e verdadeira da humanidade, que é o próprio "ouro" dos filósofos arcanos.

Alexandre, o Grande

Embaixadores de Alexandre, depois de retornarem de uma visita à Caxemira, mencionaram o fato de que o rei tinha duas grandes serpentes, chamadas Ida e Pingala. Obviamente elas eram as duas serpentes do Kundalini. Segundo Strabo, o rei de Taxila mostrou-lhe uma grande serpente que era, de fato, adorada. Alexandre é bem conhecido por ter feito uma pesquisa extensa em busca da sua própria espiritualidade, especialmente na cultura hindu.

alquimia

Al ou *El* significa "Deus" ou "luminosidade". *Quim* provém da raiz latina *chimia* e significa "mistura". Portanto, *alquimia* significa mesclar-se com Deus ou a Luz — ser iluminado. Consistia basicamente em um disfarce para as tradições orientais, que eram diametralmente opostas à Igreja de Roma. A alquimia foi levada para a Europa pelos ensinamentos de Geber (Jabir ibn Hayyan, 721-815 d.C.), assim como de muitos outros. Em anos mais recentes, o psicanalista Carl Jung concluiu que as imagens alquímicas que ele havia descoberto emanando dos sonhos e pensamentos de seus pacientes explicavam as raízes arquetípicas da mente moderna e ressaltavam o processo de transformação.

anahata

O chakra oriental ligado ao coração.

âncora

A *Âncora Enredada* simboliza o bote e o mastro, que é um símbolo de Maria. Isso é significativo, já que simboliza a união do masculino (mastro) com o feminino (bote ou lua crescente). No simbolismo egípcio, essa união de opostos era fortalecida com a imagem da serpente enroscando-se no mastro — semelhante à energia Kundalini do hinduísmo. Essa união de opostos estava também associada com um golfinho que era enviado contra a lentidão do barco — simbolizando assim o misterioso *apressar-se lentamente,* um outro artifício para união. O símbolo do golfinho e do barco era também utilizado para simbolizar Cristo na cruz. Está também intimamente associado com a *ankh*.

androginia

Do grego *andro-genika,* em que *andro* significa "homem" e *genika,* "mulher". Também conhecido como *hermafroditismo* (Hermes e Afrodite unidos). Essa filosofia supõe que, uma vez tendo se libertado de sua recôndita escuridão interior, o humano percebe que é bissexual em espírito e mente. Esse não é um conceito literal. Uma vez nesse estágio, o alquimista, o mágico ou o Ser Luminoso representa o ser humano perfeito e é visto como se estivesse conectado inteiramente com o Universo. É uma idéia muito antiga, e um meio de alcançar a experiência da iluminação.

anima mundi

O termo latino para *a alma do mundo.* Termo esotérico que significa a moderna consciência coletiva ou o estado supraconsciente.

anima

Este é um termo usado com freqüência pelos alquimistas e é a palavra latina para "a alma".

animismo

Essa é a crença de que coisas inanimadas, como plantas, possuem alma.

ankh

A *Cruz Ansata.* Uma simples cruz em "T", encimada por uma alça oval, também conhecida como *o ru,* ou *passagem para o Outro Mundo.* Este símbolo do Egito representa a *vida eterna* e é encontrado com freqüência nos nomes dos faraós, como *Tut-ankh-amun* [Tutancâmon]. Em sua representação, a ankh é segurada pelo faraó, dando vida a seu povo. Isso basicamente separa os imortais dos mortais, porque quem quer que esteja usando ou carregando a ankh ganha a imortalidade. Pode também ser usada como amuleto para manter a vida. A alça (*o ru*) da ankh é que era usada pelos imortais nas narinas. (Essa imagem reflete o Deus bíblico soprando vida nas narinas de Adão.)

Thot, a divindade egípcia, simbolizava os quatro elementos com uma simples cruz, que se originava do alfabeto fenício mais antigo, como a serpente sinuosa. Como está registrado em *A Discourse of the Worship of Priapus*, de Richard Payne Knight, Filo acreditava que o alfabeto fenício era "formado por meio de serpentes (...) e eles as adoravam como deuses supremos, os dirigentes do Universo". Thot, que está relacionado com o culto às serpentes, criou o alfabeto. Segundo C. Staniland Wake, em *The Origin of Serpent Worship*, um escritor do século XIX, Bunsen, disse que "as formas e os movimentos das serpentes eram empregados na invenção das letras mais antigas, que representam deuses". Este símbolo foi ligeiramente alterado e tornou-se o *taut* egípcio, igual ao *tau* grego, que é de onde veio a expressão *cruz tau* — um simples "T".

Em seu formato, a ankh é muito semelhante a um instrumento musical egípcio — o *sistro* —, cuja forma lembra a alça oval *ru*. O sistro é um instrumento intimamente relacionado às deusas — especialmente Hathor, a deusa serpente/vaca, e Ísis — a esposa de Osíris. Na forma, os sistros lembram em muito a ankh, com uma alça no alto — também representando o ovo — e três serpentes avançando pela alça com pequenas peças de metal que chocalham. É possível que essas três serpentes representem *pingala, ida* e *sushumna*, os canais nervosos da tradição oriental Kundalini que convergem e se fundem no centro do cérebro (no tálamo) que, no ser humano, também se considerava que representasse o ovo cósmico.

Durante a ascensão da energia dessas serpentes pela coluna vertebral até o centro da cabeça, as pessoas ouvirão sons semelhantes aos do sistro. Algumas também escutarão sons que lembram o chocalho da cascavel, e igualmente sons de assobios e de instrumentos como a flauta — um som branco [a soma de todas as freqüências audíveis] agora associado ao Outro Mundo. Subjacente a esses sons existe o retumbar de um som muito baixo e forte, que enfraquece no princípio e torna-se cada vez mais alto conforme o processo avança, culminando na explosão de uma luz brilhante e branca no centro da cabeça. O sistro então pode ter sido um símbolo dessa experiência.

O sistro era usado em pinturas e entalhes para mostrar os diversos deuses e faraós subjugando o poder de um deus em particular.

antahkarana

Termo oriental para o canal invisível, por meio do qual a meditação faz a ponte entre o cérebro físico e a alma.

antimônio

Termo alquímico que simboliza, no homem, sua natureza animal ou espírito selvagem que precisa ser erradicado. Existe um metal chamado antimônio que era usado pelo alquimista Basil Valentine; certa vez ele deu esse metal para alguns monges beneditinos ingerirem, quase os matando no processo. Acredita-se que a tintura de antimônio cure algumas doenças venéreas.

antroposofia

Fundada pelo líder religioso Rudolf Steiner, um místico alemão. O termo significa *sabedoria do homem* e ensina a antiga verdade: que a sabedoria, que é a própria verdade, encontra-se no interior do homem.

arcano

Derivado da palavra latina *arcanus*, significa "segredo" ou "mistério". O termo está relacionado à palavra "arca", como em Arca da Aliança, ou a arca usada por Noé. Ambos os termos estão associados à embarcação que, no antigo Egito, carregava a alma dos mortos para o outro mundo — a barca solar.

Árvore da Vida

Representa a estrutura da alma e do Universo — a natureza interligada. É o *Ser,* o *Chesed* ou *Homem Interior*.

Árvore do Conhecimento

Embora literalmente declarada como tendo existido no Jardim do Éden, ela é de fato a *Daath* ou a cabala, o *axis mundi* ou a coluna vertebral pela qual sobe a serpente.

ascensão

A Ascensão de Cristo, embora ensinada como um acontecimento literal (em que Cristo subiu aos Céus), é, na realidade, a elevação da consciência crística dentro do homem. É a escalada do Kundalini pela coluna vertebral ou o *axis mundi* para a completa iluminação. É a percepção de que o homem é o Divino.

assiah

Termo hebreu para o quarto mundo da Cabala. Significa *o corpo físico*. No Apocalipse de São João, o termo foi traduzido como Ásia.

astral, corpo

Uma projeção do eu interior, ou o *haqiqah* dos sufis. Acredita-se que o corpo astral continue a existir depois da morte. Em *Gateway to the Serpent Realm*, mostrei como isso pode ser facilmente relacionado à física quântica e ao emaranhamento quântico do estado supraconsciente com o Universo, dando origem assim aos registros akáshicos. Está relacionado com a *viagem astral*, que é a viagem da alma durante o sono ou a meditação. O corpo astral comum é também conhecido como o *kama rupa* ou *corpo de desejos*, enquanto o verdadeiro corpo astral é a Força Solar ou o Espírito Solar, como foi dito por Jesus em João 3:5-6: "(...) quem não nascer da água e do Espírito Santo não pode entrar no reino de Deus. O que nasce da carne é carne, mas quem nasce do Espírito é espírito." Jesus está indicando os dois diferentes atributos humanos: um carnal ou corpóreo, e um espiritual ou astral.

athanor

Termo alquímico para o forno, que simboliza a união dos princípios masculino e feminino dentro do homem — unindo interiormente os opostos. Às vezes é simbolizado por uma montanha ou um carvalho oco.

atman

É a verdadeira realidade interior, o Espírito ou o elemento do Filho de Deus dentro de nós. Os alquimistas dizem que o atman não morre, não tem fim e é absolutamente perfeito.

aura

O brilho, halo ou radiação em torno de objetos vivos ou inanimados, que muitos acreditam ser o elemento visual da alma ou espírito. Essas auras atualmente são fotografadas usando a fotografia Kirlian.

avatar

A manifestação da entidade mais elevada para o bem da humanidade. Cristo, Buda e Zoroastro são vistos como avatares. Eles são os elementos da realidade interior da humanidade conforme vistos ou pressentidos pelos místicos que se sintonizaram com as verdades universais interiorizadas. O ensinamento de um avatar expande a compreensão da humanidade sobre si mesma e expande a evolução humana no plano espiritual. Diz-se que a evolução do espírito afeta a evolução física da humanidade e crê-se que seja um caminho de volta à divindade.

banho-maria

Palavra que se originou do nome da alquimista judia Maria, a Profetisa, e significa um banho quente alquímico (uma vasilha contendo a substância é colocada dentro de outro recipiente com água fervente ou quente). Entretanto, como acontece com muitos termos alquímicos, é também uma metáfora para a sensação cálida, associada à meditação, em seu trajeto para a dissolução ou erradicação do ego.

Baphomet

Um objeto misterioso que se acredita ter sido venerado pelos templários e que se imagina ser um crânio. Uma explicação possível para a origem dessa palavra poderia ser encontrada nos desertos do Iêmen. O povo que vive lá é chamado de *al-mahara* e criou muitos modos de combater o veneno de cobra. Os sacerdotes especiais são chamados *raaboot*, e teriam aprendido o segredo por transmissão de pai para filho. A lenda sobre eles afirma que são imunes a picadas de cobra.

Se alguém era picado, chamava-se um raaboot. Ele se sentava ao lado do paciente, com muitas outras pessoas, e cantavam em voz monótona "bahamoot, bahamoot". Dizia-se que o veneno era então vomitado ou eliminado do corpo. Depois o raaboot ia embora. Não seria possível que *bahamoot*, um canto para a cura de picadas de cobra, pudesse ter feito seu trajeto

APÊNDICE A: DICIONÁRIO DO CONHECIMENTO   231

através de diversas culturas e acabado por se tornar uma palavra para designar a cabeça da serpente? De outro modo, então a etimologia desses dois itens relacionados é tão semelhante que entra, mais uma vez, na linguagem disseminada mundialmente do culto à serpente.

Baqa'

Termo sufi que se refere ao *Divino Atributo de Eternidade*. É o oposto de *fana'* ou "passamento". Quando um sufi alcança o estado de *fana'*, ele está se deixando para trás e então só permanece o eu divino.

Bardo

Termo tibetano que significa simplesmente *entre os dois*. Em essência, é o vazio. Isso pode ser visto no título do *Livro Tibetano dos Mortos,* cuja tradução completa seria *O Grande Livro da Liberação Natural mediante a Compreensão do Meio.*

Bel/Baal

Um deus solar, que John Bathurst Deane acredita, em seu livro *Worship of the Serpent Traced Throughout the World*, ser uma abreviação de *Ob-El* — o deus serpente. O etimologista e historiador Jacob Bryant observa que os gregos o chamavam de *beliar*, que era interpretado por Hesychius como *um dragão ou serpente grande. Bel* são os deuses assírio-babilônios *Enlil* e *Marduc* — sendo o mesmo que *Baal*.

Beltane pode ter originado *Bel-Tan,* ambas as palavras com significado de "dragão" e "serpente", evidenciando uma ligação através da Europa. De fato, *Tan-it* ou *Tanit* era a deusa padroeira de Cartago, no Norte da África, também associada à Árvore da Vida. Muitas vezes a Árvore é representada com linhas onduladas, como se representasse serpentes. O nome *Tanit* significa *Dama Serpente*. Ela é encontrada em muitas moedas do apogeu de Cartago e está associada com o Caduceu, simbolizando o papel de Tanit na vida, na morte e no renascimento. Ela representa basicamente o mesmo que a Rainha dos Céus — Astarte, Ísis e Maria.

bodhicitta

Termo sânscrito que significa *a mente iluminada*.

bodhisattva

Termo sânscrito que significa *a essência da iluminação ou sabedoria,* já que ambas são uma mesma coisa. Em termos esotéricos, é a alma ou ser que alcançou o direito de entrar no nirvana e escapar do samsara. Tornou-se iluminado e é um Ser Luminoso, mas, em vez de entrar no nirvana, voltou à existência para ajudar a humanidade.

Buda

O ser iluminado que é um bodhisattva. Segundo as tradições da Nova Era, ele foi o último avatar da Era de Áries e representava a encarnação da sabedoria. A serpente era um emblema do Buda Gautama, o messias. De acordo com a tradição oral e as lendas hindus, Gautama pertencia a uma linhagem serpentina. Por isso, não nos causa surpresa o fato de que as árvores são sagradas para os budistas, já que Gautama foi iluminado embaixo da *árvore bo.* No livro *Ophiolatreia,* Hargrave Jennings cita o capitão Chapman, que foi um dos primeiros a ver as ruínas de Anarajapura, na Índia.

> Nesse momento, os únicos vestígios da cidade consistem em nove templos (...) grupos de pilares (...) ainda objeto de grande reverência por parte dos budistas. Consistem principalmente num cercado, no qual estão as árvores sagradas chamadas *bogaha.*

A base das artes de cura tibetanas provém de Bhaisajya-guru, o *Buda da Radiância do Lápis-Lazúli,* mestre da cura. A tigela de mendicância é feita de lápis-lazúli e contém o Elixir da Vida. A definição do Elixir pode ser encontrada numa história sobre o Buda quando ele passava a noite na ermida de Uruvela:

> O líder, Kashyapa, alerta Buda da existência de apenas uma choupana disponível, e que uma naja maligna a ocupara. Buda não se preocupa e vai para a choupana. Mas segue-se uma luta terrível que culmina com a choupana pegando fogo. Os presentes apagam as chamas, mas têm de esperar até a manhã seguinte para ver se Buda sobreviveu. Buda surge então com sua tigela

APÊNDICE A: DICIONÁRIO DO CONHECIMENTO   233

de mendicante nos braços e, dentro, uma pacífica cobra enrolada. Buda eliminou os caprichos belicosos do dragão e aparece com um resultado benéfico.

cabala

Da raiz *KBLH* da língua hebraica, significa "receber". É a ciência dos reinos superiores, em que toda a supraconsciência está em harmonia, já que essa é a função da nossa consciência desperta ou supraconsciência. É o antigo sistema hebraico dos mundos interiores encontrados em nós, e só pode ser entendido por meio de elementos simbólicos únicos do sistema e pela erradicação do ego.

Caminho Sufi

Embora o Caminho Sufi, dependendo do autor, varie quanto à quantidade de estágios, a obra *Conference of the Birds,* de Fariduddin Attar, mostra-o com sete estágios, semelhante ao Kundalini.

canalização

Este é um termo bastante atual para a capacidade de obtermos *insights* do Outro Mundo por meios desconhecidos. A pessoa não precisa necessariamente saber como ou por que ela consegue canalizar, e não precisa ter passado por treinamento anterior. Imagino que isso se deva ao fato de ela, no estado supraconsciente, estar quanticamente emaranhada ao mundo natural, e imagino também que é um estado de evolução perfeitamente natural, do qual temos cada vez mais consciência.

chakras

São os centros orientais de energia no corpo (etérico) que percorrem a coluna vertebral através das sete glândulas endócrinas. A energia Kundalini (serpente enroscada) precisa subir através dos centros para alcançarmos a iluminação.

circumambulação

Andar em círculos ritualisticamente. O andar ou percorrer em círculos um local ou monumento sagrado, como as estupas budistas. O efeito é fixar o eixo do mundo num determinado tempo e lugar — tornando, desse modo, o lugar sagrado. A idéia é manifestar o princípio criativo dentro do homem. Acredita-se que exista um suporte científico para esses locais sagrados, segundo o qual eles são comumente lugares com energia eletromagnética elevada, que pode se ligar à energia da pessoa que direcionou sua própria energia eletromagnética por meio da meditação. É chamada de *a peregrinação do eu,* e é vista por toda parte, mais notadamente no festival anual islamita da Caaba, onde os sete circuitos simbolizam os sete atributos de deus — na Caaba está o meteorito negro (e, portanto vazio) que caiu na Terra e que muitos julgam estar carregado de eletromagnetismo. Na Caaba, ou *Ca'abir* — que se transforma em *Ca Ab Ir,* o *Templo do Sol Serpente* — está a pedra cônica (embora muitos digam ser quadrada) que é o ponto de ligação entre o Céu e a Terra. O formato de cone simboliza sorte, e no mito de Dioniso era o coração de Baco. Adornos cônicos para a cabeça eram usados pelos reis e sacerdotes dioscorianos, egípcios e sumérios. No livro de J. C. Cooper *An Illustrated Encyclopedia of Traditional Symbols,* Bastius disse que o cone e topo em fuso compartilhavam do mesmo simbolismo e estão, portanto, fortemente ligados à experiência de iluminação e ao eletromagnetismo.

cobra/serpente

Dita andrógina e imortal graças à sua troca de pele. Diz-se que ela vem do mundo subterrâneo, porque emerge da terra ou sai deslizando da água. Simboliza o feminino e a Lua. É tanto um símbolo fálico quanto solar. É o yin e yang unidos no Tao. É um símbolo do Tao. É representada como uma espiral, tal como a hera e a vinha. Na Islândia é citada como *skar* ou *snokr.* Em dinamarquês, a cobra é *snog.* Na Suécia é *snok.* Em sânscrito, é a *naga.* Em irlandês, é *snaig* ou *snaigh.* Em hebraico, a cobra é *nahash.*

consciência cósmica

É a crença de que místicos e espiritualistas estão em contato com um Universo que é uno, abrange tudo e está consciente. Quando atingimos essa consciência cósmica ficamos conscientes de todas as coisas, vindas de todas as épocas, de todos os lugares, todas de uma só vez. A realidade externa desta nossa existência precisa ser posta de lado se quisermos nos tornar capazes de ter consciência da ocorrência da iluminação. Essa é a realidade interior, a ligação com o Divino. Relacionada à consciência cósmica está a humanidade cósmica, a qual percebe que o ser humano é capaz de ir além do conteúdo da realidade e conta com um potencial ilimitado.

corpo etérico

É a contrapartida energética do corpo físico e é uma idéia manifestada no mundo esotérico, oculto, alquímico e místico. É o corpo dos chakras, ligando-os com um corpo de energia. Talvez sejam vórtices de energia subatômica controlados pela mente, desde que a mente esteja no controle de si mesma e não confusa e distraída pelo mundo dos fenômenos externos.

cruz tau

A cruz em "T" ou cruz tau tem sido símbolo da vida eterna em muitas culturas e dá seu nome ao Touro do signo astrológico, em latim *Taurus* (que também contém *ru*, a passagem). De fato, os druidas veneravam a árvore ao rabiscar a cruz tau em sua casca. Na Idade Média européia, a cruz tau era usada em amuletos para proteger o usuário contra moléstias.

Entre os franco-maçons modernos, o tau tem muitos significados. Alguns dizem que ele representa o *Templus Hierosolyma*, o *Templo de Jerusalém*; outros acreditam que significa tesouro escondido ou quer dizer *Clavis ad Thesaurum — a chave do tesouro;* ou *Theca ubi res pretiosa — um lugar onde a coisa preciosa está escondida.*

O tau é especialmente importante na Maçonaria do Arco Real, em que se tornou a *Jóia dos Companheiros,* com uma serpente como alça acima da travessa da cruz — formando o ankh —, com a palavra hebraica para a serpente gravada no alto e também incluindo o *triplo tau* — um símbolo para tesouro oculto e composto de oito ângulos retos.

O tau também era símbolo de Santo Antônio — que mais tarde se tornou o símbolo dos Cavaleiros Templários de Santo Antônio de Leith, na Escócia. Santo Antônio viveu no século IV e a ele é creditado o estabelecimento do monacato no Egito. A história conta que ele vendeu todas as suas propriedades depois de ouvir falar do Senhor e partiu para o deserto para viver como eremita. Em suas viagens, aprendeu muitas coisas com os sábios no Egito e ganhou muitos seguidores. Ele era penosamente tentado pelo Diabo na forma de serpentes. Em certa ocasião, ele seguiu uma trilha de ouro até um templo que estava infestado de serpentes e ali se instalou, precisando de poucos alimentos além de pão e água. Teria vivido 105 anos. Graças à sua longevidade são conferidos a ele poderes de proteção. Essa é uma metáfora para o processo de iluminação associado à conquista da energia da serpente.

A Ordem dos Hospitaleiros de Santo Antônio, que mais tarde tomaria grande parte da riqueza templária, levou muitas relíquias de Antônio para a França no século XI, embora tenha sido dito que elas foram depositadas secretamente em algum lugar do Egito, imediatamente após sua morte.

O taut ou tau simboliza os quatro elementos criativos do Universo. O símbolo do Sol ou serpente foi acrescentado, criando um círculo simples ou a alça *ru*. Essa alça sobre a cruz em "T" criou o ankh, o símbolo da eternidade. A cobra num círculo comendo sua própria cauda simboliza o Sol e a imortalidade, sem deixar de mencionar o ponto no processo cíclico de criação. Juntos, o "T" e "O" formam a mescla simbólica perfeita dos quatro elementos e do quinto elemento. Acrescentou-se a ele o símbolo da Lua, tornando-o o signo de Hermes/Mercúrio e mostrando a origem do Caduceu/Serpente. Esse símbolo se tornou a marca ou signo que identificaria o crente a ser salvo. Em Ezequiel, essa é a marca que Deus conhecerá — a marca na testa. Como o historiador vitoriano John Bathurst Deane indica, a passagem de Ezequiel (9:4) deveria dizer: "(...) e marca com um tau a testa dos homens" ou "marca com a letra tau as testas". Os cristãos primitivos batizavam com a expressão *crucis thaumate notare*. Eles batizavam com o símbolo da cobra. E o próprio São Paulo, em Gálatas 6:17, declara: "(...) ninguém me moleste; pois trago em meu corpo as marcas de Jesus."

Essa idéia de usar a cruz tau no ombro como um signo ia se tornar mais tarde parte das marcas dos templários. Os templários incentivaram a veneração às serpentes. Os merovíngios (que alguns declaram serem descendentes de Jesus e de uma serpente marinha ou deus peixe — o *Quinotauro* ou *Quino-tau-r*) supostamente nasciam com uma cruz vermelha entre as escápulas. A cruz tau é também estranhamente usada por aqueles que praticam a geometria sagrada, como um "marco" para tesouros enterrados, sejam eles físicos ou espirituais.

daimon

Não o demônio do cristianismo, mas o mestre interior, o espírito do divino dentro de cada um de nós que nos guia para a perfeição. Todos temos este daimon ou daemon, basta descobri-lo.

decapitação

Muitas vezes encontrada em fábulas e histórias, relaciona-se à eliminação do ego, à morte mística e a um processo em que tudo que é falso é erradicado, liberando assim a divindade interior.

Deus cornífero

De Pashupati a Pan, o Deus cornífero é visto ao longo da História ligado ao segredo da serpente. É Pan quem abre a cista de Baco, revelando a serpente em seu interior. Dioniso (Baco) é geralmente representado com chifres, e dizia-se que as bacantes da Trácia usavam chifres imitando seu deus. Mesmo Zeus, que se transformou em serpente para trazer Dioniso à vida, era representado com chifres. Acredita-se que os chifres significam o aspecto solar do deus — seu aspecto de doador da vida. Eles também simbolizam o touro. O bode também está associado à serpente, assim como Dioniso muitas vezes se manifesta como bode. O despertar de Moisés é simbolizado por chifres ou brilhos. No deserto, Moisés também empunha o caduceu e eleva, a Jeová, a Serpente de Bronze da cura.

deva

Um Ser Luminoso, anjo ou ser celestial. Atribui-se aos devas a capacidade de ajudar a humanidade com atividades intelectuais e espirituais de seu universo paralelo. Na verdade, eles são Realidades Interiores, provavelmente arquetípicas e visualizadas como entidades luminosas em razão dos efeitos físicos e mentais do processo de iluminação. Em épocas passadas, houve manifestações físicas dos devas no mundo real sob a forma de guias humanos.

dharma

Palavra oriental, dharma é a natureza mais interior de cada indivíduo e é o verdadeiro ser. É o sentido da vida. O homem não age com total capacidade se não conhecer seu dharma.

dragão

Palavra proveniente do grego *draco*, que significa "visão", em virtude da suposta vista boa do dragão. Sabemos agora que isso está relacionado à boa visão interna que nos é trazida pela energia da serpente.

duplo ou gêmeo

Toda pessoa possui um gêmeo dentro de si. Trata-se simplesmente dos opostos que já discutimos, os princípios masculino e feminino. Já a *mônada* é o todo. Os tibetanos declaram que o buda ou alma iluminada dentro de nós possui, em oposição, um *devadatta* (um irmão). Isso é o mesmo que *Set,* o gêmeo de *Hórus/Osíris;* a razão das duas colunas (entre as quais devemos passar em equilíbrio) dos franco-maçons e de outros; o gêmeo chacal Aker ou os leões do Egito (as esfinges), entre os quais fica a Grande Pirâmide; os canais ida e pingala, do Oriente, que sobem pela coluna vertebral através dos chakras rumo à iluminação; Castor e Pólux; e Rômulo e Remo. Podemos ir mais além, já que todos os lados possuem seus próprios opostos. Examine por exemplo a Mãe Santíssima, o Espírito Santo: é boa e benéfica, mas ela mesma tem um outro oposto que não o Pai Santíssimo. Esse oposto é conhecido como *Durga*, e é o aspecto feroz da Mãe Santíssima.

Esses exemplos refletem a natureza dual do ser humano, vista como sombria e clara, boa e má, homem e mulher. Onde quer que os opostos sejam encontrados, o autor estará representando essas realidades interiores. São as batalhas psicológicas travadas dentro de nós. Quando decidimos fazer o bem e sermos bons, nosso *alter ego* combate o impulso ou desejo com desejos opostos. Em resumo, boas são todas as coisas que estão no lugar certo, e ruins serão todas aquelas que estiverem fora de lugar.

ego

Psicologicamente, o ego é a nossa parte destrutiva, causando o sofrimento por causa dos desejos, e que nos leva a tomar decisões sobre a nossa vida que estão em desacordo com a Realidade Interior ou Divindade. Só conseguimos erradicar o ego ao perceber seus efeitos sobre nós e os erros causados por sua força. Assim que percebemos que temos um ego, podemos nos decidir a eliminá-lo. Os budistas ensinam que precisamos ficar livres do sofrimento causado por este elemento na nossa vida. Buda nos deu o claro

APÊNDICE A: DICIONÁRIO DO CONHECIMENTO   239

e preciso Nobre Caminho Óctuplo para a iluminação: (1) compreensão criativa; (2) boas intenções; (3) boas palavras; (4) sacrifício total; (5) bom comportamento; (6) castidade absoluta; (7) luta contínua contra os Magos da Escuridão — o *alter ego*; e (8) a mais absoluta paciência.

elementais

Acredita-se que sejam espíritos ou almas em uma forma de existência inferior à da humanidade — espíritos de rochas, de animais, de plantas e de outras partes da Natureza. Os místicos acreditam que, como o homem estava mais próximo da Natureza nos tempos antigos, ele era, portanto, mais capaz de perceber esses espíritos naturais e conversar com eles. Foram dados nomes a esses espíritos elementais, tais como *gnomos, fadas* e *elfos*. Eles são citados regularmente nos textos dos alquimistas e ocultistas, mas na realidade são elementos ocultos. Esses elementais são as assinaturas energéticas que todas as coisas possuem e que podem ser vistas pela supraconsciência.

Acreditava-se que a humanidade podia comunicar-se com os elementais e que eles ajudavam os seres humanos e, até mesmo, associavam-se a eles. Entretanto, essa linguagem deixou de existir. Na verdade, a comunicação entre o homem e os elementais é semelhante àquela que ocorre quando os animais sentem sinais energéticos, tal como antes de um terremoto, e então desaparecem, subindo morros e montanhas. Como os animais percebem esses sinais energéticos ainda é um mistério científico. Mas os sinais energéticos, ou elementais, comunicam-se com os animais. Se o homem, que não passa de um animal evoluído, podia também captar esses sinais, então ele também podia ser auxiliado pelos elementais. Os textos antigos, e aqueles não tão antigos, que falam desses espíritos da natureza são nossa única pista para descobrir como a humanidade consegue perceber esses sinais energéticos.

epifania

Experimentar o Deus revelado em Sua Criação. É o espírito manifestado na realidade. É o estado supraconsciente visto em coisas comuns ou por meio de novos olhos.

Espírito Santo

Visto como a terceira pessoa da Trindade cristã. Para os cristãos modernos, o Espírito não tem gênero. Entretanto, em outras tradições o Espírito Santo era um princípio feminino. Para Dante era o marido da Mãe Santíssima. O Espírito Santo é o Fogo de Pentecostes que desceu para inspirar os discípulos, em Atos 2. É semelhante ao Kundalini, à Força Solar ou ao Fogo da Serpente. Todos esses são nomes para o mesmo princípio. É mais provável que o espírito santo só esteja completo na forma do Kundalini, que é masculino, e quando em união com o feminino. Simbolicamente, os gnósticos da cristandade viam o espírito como um peixe, um cordeiro e uma pomba — todos oriundos de cultos anteriores, vindos do Egito, da Suméria e de outros locais.

fana'

A morte do ego ou a extinção do eu, abandonando o Eu Divino, na tradição sufi. O elemento final de *fana'* é *fana' al-fana'*, que significa simplesmente *a extinção da extinção*. Esse é o estágio em que o sufi não tem nem mesmo a consciência de ter se extinguido.

Faraó

No Antigo Testamento e no Alcorão, o antagonista de Moisés é o Faraó, que deseja exercer o domínio sobre os israelitas em lugar de Deus. O Faraó é o obstáculo que precisa ser superado para se chegar à terra ou ao lugar concedido pelo Divino. O povo do Senhor precisa negar a autoridade do Faraó a fim de fugir e ficar em paz. Moisés é, em termos islâmicos, o intelecto, que concede o poder do discernimento sobre o ego.

fitrah

Esta é a primeira natureza ou natureza pura do homem na tradição sufi. É a época anterior à corrupção do homem pelo desejo, ambição e todos os aspectos dos elementos malignos.

Çaia

A deusa da terra segundo a lenda grega. O cientista James Lovelock tornou-a famosa, declarando que a Terra inteira, inclusive todos os organismos vivos, era uma única entidade viva em união consigo mesma. O conceito não é novo. A teoria quântica está provando agora que isso é real; é uma verdade que *todas as coisas são uma*. O novo termo "holismo" tem sido aplicado para mostrar que todas as coisas estão inter-relacionadas umas com as outras em uma série de impressionantes conexões químicas, biológicas, elétricas e entre partículas quânticas.

gnóstico

Termo atribuído à pessoa que reivindica a gnose ou conhecimento de sua própria divindade. Segundo a crença gnóstica, a serpente era virtuosa e sábia. Satã era visto como o irmão mais velho de Jesus; e a serpente era considerada aquela que anunciava o salvador. O cainita gnóstico reverenciava a cobra na árvore, e os ofitas usavam áspides e víboras em suas cerimônias sagradas. Os templários da Escócia, em seu Antigo Rito, veneravam o símbolo da serpente enroscada na cruz tau. O famoso pergaminho Kirkwall, dos templários e dos maçons, revelado por Andrew Sinclair em seu livro *The Secret Scroll*, está repleto de imagens sagradas da serpente.

guru

Nome dado ao mestre nas tradições orientais.

Hallaj

Místico islâmico que verdadeiramente entendeu sua própria divindade interior. Foi condenado à morte em 922 d.C. por sua declaração: "Eu sou Deus." Seus textos foram banidos da fé muçulmana.

haqiqah

Palavra sufi para a realidade interior, derivada da raiz *al-haqq*, que significa "verdade". A realidade interior de nós mesmos é, de fato, verdadeira — e tão verdadeira é nossa realidade interior, que só pode ser alcançada pela *fana'* ou extinção do eu.

hermenêutica

Método pelo qual o homem consegue interpretar o simbólico a fim de compreendê-lo melhor.

hierofante

Termo grego para um mestre de antigos mistérios e mitos esotéricos.

himma

Termo muçulmano para o poder do coração. Este é o coração dentro da humanidade — o amor divino.

lahut

Termo islâmico para o Divino. O oposto é o humano ou *nasut*.

iniciado

Termo muitas vezes mal empregado, mas que na verdade significa aquele que submete a alteração da sua própria realidade à percepção do seu próprio eu interior divino. Há, evidentemente, muitas sociedades secretas e grupos de ocultismo que declaram ter iniciados. Esses iniciados se submetem a várias etapas em seu percurso para a auto-realização. É claro, também se pode dizer que são manipulados para seguir um modo de vida e um sistema de crença diferente. É um instrumento perfeito para controlar as mentes dos indivíduos: prometer-lhes o sonho quase impossível da divindade. Poucas pessoas na História podem verdadeiramente declarar que alcançaram a iluminação, e aquelas que a alcançaram muitas vezes vivem em segredo.

insan al-kamil

O homem perfeito, o ser puro e santo, ou o homem universal. Este termo é usado no sufismo para aquele que é um ser humano completamente realizado.

intelecto universal

Versão islâmica para a mente livre das manifestações deste mundo — livre dos pensamentos impuros associados com a realidade banal em que existimos. É chamado de o Intelecto do Intelecto, e é onde podemos ver o oculto em tudo. É o verdadeiro processo de iluminação.

jnana

Termo sânscrito que significa "saber" e está relacionado à gnose. Refere-se especificamente à iluminação da consciência, ou sabedoria que vem de dentro. A palavra tibetana equivalente *yeshe* significa "conhecer o conhecimento fundamental que sempre existiu". Isso revela o verdadeiro significado de gnose e jnana: a sabedoria humana inata e interior que podemos encontrar ao erradicar o ego.

APÊNDICE A: DICIONÁRIO DO CONHECIMENTO   243

karma

Termo oriental para a lei de causa e efeito. Toda ação cria ou causa outra ação. Nossas ações em nosso estado atual de existência causarão um efeito em nosso próximo estado de existência.

Kundalini

Significa *ente enroscado* e carrega a idéia de uma energia serpentina enroscada, que se esforça para se reunir ao chakra da coroa no sistema de sete chakras básicos ou *rodas de energia,* que estão localizados no corpo humano.

Lúcifer

Embora nos dias de hoje se pense que este seja um nome para o Diabo ou Satã, os antigos gnósticos e místicos nunca o viram desse modo. Em latim, *luci, lux, luce* ou *lucu* significa "luz"; *fer* ou *fero* significa "portar" ou "carregar". Lúcifer, portanto, é o Portador da Luz. No século IV havia uma seita cristã cujos membros se chamavam luciferianos. Um dos primeiros papas foi até chamado de papa Lúcifer. É por isso que os cristãos fundamentalistas da era moderna amaldiçoam os franco-maçons e outros por sua crença profundamente arraigada no ente conhecido como Lúcifer. Eles não estão venerando o Diabo, mas, em vez disso, estão apoiando o Portador da Luz, em sua função de condutor da sabedoria.

manas

Em sânscrito, a mente espiritual superior do homem.

maya

A assim chamada teia de ilusão das tradições orientais. A raiz é sânscrita.

mestres ascensionados

Em um plano literal, esses são mestres espirituais com uma consciência superior, como foi proposto por Helena Blavatsky, e que se imagina terem existido ao longo do tempo e se originado no Oriente. Entretanto, poderiam ser vistos como mestres interiores provenientes de dentro de nós.

mônada

Do latim *monas*, que significa "unidade"; *uma única coisa*. Homem e mulher são as manifestações físicas da mônada espiritual; a mônada Divina reside em cada um de nós como o Pai, o Filho e o Espírito Santo.

monismo

A crença de que tudo no Universo é feito da mesma coisa e que metafisicamente todas as coisas são indivisíveis e unificadas.

mukti

Termo sânscrito para "liberação".

naaseno

Membro de uma seita gnóstica do tempo de Cristo que era chamada seita naaseniana, ou mais apropriadamente dos *adoradores da serpente*. Eles consideravam a constelação do Dragão um símbolo do seu cristo.

nabateano

Membro de uma seita do tempo de Cristo com crenças semelhantes às dos nazarenos, sabeus e naasenos. Reverenciavam mais João Batista. Os ebionitas, que se tornaram os primeiros cristãos, eram discípulos diretos da seita nazarena.

nadi

Termo sânscrito para o canal nervoso das energias sutis relacionadas aos chakras da tradição oriental.

nafs

Termo sufi para "mente", "eu", "alma" ou "ego". Há geralmente sete níveis para o *nafs,* como no Kundalini. Esses níveis são eventos psicológicos ou elementos do nosso eu que precisamos mudar e superar para alcançar a verdade. Esses níveis são: (1) o eu impositivo; (2) o eu censurável; (3) o eu motivado; (4) o eu tranqüilo; (5) o eu contente ou alegre; (6) o eu harmonioso e (7) o eu puro ou completo.

APÊNDICE A: DICIONÁRIO DO CONHECIMENTO   245

Naga/Naja

Naga é um termo sânscrito significando "serpente" (especialmente a naja) que também traz o significado de árvore, montanha, Sol, o número sete, sabedoria e iniciado. Todos são símbolos e emblemas relacionados ao culto da serpente e à experiência de iluminação. As najas viveriam em Patala, embora essa tenha um significado semelhante a antípodas, o mesmo nome dado pelos antigos às Américas. Termo similar ao mexicano *nagals*, os feiticeiros que sempre conservavam um deus em forma de serpente. Em Burma, são *nats*.

Naga é um termo usado para homens sábios. Há uma tradição popular que diz que os nagas lavaram Buda quando ele nasceu. Diz-se também que o guardaram e os restos de seu corpo depois de sua morte. Segundo H.P. Blavatsky, em *Theosophical Glossary*, as najas descendiam de Rishi Kasyapa, que tinha doze esposas (logo, era o Sol), das quais teve inúmeras najas e era o pai de todos os animais. Rishi Kasyapa pode ser, portanto, nada menos que o progenitor do Homem Verde, e isso explica os motivos para a aparição da cobra em imagens do Homem Verde e do Deus cornífero, assim como no caldeirão Gundestrup.

Apolônio de Tiana teria sido instruído pelo povo naga da Caxemira. É a mesma Caxemira, onde as tribos serpentinas se tornaram famosas por suas habilidades curativas. Existe a teoria de que os nagas descenderiam da raça cita. Quando os brâmanes invadiram a Índia, encontraram uma raça de homens sábios que eram metade deuses, metade demônios. Esses homens seriam os mestres de outras nações e instruíram os hindus e os brâmanes.

naljor

Palavra tibetana ligada às crenças da naja que significa "homem santo" ou "adepto".

nazarenos

Também chamados *mandeus* ou *sabeus*, constituíam uma seita de essênios na época de Cristo. Eles deixaram a Galiléia e se estabeleceram na Síria, perto do Monte Líbano. Atualmente denominam-se galileus, embora digam que Cristo era um falso messias. Em vez disso, são seguidores de São João Batista, que chamam o *Grande Nazar*. Em associação com os ebionitas e os

246 GNOSE

nabateanos, eles chamavam Jesus de o *Naboo-Meschiha* ou simplesmente *Mercúrio,* o grande curador com conexões serpentinas.

nirvana

A tradição oriental assegura que precisamos escapar dos contínuos renascimentos neste plano de existência e ir para o nirvana (paraíso). O termo está relacionado com *ni-fana.* Nirvana ou *ni-fana* é um lugar a que todos podemos chegar, livres dos desejos deste mundo e percebendo nosso eu interior ou divindade interna.

ofitas

Termo geral usado para designar um ramo dos cristãos gnósticos primitivos, embora tenha provavelmente muito peso chamá-los cristãos, no sentido moderno. Eles também eram conhecidos como a *Irmandade da Cobra.* Segundo John Bathurst Deane, o escritor cristão Epifânio disse: "Os ofitas surgiram dos nicolaítas e gnósticos, e seu nome derivava da serpente à qual veneravam." Eles "pensavam que o governante deste mundo tinha forma de dragão" e "os ofitas atribuem toda a sabedoria à serpente do paraíso e dizem que ela foi a autora do conhecimento dos homens" — ligando-a ao *Taautus* dos fenícios.

Eles mantêm uma serpente viva numa arca; e nas épocas dos mistérios atraem-na para fora colocando um pão sobre uma mesa diante dela. Ao ser aberta a tampa ela sai, sobe na mesa e enrosca-se envolvendo o pão. Eles não só partem o pão e o dividem entre os devotos, mas, também, quem quiser pode beijar a serpente. Os infelizes chamam isso de Eucaristia. Eles concluem os mistérios cantando um hino em louvor a ela, considerada o pai supremo.

O mediador eucarístico é a serpente chamada *Krestos,* como Cristo era o mediador na cruz; símbolo e ato mais antigos do que Cristo e que se originaram no culto à serpente. A serpente era sacrificada na árvore sagrada ou *Asera.* Os ofitas também eram chamados de *setianos* (segundo Theodoret), palavra derivada do Seth bíblico e do Set egípcio, ambos relacionados à serpente.

Olho de Dangma

Em sânscrito, *dangma* significa *alma purificada. O Olho de Dangma* é o *Olho da Alma Purificada.* É a visão espiritual adquirida por um iluminado ou Ser Luminoso. É o estado supraconsciente ou estado alterado da realidade em

APÊNDICE A: DICIONÁRIO DO CONHECIMENTO 247

que o homem pode perceber os sinais energéticos de todas as coisas, tal como nas auras das fotografias Kirlian.

ovo

O *ovo, Ovo Cósmico* ou *Ovo Cosmogênico,* é visto universalmente com a serpente — como no símbolo do *Ovo Órfico,* que mostra uma cobra enrolada em volta de um ovo. De Serpent Mound [outeiro da serpente], em Ohio, a Mitra e Kneph, o ovo está associado ao culto da serpente. Segundo muitos estudiosos, é o emblema dos elementos mundanos provenientes do Deus criador. Portanto é um símbolo dos elementos do Universo. Mas há outra razão para o ovo estar relacionado ao homem primitivo.

O que é o ovo? O ovo é simplesmente um portal de entrada para este mundo. É um dispositivo para dar vida. E que animal é visto relacionado a este dispositivo e portal? Mais uma vez, é a cobra — um símbolo da força vital — que cria o dispositivo que dá vida. *Kneph* era representado em forma de serpente com um ovo nos lábios, do qual se originava a divindade *Ptah* — o poder criativo e deus pai, que é o mesmo Brahma indiano.

pássaros

A associação entre pássaros (ou asas) e a serpente parece remontar a milhares de anos. Para citar John Bathurst Deane:

> O hierograma de círculo, asas e serpente é um dos emblemas mais curiosos da ofiolatria, e é reconhecido, com algumas modificações, em quase todos os países em que houve o predomínio da veneração à serpente (...) Pode-se alegar que uma serpente enrodilhada e com uma só asa não consiga explicar tudo isso. Sob suas formas atuais, certamente não; mas é possível que tais formas sejam uma deturpação do emblema original, que só foi preservado cuidadosamente nas vizinhanças do país onde existiu a veneração à serpente; principalmente na Pérsia, que fazia fronteira com a Babilônia e a Média, os locais rivais do Jardim do Éden.

Deane relaciona esses milhares de imagens da serpente alada ao *Serafim* da Bíblia; as serpentes flamejantes e voadoras. Elas também podem estar na origem dos dragões alados e ser a razão para Quetzalcoatl aparecer como uma serpente emplumada. O motivo dado por Deane para esse simbolismo é o de provar a divindade e a consagração de um determinado templo. Se for esse o caso, então os templos espalhados pelo mundo eram consagrados pela antiga serpente com a energia serpentina.

PES

É a percepção extra-sensorial, a qual inclui telepatia, clarividência, adivinhação e precognição. Os que possuem esta habilidade podem não entender a verdade por trás dela, mas são (por peculiaridade ou sina) capazes de captar sinais eletromagnéticos ou de criar um emaranhamento quântico com a Terra e com a consciência cósmica universal. Eles não precisam estar necessariamente em um estado supraconsciente ou iluminado, mas estariam biológica, química e eletromagneticamente sintonizados por meio de partículas físicas. Os que conseguem usar a PES e são supraconscientes podem afetar o mundo das partículas.

pralaya

Termo oriental para o lugar entre os estados de existência ou de morte e renascimento. Este lugar existe para nos dar paz durante nossa jornada e é igual ao conceito judaico e cristão de paraíso. É, em resumo, o vazio.

queda do homem

Embora milhões de cristãos, muçulmanos e judeus acreditem literalmente no acontecimento relatado no Gênesis, em que Adão e Eva caem em desgraça, essa é uma metáfora para a queda da consciência superior do homem até a natureza básica que conhecemos hoje. O conceito de Cristo como Redentor existe somente no sentido de que ele tornou o homem capaz de ver que havia verdadeiramente um paraíso na Terra, agora ao alcance de toda a humanidade, que é o diálogo interior ou a realidade interior do eu.

quinta-essência

O quinto elemento dos alquimistas. Era a descrição que faziam do sinal energético do corpo etéreo de uma força vital que encontravam em seus sonhos ou estados hipnagógicos. Eles acreditavam que tinham de descobrir essa quinta-essência para transformá-la ou ser transformados por ela. É a explicação que davam para a percepção da natureza simples quando em estado supraconsciente.

APÊNDICE A: DICIONÁRIO DO CONHECIMENTO   249

samadhi

Termo sânscrito utilizado para denotar um estado de êxtase da consciência superior. É a fuga da essência de todo sofrimento. Há níveis atribuídos ao *samadhi* que dependem grandemente de quem o esteja ensinando.

samatha

Em sânscrito, *sha* significa "paz", e *mata* é "morar". Portanto, alguém que seja chamado de *samatha* está *morando em paz*.

samsara

Termo sânscrito relativo à existência cíclica de dor e sofrimento na qual nos encontramos. Precisamos alcançar o entendimento disso para poder escapar para o nirvana.

satori

O êxtase da mente que percebeu a verdadeira realidade.

sêmen

Muitas vezes citado em textos alquímicos e místicos, mas mal interpretado como sendo o sêmen físico real. De fato, é o termo usado para a energia sexual tanto masculina quanto feminina, e se relaciona mais especificamente à união dos opostos divinos dentro de nós.

shari'ah

O oposto de *haqiqah* na tradição sufi. Enquanto *haqiqah* é a realidade interior do eu, *shari'ah* é a realidade exterior.

shaykh

Mestre sufi. Um *shaykh* ou *shaikh* é a pessoa santa que percebeu seu próprio eu e pode, assim, tornar-se um guia para os outros. A mulher *shaykh* é conhecida como uma *shaykha*.

shushumna

A tradição oriental declara que este é um fino cordão no centro da coluna vertebral. Nas pessoas comuns é um lugar sombrio, mas, naqueles que estão procurando a sabedoria, ele se transforma em luz ou num fogo desperto — também referido como Kundalini.

silsilah

Este é o termo sufi para a sucessão na *Ordem Sufi* ou *tariqah* (que também é o termo usado para o caminho entre *shari'ah* e *haqiqah*, ou do eu exterior para o eu interior), já que rastreia a descendência desde Maomé. É uma linhagem sagrada e santa de shaykh a shaykh, e está protegida dentro da Ordem Sufi.

sirr ou segredo

Termo islâmico para o centro individual da consciência, que é a fonte do ser. Somente neste centro uma pessoa realmente entra em contato com a Realidade Divina Interior. Um ligeiro lampejo do sirr é conhecido como um *al-hal*. A auto-realização permanente é conhecida como *maqam*.

sod

Sod é um termo hebraico usado para o arcano. Muitas palavras modernas e antigas [da língua inglesa] que começam ou terminam com "s" podem ser rastreadas até sua origem na palavra *snake* [cobra]. (Palavras como *soul* [alma], *spirit* [espírito] e *shining* [luminosidade ou brilho] são todas relacionadas.) Sod especificamente se relaciona com mistérios tais como os de Baal, Baco, Adônis e Mitra. Os hebreus, como era de se esperar, tinham seu sod na Serpente de Bronze de Moisés, que em toda a sua semelhança era a mesma serpente do Mitra persa. Os *sodales*, ou membros da elite sacerdotal ou colegiado, eram também "constituídos nos Mistérios da Senhora do Monte Ida", segundo Cícero em *De Senectute*.

spagira

Nome alternativo para alquimia, do grego *span,* com o significado de "extrair". *Agyris* significa "reunir".

ta'wil

Termo islâmico para a visão dentro do mundo teofânico, que converte tudo o que é visualmente perceptível a uma representação simbólica. É um modo de a humanidade entender o desconhecido mundo supraconsciente. Em linguagem xamanística, poderiam ser os símbolos legados e ensinados aos iniciados para lhes permitir entender melhor o mundo que estão vendo.

Taautus (Taut)

É a origem da veneração à serpente na Fenícia, segundo Eusébio. Sanchoniaton chamou-o de o deus que fez a primeira imagem de Coelus e inventou os hieróglifos. Isso estabelece a ligação com Hermes Trismegisto, conhecido também como Thot no Egito. Taautus consagrou as espécies de dragões e serpentes; e os fenícios e egípcios o seguiram nessa superstição. Taautus podia ser uma memória coletiva social do primeiro grupo que venerou a serpente. A idéia de Taautus liga-se com as histórias de Thot, que mais tarde se tornou um grande sábio das crenças gnósticas e alquímicas. Thot foi deificado depois da morte e recebeu o título de *deus da saúde*. Ele foi o protótipo para Esculápio, e identificado com Hermes e Mercúrio. Todos os curadores, mestres e sábios estão associados com a serpente. Na verdade, foi como *deus curador* que Thot foi simbolizado como serpente. Normalmente ele é representado com as cabeças de íbis e babuíno.

tanazzulat

Este é o descendente islâmico da Essência Una como manifestação do mundo. É um paradoxo, já que a Essência Una não pode se manifestar de forma completa, portanto qualquer que seja a manifestação não é a da Essência Una completa. Desse modo, se a Essência Una assume uma manifestação que pode ser conhecida, ela não é a verdadeira Essência Una. Ela só consegue ser vista adequadamente por meio da *visão teofânica*. A visão teofânica só pode ser mediada pelo *himma* ou poder do coração. O mediador teofânico vê as coisas num plano sensorial acima e além do que as pessoas comuns conseguem divisar. Na tradição sufi, a visão teofânica é conhecida como uma ascensão ao reino espiritual. Em termos científicos, esse mediador é uma pessoa que está emaranhada com o mundo quântico — o mundo coletivo supraconsciente. É o mesmo que Intelecto Universal.

tasawwuf

Outra palavra para *sufismo* ou *Islã místico*.

templários

Sexta-feira, 13 de outubro de 1307, foi um dia terrível para os Cavaleiros Templários, quando os homens do rei Filipe IV caíram sobre todas as organizações francesas da Ordem, apossando-se de suas propriedades e prendendo todos os seus membros. Filipe devia a eles grandes somas de dinheiro e não tinha como pagá-las. Secretamente, ele tinha esperança de que o famoso tesouro templário acabasse em suas mãos. Com a ajuda de seu títere, o papa Clemente V, o rei francês torturou os cavaleiros para descobrir seus segredos. Finalmente, para justificar a tortura, os cavaleiros foram acusados de heresia, práticas homossexuais, necromancia e de conduzirem rituais bizarros, como a profanação da cruz — a fim de demonstrar a falta de fé deles no ícone cristão.

A evidência mais incomum e surpreendente com que eles depararam, entretanto, foi o culto ao ídolo chamado *Baphomet*. Geralmente era representada só a cabeça dessa coisa estranha — embora algumas vezes fosse mencionada como um gato ou bode. Peter Tompkins, em *The Magic of Obelisks*, diz:

Levantou-se a indignação pública (...) o símbolo templário dos ritos gnósticos baseado no culto fálico e no poder da vontade direcionada. A figura andrógina com barba de bode e cascos fendidos está ligada ao deus cornífero da Antiguidade, o bode de Mendes.

A lista de acusações usada pela Inquisição, em 1308, enumerava:

Item, que em cada província eles tinham ídolos, principalmente cabeças.

Item, que eles adoravam esses ídolos ou aquele ídolo, especialmente em seus grandes capítulos e assembléias.

Item, que eles veneravam (as cabeças).

Item, que eles as veneravam como Deus.

Item, que eles as veneravam como seu Salvador.

Item, que eles disseram que a cabeça poderia salvá-los.

Item, que ela podia criar riquezas.

Item, que ela podia fazer as árvores florirem.

Item, que ela fez a terra germinar.

Item, que eles circundavam ou tocavam cada cabeça do ídolo supracitado com cordinhas, que usavam em volta de si mesmos junto da camisa ou da carne.

Uns dizem que a cabeça era de homem, outros dizem que era de mulher; uns dizem que tinha barba, outros dizem que não; uns supõem que era feita de vidro e que tinha dois rostos. Essa mescla geral de idéias mostra de onde pode ter surgido a idéia da cabeça. Que a cabeça era de homem ou de mulher indica sua natureza dual — e a semelhança com as antigas cabeças celtas faria com que nos inclinássemos para a teoria de que ela surgiu como parte do antigo culto à cabeça. Os celtas, dizem, acreditavam que a alma morava na cabeça. Eles decapitavam os inimigos e guardavam suas cabeças como talismã. Provavelmente a cabeça mais conhecida na história celta seja a de *Bran, o Abençoado,* que foi enterrada fora dos limites de Londres, virada em direção à França. Foi posta naquele local para afastar as pestes e moléstias, e para assegurar a fertilidade da terra — os mesmos poderes atribuídos ao Homem Verde.

Diz-se também que o nome *Baphomet* se originou de *Mahomet* — uma antiga corruptela francesa do nome do profeta Maomé. Outros alegam que veio da palavra arábica *abufihamet,* que significa *pai do entendimento.* Afinal, o culto de Baphomet nos diz uma coisa certa — que os templários eram iniciados e adeptos dos antigos caminhos orientais e, nos planos mais elevados, com toda a probabilidade, compreendiam o conhecimento. Isso se vê quando entendemos que *baphe* significa "imersão", como no antigo baptismo, e *metis* significa "sabedoria". Baphomet, portanto, é verdadeiramente a imersão de alguém na sabedoria, a realidade interior verdadeira e única divindade.

tesouro oculto

Na tradição islâmica, *hadith qudsi* é a declaração de Alá em que Ele diz: "Eu era um Tesouro Oculto, então eu quis ser conhecido." A humanidade, como imagens refletidas de Deus, são os recipientes desse tesouro oculto, que é o eu divino.

thermuthis

A deusa cobra nutriz do Egito. Ela é retratada muitas vezes amamentando ou acalentando crianças, e isso era tomado literalmente, de tal modo que ela se tornou a deusa das criancinhas em vez do óbvio elemento de nutrição da energia serpentina associada ao Kundalini. A esse respeito, a ligação

254   GNOSE

entre a criança serpente mamando na Deusa Mãe e em Maria agora revela a verdadeira realidade de quem, ou do que, Maria representava.

V.I.T.R.I.O.L.

Acrônimo latino de *Visita Interiorem Terrae Rectificandoque Invenies Occultum Lapidem*. Traduzido para o português como "desce às profundezas da Terra e, retificando-te, encontrarás a pedra oculta". Embora isso possa parecer completamente confuso para aqueles que não compreendem, na realidade tem um significado simples: o adepto precisa entrar em si mesmo para corrigir os problemas causadores de sofrimento, e só então ele consegue obter a verdadeira sabedoria da Realidade Interior.

víbora

A palavra *adder* (víbora, em inglês) deriva-se de *gnadr*, uma palavra druídica. Os druidas tradicionalmente declaravam: "Eu sou um druida; eu sou um arquiteto; eu sou um profeta; eu sou uma serpente" — ligando os druidas aos Arquitetos Dionisíacos da fábula maçônica. De acordo com o cristianismo (e especialmente Santo Agostinho), a víbora era o mal e um dos quatro aspectos do demônio. A víbora surda representava os pecadores que tinham fechado seus ouvidos para a verdade.

Wadjet

Também conhecida como *Wadjyt, Wadjit, Uto, Uatchet, Edjo e Uraeus*. Deusa cobra pré-dinástica do Baixo Egito que tomou o título de *O Olho de Rá*. Ela é retratada como uma cobra nutriz, uma cobra alada, uma mulher com cabeça de leão ou uma mulher carregando uma coroa vermelha. Ela é a protetora do Faraó. Mostrada junto de *Nekhbet* (que era vista como uma mulher, uma cobra ou um abutre), ela traz à mente a imagem do pássaro serpente de Quetzalcoatl. Wadjet é vista como o ígneo Uraeus, consagrando a cabeça com chamas, como os apóstolos nos Atos da Bíblia. Nos Textos da Pirâmide, ela está relacionada fortemente com a Natureza. Diz-se que a planta do papiro surge dela e que ela está ligada às forças do crescimento. Também está intimamente ligada a Ísis na forma de *Wadjet-Isis em Dep.*

APÊNDICE A: DICIONÁRIO DO CONHECIMENTO   255

yggdrasil

A árvore cósmica da Escandinávia. Simboliza a árvore xamânica ou cósmica do mundo, e é semelhante à Árvore da Vida e à Árvore do Conhecimento. As raízes são constantemente atacadas pela serpente — uma referência à serpente Kundalini que se diz estar enroscada na base da coluna vertebral humana. A serpente era conhecida como *nidhogg* ou *terrível mordedora*. Odin se sacrificou e ficou pendurado numa árvore por nove noites — mostrando as propriedades ressuscitadoras da árvore. Odin basicamente sacrificou seu ego com a ajuda do kundalini.

zahir

Termo islâmico para o significado exterior ou exotérico da realidade.

zen

Seita budista japonesa que procura a iluminação (do eu) por meio de revelações espontâneas obtidas por uma devoção sincera à simplicidade. Alternativamente, são *insights* obtidos por intermédio de paradoxos gerados pela troca verbal, que não podem ser resolvidos pela lógica. Acredita-se que venha de *zazen,* que tem o sentido de *meditação* ou *simplesmente sentar.*

Zoroastro

Provavelmente nascido por volta de 1500 a.C., no Irã; seus ensinamentos encontram-se no *Avesta* e no *Gathas.* O zoroastrismo não prosperou até o século VI a.C., e durou até ser superado pelo islamismo no século VII d.C. Acredita-se que eram seus seguidores os sábios da Bíblia cristã que levaram presentes a Jesus em seu nascimento. Se os Reis Magos viam seus deuses como serpentes, então não é preciso dar voltas à imaginação para descobrir a razão de eles quererem ver e se associar com a serpente salvadora nascida sob a forma humana. Segundo Eusébio, no ritual zoroastrista as vastidões dos céus e da Natureza eram descritas sob o símbolo da serpente, como dito na *Ophiolatreia,* de Hargrave Jennings. Isso era duplamente mencionado no octateuco de Ostanes. Foram erigidos templos por toda a Pérsia e Oriente para venerar a divindade serpentina.

Apêndice B

LINHA DO TEMPO DO CULTO À SERPENTE

Criação

A maioria das histórias sobre a Criação relata que foi uma serpente que esteve envolvida nela. Por exemplo, no Egito, o deus sol Amon-Rá emergiu da água sob a forma de uma cobra para inseminar o ovo cósmico. Toda a vida na Terra veio desse único ovo. Há também uma tradição notável, no mundo todo, que diz ter havido numerosas guerras no céu, envolvendo também divindades serpentinas. Tudo isso aponta para um culto primitivo e original à serpente que se espalhou, seguindo um padrão migratório, por todo o globo. Então, possivelmente, houve algum tipo de grande divisão, e seguiu-se uma batalha entre as facções.

2.000.000 a.C.

Artefatos de pedra descobertos no norte da Índia são declarados de uso de hominídeos.

160.000 a.C.

Os mais antigos restos conhecidos do homem primitivo foram descobertos na Etiópia em 2003. Dois crânios despedaçados, que estavam muito polidos, receberam o nome de *Homo sapiens idaltu*, e são considerados humanos modernos com algumas características primiti-

APÊNDICE B: LINHA DO TEMPO DO CULTO À SERPENTE 257

vas. O fato de as cabeças estarem polidas indica para os cientistas que havia algum tipo de culto ancestral em atividade — um antigo e peculiar culto à cabeça. Num comunicado divulgado para a mídia pela Universidade de Berkeley, o professor Tim White, da Universidade da Califórnia, diz: "Eles mostram que a África era habitada por antepassados humanos desde seis milhões até 160 mil anos atrás."

100.000 a.C.   O *Homo sapiens sapiens* (o humano moderno) começa a migrar para a Ásia através do istmo de Suez.

O Dilúvio   Nos tempos antediluvianos, considerava-se que o pólo dos céus era a constelação do Dragão. De fato, era a alfa de Dragão a estrela polar de 4.800 anos atrás, mas essa idéia indica a crença na orientação da serpente. Em templos astronômicos, o Dragão é a constelação guia do pólo (combinando com o mito grego de Draco), que é vista perto do Pólo Norte.

45.000-50.000 a.C.   Menciona-se que na Ayer's Rock, na Austrália, há evidências arqueológicas provando que o homem habitou aquela região e lá cultuou durante cinqüenta mil anos. Há muitas figuras sobre essa rocha que provam que a veneração à cobra (e outros símbolos associados a ela) remonta a antes do fim da última era do gelo (a aproximadamente 10.800 a.C.). Há imagens de um peculiar povo-cobra que estão sendo usadas hoje por aqueles que defendem uma causa anti-reptiliana (como David Icke, que acredita que os répteis invadiram a Terra há milhares de anos). Os indivíduos desse povo-cobra são ao mesmo tempo humanos comuns e animais comuns. Há muitas imagens de espirais, círculos e cobras. Infelizmente, podemos dizer que esses são padrões universais dentro de cada um de nós, e poderiam assim surgir em qualquer lugar, a qualquer tempo. Há evidências de que o povo da Austrália fazia parte de uma rede de comércio por volta de 5.000-4.000 a.C.

30.000 a.C. Os índios americanos se espalham pelas Américas. Tábuas sumerianas dessa época nos apresentam a primeira farmacopéia de que se tem notícia. Há muitas curas relacionadas a cobras, como a aspersão de água quente sobre cobra d'água desidratada, planta *amamashumkaspal*, raízes de espinheiro, naga em pó (uma planta álcali), terebintina em pó e fezes de morcego. Essa mistura era para ser esfregada com óleo nas áreas afetadas e coberta com shakti (embora ninguém saiba o que é isso).

10.000 a.C. A população da Terra é de quatro milhões de habitantes. A população total da Índia é de cem mil, portanto 2,5 por cento do total. (Observe como a população indiana crescerá em relação ao resto do mundo à medida que o tempo passa.) O *Taittirya Brahmana* refere-se à elevação de Purvabhadrapada Nakshatra no Leste, indicando um antigo conhecimento védico de astronomia.

9850 a.C. O Papiro de Turin (uma Lista Real datada até 1300 a.C., citada por Gardiner em 1987, e por Smith em 1872) registra a posse da série seguinte de reis egípcios em 9850 a.C. – próximo à data atribuída por Platão à Atlântida. O terceiro na lista de reis deuses do Papiro de Turin é Agathodaemon ou Su.

9000 a.C. A Europa antiga, a Anatólia e a Creta minóica apresentam o culto centrado na Deusa. A Deusa minóica matriarcal está ligada a cobras. Isso ocorre ao mesmo tempo em que a história oficial nos conta sobre o cultivo de trigo silvestre e cevada, da domesticação de cães e ovelhas, e da mudança de alimentos coletados para alimentos produzidos, que começa na Mesopotâmia.

7000 a.C. Os mais antigos assentamentos permanentes conhecidos na Mesopotâmia, em Jarmo, com casas feitas de

APÊNDICE B: LINHA DO TEMPO DO CULTO À SERPENTE   259

barro cru, plantações de trigo e criação de animais. O comércio se desenvolve do Golfo Pérsico até o Mediterrâneo.

6000 a.C.   Evidência mais antiga de civilização já no estágio de aldeia, em Mehgarh, há duzentos quilômetros a oeste do vale do Indo. Há evidência de colheitas de cultivo, produzindo o trigo asiático. O local também mostra a domesticação de animais e comércio com o Ocidente, incluindo cobre e algodão provenientes de lugares tão distantes quanto a Arábia.

5000-3000 a.C.   Começo da civilização indo-sarasvati, de Harappa (aproximadamente 4000 a.C.) e Mohenjodaro (aproximadamente 2500 a.C.), com vilas densamente povoadas, irrigação extensiva e grande variedade de colheitas. Cobrindo mais de oitocentos mil quilômetros quadrados do subcontinente norte-indiano, elas são classificadas como altamente artísticas e habilidosas, com imagens de cobras, unicórnios e outros animais retratados em sua arte, com propósitos religiosos. A suástica, que se acredita serem cobras superpostas ao símbolo de eternidade, também é vista. Descobriu-se que os mais antigos sinais do culto a Shiva (como Pashupati) começaram nessa época. Shiva está ligado à cobra.

4000 a.C.   Período de projeção de Wadjet no Baixo Egito. Foi descoberto um vaso de libação mesopotâmico representando o Caduceu que data dessa época. O professor Frothingham, em uma apresentação para a Philological Association e o Archaeological Institute, no século XIX, disse que o Caduceu dos hititas e babilônios foi adotado pelos etruscos, explicando a presença de algum simbolismo da serpente na Itália. Há também estranhas semelhanças entre a história de Ninazu e o mundo cristão. Em *Balbale to Ninazu* 7-15 [poema a Ninazu], encontramos as palavras: "Possa ele fazer o caminho reto para você tão longe quanto estão os extremos dos céus e da terra..."

3500 a.C.	Protótipo de zigurate desenvolvido no Templo de Eriddu, na Mesopotâmia.
3300 a.C.	O início do calendário maia.
3100 a.C.	O povo ariano habita o Irã, o Iraque e o vale ocidental do Indo-Sarasvati, embora alguns especialistas digam que a primeira afluência foi em 2000 a.C. Os arianos são descritos como sendo detentores de uma cultura de conhecimento espiritual. Eles provavelmente herdaram as crenças da veneração à serpente da civilização hindu. A primeira construção conhecida de Stonehenge, na Inglaterra. Do mesmo período, uma estela do rei Serpente, encontrada no Egito, com um baixo-relevo de um falcão de perfil acima de um bote quase abstrato de uma cobra. O artefato agora está em exibição no Louvre.
3000 a.C.	O povo de Tehuacán, no México, começa a cultivar o milho. Arjuna disse ter visitado Patala e casado com a filha do rei dos naga. Há também evidências do culto à serpente na China durante esse período. O templo da deusa manchu mostra os fragmentos de uma estátua de urso/dragão desse período. Isso confirma que já existia a cultura da serpente com outros animais. Newgrange, na Irlanda, também é construído por volta dessa época.
2700 a.C.	O culto a Shiva é indicado nos símbolos do vale do Indo-Sarasvati. Shiva é Pasupati — o Senhor dos Animais, ligado a Cernunnos. A civilização indo-sarasvati espalha-se do Paquistão a Gujurat, Punjab e Uttar Pradesh.
2500 a.C.	A construção de Arbor Low, na Inglaterra, começa com uma elevação que, segundo alguns, seria uma serpente. É construída a Serpente de Avebury, na Inglaterra. No Oriente Médio, Dumuzi (ou o filho do abismo) surge

APÊNDICE B: LINHA DO TEMPO DO CULTO À SERPENTE   261

como o protótipo do salvador ressuscitado (também chamado de pastor), o revivificador eterno e deus sumeriano da vegetação e o primeiro Homem Verde. Dumuzi é conhecido por sua coroa cornífera da lua, e é tanto filho como marido da deusa Gula-Bau. Ela é vista sentada em frente à serpente em um relevo de 2500 a.C., chamado Deusa da Árvore da Vida. Dumuzi é Tammuz, o equivalente de Osíris (nascido da boca da cobra). Osíris é conhecido como Dioniso na Grécia e como Baco em Roma, provando assim a antiga ligação da serpente com a cura.

2400 a.C.   O nome Dagan aparece na Mesopotâmia. É um nome mais recente para o principal deus do panteão filisteu.

2100 a.C.   O segundo estágio de Stonehenge, com blocos de arenito provenientes de Gales, a mais de duzentos quilômetros; noventa blocos são dispostos em um padrão de ferradura.

2000 a.C.   O Vishnu Purana, o mais antigo dos puranas hindus, fala de Atala, a ilha Branca, que é uma das cinco ilhas (dwipas) pertencentes a Patala (o lar das divindades serpente). Diz-se que a localização de Atala seria na sétima zona, que (segundo o coronel Wilford, o tradutor dos Vishnu Puranas) fica de 24 a 28 graus ao norte e acredita-se que sejam as ilhas Canárias, embora isso pudesse ser facilmente a extremidade inicial da fabulosa Atlântida, em vez de seu verdadeiro centro. No Bhavishna Purana, Samba faz uma viagem a Saka-Dwipa (uma ilha) procurando pelos Magas (magos), os adoradores do Sol/cobra. Viajando no gurada, o veículo voador de Krishna e Vishnu, ele finalmente chegou entre os Magas. A população mundial é de 27 milhões de pessoas. A população da Índia é de cinco milhões, equivalendo a 22 por cento da população mundial. Essa é também aproximadamente a data da terceira fase de Stonehenge, o acréscimo das pedras transversais que arrematam o topo. A construção do círculo de pedra começa em Arbor Low, na Inglaterra. É construído Silbury Hill, próximo a Avebury, na Inglaterra. É a maior elevação artificial pré-histórica da Europa, com mais de quarenta metros de altura, construída em mais de três fases e que se acredita não ser um túmulo.

1600 a.C.   O período da Deusa Cobra minóica.

975 a.C.   O rei Hirão da Fenícia negocia com o rei Salomão e com o porto de Ofir. Alguns dizem que isso ocorreu perto de Mumbai, na Índia, o que poderia fazer sentido, já que a Índia era o centro do culto à serpente. Em seu livro, John Bathurst Deane declara que, segundo Eusébio, os fenícios estavam entre os primeiros adoradores da serpente. Na verdade, ele até nomeia Taautus como o criador da crença.

920 a.C.   Segundo William Harwood, em *Mythologies Last Gods: Yahweh and Jesus*, essa é a época em que os mitos de Adão e Eva foram criados, como consta no Gênesis. A tolerante política religiosa de Salomão permite o crescimento da árvore de Asera.

700 a.C.   Diz-se que a Torre de Babel (construída para o Deus Bel) foi erigida mais ou menos nessa ocasião. Segundo várias fontes, foi construída em espiral. Bel pode muito bem se originar de Ob-El ou deus serpente, e em grego diz-se que ele é Beliar. Foi fundada Taxila, a capital do antigo Punjab.

500 a.C.   A população do mundo é de cem milhões de habitantes. A população da Índia é de 25 milhões, ou 25 por cento da população mundial.

4 a.C.   Nascimento de Apolônio de Tiana — o verdadeiro Cristo que viajou para a Índia para aprender sobre o rei Serpente e foi instruído no Templo de Esculápio, o deus serpente da cura. A suposta data do nascimento de Jesus.

APÊNDICE B: LINHA DO TEMPO DO CULTO À SERPENTE   263

70 d.C.   O Templo de Jerusalém é saqueado pelos romanos. Diz-se que a arca que se encontrava lá nessa ocasião estava cheia de pedras e algumas peles de texugo tingidas de roxo. Talvez essa não tenha sido a Arca verdadeira que teria contido o cajado de Aarão, ou, se foi, então o que estava dentro já havia desaparecido.

100 d.C.   "O Grande Cálice de Antioquia, quanto à forma, é idêntico aos cálices conhecidos do primeiro século do Império Romano, com seus bojos ovóides truncados, hastes muito curtas, pés baixos e excessivamente finos, formados por um disco sólido horizontal muitas vezes burilado em um torno. Suas proporções não eram desenvolvidas a olho, mas por um sistema geométrico detalhadamente planejado que determinava exatamente o contorno, a altura e a largura das partes." Assim relatou Eisen, que atribui o Cálice de Antioquia ao século I d.C., embora todos os outros trabalhos executados nesse cálice indiquem que ele seja do século VI. Pode ser que os acréscimos ao cálice, como o folhado de ouro branco e uma segunda camada de folhado de ouro vermelho possam causar essa confusão. Há a idéia cristã óbvia de que, por parecer uma lamparina de pé, então precisa ser do século VI. Eileen Sullivan, do Museu Metropolitano de Nova York, respondeu às minhas questões: "com relação ao Cálice de Antioquia. Como menciona o Website do museu, a identificação do Cálice de Antioquia como o Santo Graal não se sustenta, e sua autenticidade tem sido mesmo contestada, mas o trabalho é comumente considerado um cálice do século VI, destinado a ser usado na Eucaristia. Mais recentemente, sua forma foi reconhecida como mais semelhante às lamparinas de pé do século VI, sua decoração tendo sido feita possivelmente em função do reconhecimento das palavras de Cristo 'Eu sou a luz do mundo' (João 8:12)." Plínio ressalta que a serpente era um símbolo de saúde por uma única razão – que a carne da criatura "algumas vezes é usada na medicina". Textos cópticos, traduzidos do grego por volta dessa época, foram descobertos em Nag Hammadi, no Alto Egito, perto do fim da Segunda Guerra Mundial. Eles incluíam fragmentos dos Evangelhos de Tomás e dos Evangelhos de Filipe e Maria. Eles deixavam claro que o fato de nascer de uma virgem e a Ressurreição eram muito mais simbólicos do que literais. Apontavam também que a Serpente do Jardim do Éden foi sábia ao dar o fruto do conhecimento para Adão e Eva.

400 d.C. — O Imperador Teodósio proíbe os rituais pagãos, até mesmo amarrar fitas às árvores. Esse é o mesmo imperador que teve a visão recuperada por uma serpente agradecida que pôs uma pedra preciosa em seus olhos.

500-600 d.C. — A era do rei Artur. Albert Pike, o historiador maçônico, diz que o mundo perdido da franco-maçonaria está encerrado no nome de Artur. Seu sobrenome é Pendragon, que significa cabeça de dragão.

900-1000 d.C. — A *Encyclopaedia of Freemasonry*, de Mackey, nos conta que os druzos instalaram-se no Líbano nesta época.

1140 d.C. — *Secretum Secretorum*, uma tradução pseudo-aristotélica de Kitab Sirr al-Asrar, um livro de aconselhamento para reis traduzido para o latim por Hispalensis nesse período e por Filipe de Trípoli em 1243. Acredita-se que essa tenha sido a primeira aparição da Tábua de Esmeralda de Hermes.

1150-1200 d.C. — Um ramo dos templários começa a construir igrejas redondas em Bornholm. No século XII, um ramo dos templários, os Cavaleiros da Espada, foi criado pelo frei cisterciense Theoderik, em Riga. Os Cavaleiros da Espada mais tarde se tornaram os Cavaleiros Teutônicos na Alemanha. Diz-se que as igrejas redondas de Osterlars, Nyker, Olsker e Nylars foram construídas para defesa,

APÊNDICE B: LINHA DO TEMPO DO CULTO À SERPENTE   265

embora haja alguma controvérsia em relação à motivação. Segundo Erling Haagensen, em *Bornholms Mysterier*, todos esses sítios foram construídos seguindo a costumeira geometria sagrada templária. Na parede da igreja de Nyker há o símbolo templário do Agnus Dei, o Cordeiro de Deus, com sangue jorrando de sua ferida para dentro do cálice. Dentro da igreja de Olsker há uma imagem que se presume ser de São Olavo, rodeado por um círculo e doze estrelas e segurando uma cobra com a mão.

1800 d.C.   O coronel Meadows Taylor fala, no Dakkan indiano, de relatos contemporâneos sobre os habitantes locais que, veneradores das najas, buscavam nas cobras a cura das doenças e pestes.

1896 d.C.   Em *The Popular Religion and Folk-lore of Northern India*, W. Crooke escreve que um censo mostra mais de 25 mil figuras de najas na província noroeste da Índia, com 123 mil variedades do deus cobra Guga e 35 mil devotos dos deuses cobra no Punjab.

NOTAS

Introdução

1. O Livro de Tomás [um dos livros do Novo Testamento apócrifo].
2. De os *Upanishads*, textos sânscritos datados entre os séculos VIII e IV a.C. A palavra *upanishad* significa literalmente "sentar-se abaixo".
3. O Livro de Tomás.

Capítulo 1

1. Adoração à Serpente. A palavra "cobra" é conhecida na língua cananéia de forma variada: *Aub, Ab, Oub, Ob, Oph, Op, Eph* e *Ev*. Em maia, *can* significa serpente, como em Cucul*can*, o pássaro serpente. Na antiga Suméria, "cobra" era *acan*, e os escoceses também usam a palavra *can* para serpente. Vul*cano*, o deus do fogo romano, vem do babilônio *can* (serpente) e *vul* (fogo), mostrando uma ligação etimológica cruzando milhares de quilômetros e oceanos. Na verdade, mesmo o nome do verdadeiro centro do mundo cristão, o Vati*cano*, provém das palavras *vatis* (profeta) e *can* (serpente), fazendo do Vaticano um lugar de profecia serpentina.
2. Serpent Worship. Fonte original LoveToKnow 1911 Online Encyclopedia © 2003, 2004.
3. The Pelasgian Creation Myth. Fonte original www.ferrum.edu/philosophy/pelasgiancreation.htm. Adaptado de *The Greek Myths*, de Robert Graves, pelo dr. James Luchte.

Capítulo 2

1. Michel Talbot. *The Holographic Universe*. Capítulo 6: "Seeing Holographically." Harper Collins, 1991.

Capítulo 4

1. V.S. Ramachandran e Sandra Blakeslee. *Phantoms of the Brain*. Fourth Estate, 1998.
2. Fonte original *http://scienceandreligion.com/mysticism.htm*.

Capítulo 5

1. Cruttwell, Charles Thomas. *A Literary History of Early Christianity Including the Fathers and the Chief Heretical Writers of the Ante-Nicene Period.* Charles Scribner's Sons, 1893; e *The Essene Odyssey,* de Hugh Schonfield. Element, 1984.
2. Embora eu declare que há sete níveis no sistema de chakras, isso é uma simplificação, já que os diversos ramos da tradição variam em quantidade. A maioria concorda com uma base de sete, mas são acrescentados outros chakras sutis, pois, quanto mais alto viaja o iniciado, mais complexa a arte se torna.

Capítulo 6

1. *Dictionary of Phrase and Fable.* Wordsworth, 1993.
2. *Sappir* aparece como *sapphires* em muitos textos antigos (ver as obras de Josephus). Essa pedra talvez não fosse a safira moderna. Paracelso e Plínio descreveram o *sapphirus* como uma pedra com manchas douradas, o que pode indicar que era o lápis-lazúli ou a Pedra Filosofal, que tem elementos de pirita com um brilho dourado. O lápis-lazúli era chamado *chesbet* pelos egípcios e extraído de algumas das mais antigas minas do mundo, datadas de aproximadamente 4000 a.C. Com ele eram fabricados as estatuetas e os amuletos mágicos usados pelos mais altos sacerdotes egípcios.
3. *The Universal Meaning of the Kabbalah,* Leo Schaya.
4. *Necronomicon.* Simon, 1995.
5. *On the Kabbalah and its Symbolism,* Gershom G. Scholem, Routledge and Kegan Paul. Londres, 1965.

Capítulo 7

1. Qodsha/Qadashu. No Museu Britânico, a Sagrada aparece retratada nua, em pé com um leão, carregando um espelho e um lótus, e acompanhada de duas cobras. É vista muitas vezes com serpentes e estrelas. Ela remonta no

mínimo a 3000 a.C. Tanto quanto se possa elaborar a respeito, os equivalentes no Egito a essas deidades cananéias são: El/Anu é Osíris, Baal é Set, e Asera é Ísis. Há elementos de outras deidades que combinam com aqueles de Hórus e mesmo de Osíris, Set e Ísis (entre outros), e é impossível definir a correspondência desse deus.

2. Fonte original *www.geocities.com/SoHo/Lofts/2938.mindei.html*.

3. Algumas vezes ele pode convocar também Anat, sua irmã, que também se aproxima de El e que é muito parecida com Asera em muitos aspectos.

Capítulo 8

1. Todas essas teorias podem ser encontradas, agora, em centenas de livros, surgidos todos do mega-sucesso dos anos 1980 *The Holy Blood and The Holy Grail*, de Baigent, Leigh e Lincoln (Jonathan Cape, 1982). Todavia, aqui citamos alguns outros:

   - *The Head of God*, Keith Laidler. Orion, 1998.
   - *The Temple and the Lodge*, Michael Baigent e Richard Leigh. Arrow, 1998.
   - *The Templar Revelation*, Lynn Picknett e Clive Prince. Corgi, 1998.
   - *The Tomb of God*, R. Andrew e P. Schellenberger. Little Brown and Company, 1996.
   - *The Second Messiah*, Christopher Knight e Robert Lomas. Arrow, 1998.

2. *The Templar Revelation*, Lynn Picknett e Clive Prince. Corgi, 1998.

3. *The Templars*, Piers Paul Read. Phoenix Press, 1999.

4. Segundo John Michell, em *The Temple at Jerusalem: A Revelation*, Gothic Image.

5. Diz-se que a jarda megalítica é o círculo dividido em 366 partes, enquanto 360 foi um erro por parte do construtor. Creio que isso esteja incorreto, já que as evidências mencionadas mostram um notável conhecimento — tão notável que cometer um erro desses parece implausível. Duas coisas podem ter acontecido: uma inclinação do eixo da Terra, levando a um ano de 366 dias e, portanto, desarranjando os antigos sistemas de medidas, ou uma flexão de 366 para 360 para se chegar ao número perfeito. Obviamente, pode ser que o círculo simbólico de 360° alcançasse as medidas reais.

6. *The Templars*, Piers Paul Read. Phoenix Press, 1999.

7. *Ibid.*

8. Tábua de Esmeralda. Um objeto lendário gravado em fenício pelo mítico Hermes Trismegisto, com uma mensagem secreta para ser lida apenas pelos "Seres Luminosos" iniciados. Por volta de 1200 d.C., tornou-se disponível uma versão latina (copiada e impressa principalmente pelo clero, que condenou o livro), o que impediu as massas de lerem a Tábua e permitiu ao clero quase o direito exclusivo sobre seus segredos. A principal frase extraída do livro é "O que está acima é como o que está abaixo, e o que está abaixo é como o que está acima", e foi abreviada para "assim acima como abaixo".

9. Josephus. *Antiquities VIII*, 3:4.

Capítulo 9

1. "Confissão de Fé" de uma seita cabalística polonesa conhecida como *Soharites*, século XIX. Extraído do *New Baptist Magazine,* de abril de 1927.
2. *The Splendour that was Egypt*, Margaret A. Murray. Book Club Associates, 1973.
3. *Ibid.*

Capítulo 10

1. *The Holy Bible: The Great Light in Masonry, King James Version, Temple Illustrated Edition.* A J Holman Company, 1968.
2. *Masonic Holy Bible, Temple Illustrated Edition.* A J Holman, 1968.
3. *Encyclopaedia of Freemasonry,* Albert Mackey, Charles T. McClenachan, Edward L. Hawkins e William J. Hughan. The Masonic History Company, 1973.
4. *Ibid.*
5. *The Great Secret or Occultism Unveiled,* Éliphas Lévi. Samuel Weiser Inc., 2000.
6. *Comte de Gabalis: Discourse on the Secret Sciences and Mysteries, in Accordance with the Principles of the Ancient Magi and the Wisdom of the Kabalistic Philosophers,* pelo abade N. de Montfaucon de Villars. Agora publicado por Kessinger Publishing, Montana, USA.
7. *Clef universalle des sciences secrets,* P. V. Piobb, tal como citado em *A Dictionary of Symbols,* de J. E. Cirlot.
8. *Libellus Iv.25 from Corpus Hermeticum,* datado por volta do século II ou III d.C.

BIBLIOGRAFIA

Abdalqadir-as-Sufi, Shaykh. *The Return of the Kalifate*. Cape Town: Madinah Press, 1996.

Ableson, J. *Jewish Mystics*. Londres: G. Bell and Sons Ltd., s.d.

Andrews, R. e P. Schellenberger. *The Tomb of God*. Londres: Little, Brown and Co, 1996.

Ashe, Geoffrey. *The Quest for Arthur's Britain*. Londres: Paladin Press, 1971.

Bacher, Wilhelm e Ludwig Blau. *Shamir.www.jewishencyclopedia.com*.

Baigent, Leigh. *Ancient Traces*. Londres: Viking Press, 1998.

_____. *The Elixir and the Stone*. Londres: Viking Press, 1997.

Baigent, Michael, Richard Leigh e Henry Lincoln. *Holy Blood and the Holy Grail*. Londres: Jonathan Cape, 1982.

_____. *The Messianic Legacy*. Londres: Arrow, 1996.

_____. *The Dead Sea Scrolls Deception*. Londres: Arrow, 2001.

_____. *The Temple and the Lodge*. Londres: Arrow, 1998.

Balfour, Mark. *The Sign of the Serpent*. Londres: Prism, 1990.

Balfour, Michael. *Megalithic Mysteries*. Londres: Parkgate Books, 1992.

Barber, Malcolm. *The Trial of the Templars*. Cambridge: Cambridge University Press, 1978.

Barrett, David. *Sects, Cults and Alternative Religions*. Londres: Blandford, 1996.

Barrow, John. *Theories of Everything*. Londres: Virgin, 1990.

Basham, A.L. *The Wonder that was India*. Londres: Collins, 1954.

Bayley, H. *The Lost Language of Symbolism*. Londres: Bracken Books, 1996. [*A Linguagem Perdida do Simbolismo*, publicado pela Editora Cultrix, São Paulo, 2006.]

Bauval, R. *The Orion Mystery*. Oxford: Heinemann, 1996.

Beatty, Longfield. *The Garden of the Golden Flower*. Londres: Senate, 1996.

BIBLIOGRAFIA 271

Begg, E. *The Cult of the Black Virgin*. Londres: Arkana, 1985.

Begg, E. e D. Begg. *In Search of the Holy Grail and the Precious Blood*. Londres: Thorsons, 1985.

Blaire, Lawrence. *Rhythms of Vision*. Nova York: Warner Books, 1975.

Blavatsky, Helene P. *Theosophical Glossary*. Whitefish, Mont.: Kessinger Publishing Ltd., 1918.

Borchert, Bruno. *Mysticism*. Maine: Samuel Weiser, Inc., 1994.

Bord, Colin e Janet Bord. *Earth Rites: Fertility Practices in Pre-Industrial Britain*. Londres: Granada Publishing, 1982.

Bouquet A. C. *Comparative Religion*. Londres: Pelican, 1942.

Boyle, Veolita Parke. *The Fundamental Principles of Yi-King, Tao: The Cabbalas of Egypt and the Hebrews*. Londres: W & G Foyle, 1934.

Brine, Lindsey. *The Ancient Earthworks and Temples of the American Indians*. Londres: Oracle, 1996.

Broadhurst, Paul e Hamish Miller. *The Dance of the Dragon*. Cornwall: Mythos Press, 2000.

Bryant, N. *The High Book of the Grail*. Cambridge: D. S. Brewer, 1985.

Bryden, R. *Rosslyn — a History of the Guilds, the Masons and the Rosy Cross*. Rosslyn: Rosslyn Chapel Trust, 1994.

Budge, E. A. Wallis. *An Egyptian Hieroglyphic Dictionary Volume 1*. Dover, Dover Publications: 1978.

Butler, E. M. *The Myth of the Magus*. Cambridge: Cambridge University Press, 1911.

Callahan, Philip. *Paramagnetism: Rediscovering Nature's Secret Force of Growth*. Austin, Tex.: Acres, 1995.

_____. *Ancient Mysteries Modern Visions: The Magnetic Life of Agriculture*. Austin, Tex.: Acres, 2001.

_____. *Nature's Silent Music*. Austin, Tex.: Acres, 1992.

Ceram, C. W. *Gods Graves and Scholars: The Story of Archaeology*. Londres: Gollancz, Sidgwick, and Jackson, 1954.

Coles, John. *Field Archaeology in Britain*. Londres: Methuen, 1972.

Campbell, Joseph. *Transformations of Myth Through Time*. Londres: Harper and Row, 1990.

Cantor, N. F. *The Sacred Chain*. Londres: Harper Collins, 1994.

Carr-Gomm, Sarah. *Dictionary of Symbols in Art*. Londres: Duncan Baird Publishers, 1995.

Cavendish, Richard. *Mythology*. Londres: Tiger Press, 1998.

Carpenter, Edward. *Pagan and Christian Creeds: Their Origin and Meaning*. Londres: Allen and Unwin Ltd., 1920.

Castañeda, Carlos. *The Teaching of Don Juan*. Londres: Arkana, 1978.

Childress, David. *Anti-Gravity & The World Grid*. Stelle, Ill.: Adventures Unlimited Press, 1987.

Chadwick, N. *The Druids*. Cardiff: University of Wales Press, 1969.

Churchward, Albert. *The Origin and Evolution of Religion*. Whitefish, Mont.: Kessinger Publishing Ltd., 1997.

Churton, Tobias. *The Golden Builders*. Lichfield: Signal Publishing, 2002.

Clarke, Hyde e C. Staniland Wake. *Serpent and Siva Worship*. Whitefish, Mont.: Kessinger Publishing Ltd., 1877.

Collins, Andrew. *Twenty-First Century Grail: The Quest for a Legend*. Londres: Virgin, 2004.

_____. *From the Ashes of Angles, The Forbidden Legacy of a Fallen Race*. Londres: Signet Books, 2004.

_____. *Gods of Eden*. Londres: Headline, 1998.

_____. *Gateway to Atlantis*. Londres: Headline, 2000.

Cooper, J. C. *An Illustrated Encyclopaedia of Traditional Symbols*. Londres: Thames and Hudson, 1978.

Croker, Thomas Crofton. *Legend of the Lakes*. N.p, 1829.

Crooke, W. *The Popular Religion and Folk-lore of Northern India*. Whitefish, Mont.: Kessinger Publishing Ltd., 1997.

Cumont, F. *The Mysteries of Mithra*. Londres: Dover Publications, 1956.

Currer-Briggs, N. *The Shroud and the Grail; a modern quest for the true grail*. Nova York: St. Martins Press, 1987.

David-Neel, Alexandria. *Magic and Mystery in Tibet*. Londres: Dover Publications,1929.

Davidson, H. R. Ellis. *Myths and Symbols of Pagan Europe*. Syracuse,N.Y.: Syracuse University Press, 1988.

Davidson, John. *The Secret of the Creative Vacuum*. Londres: The C. W. Daniel Company Ltd., 1989.

De Martino, Ernesto. *Primitive Magic*. Dorset: Prism Unity, 1972.

Devereux, Paul. *Secrets of Ancient and Sacred Places: The World's Mysterious Heritage*. Beckhampton: Beckhampton Press, 1995.

_____. *Shamanism and the Mystery Lines*. Londres: Quantum, 1992.

_____. *Symbolic Landscapes*. Glastonbury: Gothic Image, 1992.

Dinwiddie, John. *Revelations—the Golden Elixir*. Writers Club Press, 2001.

Dodd, C. H. *Historical Tradition of the Fourth Gospel*. Cambridge: Cambridge University Press, 1963.

Doel, Fran e Geoff Doel. *Robin Hood: Outlaw of Greenwood Myth*. Temous, 2000.

Duckett-Shipley, Eleanor. *The Gateway to the Middle Ages, Monasticism*. Ann Arbor, Mich.: University of Michigan Press, 1961.

Dunstan, V. *Did the Virgin Mary Live and Die in England?* Rochester, N.Y.: Megiddo Press, 1985.

Davies, Rev. Edward. *The Mythology and Rites of the British Druids*. Londres: J. Booth, 1806.

Devereux, Paul. *Places of Power: measuring the secret energy of ancient sites*. Londres: Blandford, 1999.

Devereux, Paul e Ian Thompson. *Ley Guide: The Mystery of Aligned Ancient Sites*. Londres: Empress, 1988.

Dunford, Barry. *The Holy Land of Scotland: Jesus in Scotland and the Gospel of the Grail*. N.p., s.d.

Eliade, Mircea. *Shamanism: Archaic Techniques of Ecstasy*. Princeton, N. J.: Princeton University Press, 1964.

Ellis, Ralph. *Jesus, Last of the Pharaohs*. Cheshire: Edfu Books, 2001.

Epstein, Perle. *Kabbalah: The Way of the Jewish Mystic*. Boston: Shambhala Classics, 2001.

Ernst, Carl. *Venomous Reptiles of North America*. Washington D.C.: Smithsonian Books, 1992.

Evans, Lorraine. *Kingdom of the Ark*. Londres: Simon and Schuster, 2000.

Feather, Robert. *The Copper Scroll Decoded*. Londres: Thorsons, 1999.

Fedder, Kenneth e Michael Alan Park. *Human Antiquity: An Introduction to Physical Anthropology and Archaeology*. Mountain View, Calif.: Mayfield Publishing, 1993.

Ferguson, Diana. *Tales of the Plumed Serpent*. Londres: Collins and Brown, 2000.

274 GNOSE

Fergusson, Malcolm. *Rambles in Breadalbane*. N.p., 1891.

Fontana, David. *The Secret Language of Symbols*. Londres: Piatkus, 1997.

Ford, Patrick. *The Mabinogi and other Medieval Welsh Tales*. Berkeley: University of California Press. 1977.

Fortune, Dion. *The Mystical Qabalah*. Maine: Weiser Books, 2000. [*A Cabala Mística*, publicado pela Editora Pensamento, São Paulo, 1984.]

Foss, Michael. *People of the First Crusade*. Londres: Michael O'Mara Books, 1997.

Frazer, Sir James. *The Golden Bough*. Londres: Wordsworth, 1993.

Freke, Timothy e Peter Gandy. *Jesus and the Goddess*. Londres: Thorsons, 2001.

Gardner, Laurence. *Bloodline of the Holy Grail*. Londres: Element, 1996.

_____. *Proof– Does God Exist?* California: Reality Entertainment, 2006.

Gardiner, Samuel. *History of England*. Londres: Longmans, Green, and Co., 1904.

Gascoigne, Bamber. *The Christians*. Londres: Jonathan Cape, 1977.

Gerber, Richard. *Vibrational Medicine*. Santa Fe: Bear & Company, 2001. [*Medicina Vibracional*, publicado pela Editora Cultrix, São Paulo, 1992.]

Gilbert, Adrian. *Magi*. Londres: Bloomsbury, 1996.

Goldberg, Carl. *Speaking With The Devil*. Londres: Viking, 1996.

Gould, Charles. *Mythical Monsters*. Londres: Senate, 1995.

Graves, Robert. *The Greek Myths: 2*. Londres: Pelican, 1964.

Gray Hulse, Tristan. *The Holy Shroud*. Londres: Weidenfeld and Nicolson, 1997.

Guenther, Johannes Von. *Cagliostro*. Londres: William Heinemann, 1928.

Hagger, Nicholas. *The Fire and the Stones*. Londres: Element, 1991.

Hanauer, J. E. *The Holy Land*. Londres: Senate, 1996.

Hancock, Graham. *The Sign and the Seal*. Londres: Arrow, 2001.

Halifax, Joan. *Shaman: the Wounded Healer*. Londres: Crossroad, Thames and Hudson, 1982.

Harbison, Peter. *Pre-Christian Ireland*. Londres: Thames and Hudson, 1988.

Harrington, E. *The Meaning of English Place Names*. Belfast: The Black Staff Press, 1995.

Hartmann, Franz. *The Life of Jehoshua The Prophet of Nazareth: an occult study and a key to the Bible*. Londres: Kegan, Trench, Trubner & Co, 1909.

BIBLIOGRAFIA 275

Heathcote-James, Emma. *They Walk Among Us*. Nova York: Metro, 2004.

Hedsel, Mark. *The Zelator*. Londres: Century, 1998.

Howard, M. *The Occult Conspiracy*. Rochester, N. Y.: Destiny Books, 1989.

James, E. O. *The Ancient Gods*. Londres: Weidenfeld and Nicolson, 1962.

Jennings, Hargrave. *Ophiolatreia*. Whitefish, Mont.: Kessinger Publishing Ltd., 1996.

Johnson, Buffie. *Lady of the Beast: the Goddess and Her Sacred Animals*. San Francisco: Harper and Row, 1988.

Jones, Alison. *Dictionary of World Folklore*. Nova York: Larousse, 1995.

Kauffeld, Carl. *Snakes: The Keeper and the Kept*. Londres: Doubleday and Co., 1969.

Kendrick, T. D. *The Druids*. Londres: Methuen and Co., 1927.

King, Serge Kahili. *Instant Healing: Mastering the Way of the Hawaiian Shaman Using Words, Images, Touch, and Energy*. Los Angeles: Renaissance Books, 2000.

Knight, Christopher e Robert Lomas. *Uriel's Machine: Reconstructing the Disaster Behind Human History*. Londres: Arrow, 2004.

Knight, Christopher e Robert Lomas. *The Second Messiah*. Londres: Arrow, 1997.

Laidler, Keith. *The Head of God*. Londres: Orion, 1999.

_____. *The Divine Deception*. Londres: Headline, 2000.

Lapatin, Kenneth. *Mysteries of the Snake Goddess*. Boston: Houghton Mifflin Company, 2002.

Layton, Robert. *Australian Rock Art: a new synthesis*. Cambridge: Cambridge University Press, 1986.

Larson, Martin A. *The Story of Christian Origins*. Village, 1977.

Leakey, Richard e Roger Lewin. *Origins Reconsidered*. Londres: Doubleday, 1992.

Le Goff, Jacques. *The Medieval World*. Londres: Parkgate Books, 1997.

Lemesurier, Peter. *The Great Pyramid Decoded*. Londres: Element, 1977.

Lévi, Éliphas. *Transcendental Magic*. Londres: Tiger Books, 1995.

Lincoln, Henry. *Key to the Sacred Pattern*. Gloucestershire: Windrush Press, 1997.

Loye, David. *An Arrow Through Chaos: how we see into the future*. Rochester, N.Y.: Part Street Press, 1983.

Lyall, Neil e Robert Chapman. *The Secret of Staying Young*. Londres: Pan, 1976.

MacCana, Proinsias. *Celtic Mythology*. Nova York: Hamlyn, 1992.

Mack, B. L. *The Lost Gospel*. Londres: Element, 1993.

Maclellan, Alec. *The Lost World of Agharti*. Londres: Souvenir Press, 1982.

Magin, U. *The Christianisation of Pagan Landscapes*. in The Ley Hunter No. 116, 1992.

Mann, A. T. *Sacred Architecture*. Londres: Element, 1993.

Maraini, Fosco. *Secret Tibet*. Londres: Hutchinson, 1954.

Matthews, John. *Sources of the Grail*. Londres: Floris Books, 1996.

_____. *The Quest for the Green Man*. Newton Abbott: Godsfield Press, 2001.

Maby, J. C. e T. Bedford Franklin. *The Physics of the Divining Rod*. Londres: Bell, 1977.

McDermott, Bridget. *Decoding Egyptian Hieroglyphs*. Londres: Duncan Baird Publishers, 2001.

Meij, Harold. *The Tau and the Triple Tau*. Tóquio: H. P., 2000.

Michell, John e Christine Rhone. *Twelve-Tribes and the Science of Enchanting the Landscape*. Grand Rapids, Mich.: Phanes PR, 1991.

Milgrom, Jacob. *The JPS Torah Commentary: Numbers*. Nova York: Jewish Publication Society, 1990.

Moncrieff, A. R. *Hope, Romance & Legend of Chivalry*. Londres: Senate,1994.

Morgan, Gerald. *Nanteos: A Welsh House and its Families*. Llandysul: Gomer, 2001.

Morton, Chris e Ceri Louise Thomas. *The Mystery of the Crystal Skulls*. Londres: Element, 2003.

Muggeridge, Malcolm. *Jesus*. Londres: Collins, 1975.

Nilsson, M. P. *The Minoan-Mycenaean Religion and Its Survival in Greek Religion*. Oxford: Lund, 1950.

Oliver, George. *Signs and Symbols*. Nova York: Macoy Publishing, 1906.

O'Brien, Christian e Barbara Joy. *The Shining Ones*. Londres: Dianthus Publishing Ltd., 1988. [*O Priorado Secreto*, Editora Pensamento, São Paulo.]

Oliver, Rev. George. *The History of Initiation*. Whitefish, Mont.: Kessinger Publishing Ltd., 1841.

O'Neill, John. *Nights of the Gods*. N.p., s.d.

Opponheimer, Stephen. *Eden in the East*. Londres: Orion, 1988.

Orofino, Giacomella. *Sacred Tibetan Teachings on Death and Liberation*. Londres: Prism-Unity, 1990.

Pagels, E. *The Gnostic Gospels*. Londres: Weidenfeld and Nicolson, 1979.

Paterson Smyth, J. *How We Got our Bible*. Londres: Sampson Low, s.d.

Pennick, N. *Sacred Geometry*. Chievely: Capall Bann, 1994. [*Geometria Sagrada*, publicado pela Editora Pensamento, São Paulo, 1983.]

Picknett, Lynn e Clive Prince. *The Templar Revelation*. Londres: Corgi, 1998.

Piggot, Stuart. *The Druids*. Londres: Thames and Hudson, 1927.

Pike, Albert. *The Morals and Dogma of Scottish Rite Freemasonry*. Richmond, VA: L.H. Jenkins, 1928.

Plichta, Peter. *God's Secret Formula*. Londres: Element, 1997.

Plunket, Emmeline. *Calendars and Constellations of the Ancient World*. Londres: John Murray, 1903.

Powell, T.G.E. *The Celts*. Londres: Thames and Hudson, 1968.

Rabten, Geshe. *Echoes of Voidness*. Londres: Wisdom Publications, 1983.

Radin, Dean. *The Conscious Universe*. Londres: Harper Collins, 1997.

Randles, Jenny e Peter Hough. *Encyclopedia of the Unexplained*. Londres: Brockhampton Press, 1995.

Read, Piers Paul. *The Templars*. Londres: Phoenix, 1999.

Rees, Alwyn e Brynley. *Celtic Heritage*. Londres: Thames and Hudson, 1961.

Reid, Howard. *Arthur—The Dragon King*. Londres: Headline, 2001.

_____. *In Search of the Immortals: Mummies, Death and the Afterlife*. Londres: Headline, 1999.

Richet, C. *Thirty Years of Psychic Research*. Nova York: Macmillan, 1923.

Rinbochay, Lati, Locho Rinbochay, Leah Zahler e Jeffrey Hopkins. *Meditative States in Tibetan Buddhism*. Londres: Wisdom Publications, 1983.

Rohl, David. *A Test of Time: The Bible—from Myth to History*. Londres: Arrow, 1995.

Roberts, Alison. *Hathor Rising: The Serpent Power of Ancient Egypt*. Rottingdean, East Sussex: Northgate, 1995.

Roberts, J. M. *The Mythology of the Secret Societies*. Londres: Granada, 1972.

_____. *Antiquity Unveiled*. N.p.: Health Research, 1970.

Robertson, J. M. *Pagan Christs*. Londres: Watts, 1903.

Rolleston, T. W. *Myths and Legends of the Celtic Race*. Londres: Mystic P., 1986.

Russell, Peter. *The Brain Book*. Londres: Routledge, 1980.

Schaya, Leo. *The Universal Meaning of the Kabbalah*. N. J.: University Books, 1987.

Schele, Linda e Mary Ellen Miller. *The Blood of Kings: Dynasty and Ritual in Maya Art*. Nova York: Braziller, 1992.

Scholem, Gershom G. *On the Kabbalah and Its Symbolism*. Londres: Routledge & Kegan, 1965.

Schonfield, Hugh. *Essene Odyssey*. Londres: Element, 1984.

_____. *The Passover Plot*. Londres: Hutchinson, 1965.

Schwartz, Gary e Linda Russek. *The Living Energy Universe*. Charlottesville, Va.: Hampton Roads Publishing, 1999.

Scott, Ernest. *The People of the Secret*. Londres: The Octagon Press, 1983.

Seife, Charles. *Zero: The Biography of a Dangerous Idea*. Londres: Souvenir Press, 2000.

Seligmann, Kurt. *The History of Magic*. Nova York: Quality Paperback Book Club, 1997.

_____. *Signs, Symbols and Ciphers*. Londres: New Horizons, 1992.

Simpson, Jacqueline. *British Dragons*. Londres: B. T. Batsford and Co., 1980.

Sinclair, Andrew. *The Secret Scroll*. Londres: Birlinn, 2001.

Sharper Knowlson, T. *The Origins of Popular Superstitions and Customs*. Londres: Senate, 1994.

Smith, M. *The Secret Gospel*. Londres: Victor Gollancz, 1973.

Snyder, Louis L. *Encyclopaedia of the Third Reich*. Londres: Wordsworth, 1998.

Spence, Lewis. *Introduction to Mythology*. Londres: Senate, 1994.

_____. *Myths and Legends of Egypt*. Londres: George Harrap and Sons, 1915.

Stephen, Alexander M. *The Journal of American Folklore*. Janeiro/março, 1929.

Stone, Nathan. *Names of God*. Chicago: Moody, 1944.

Sullivan, Danny. *Ley Lines*. Londres: Piaktus, 1999.

Talbot, Michael. *The Holographic Universe*. Londres: Harper Collins, 1996.

Taylor, Richard. *How to Read a Church*. Londres: Random House, 2003.

Temple, Robert. *The Crystal Sun*. Londres: Arrow, 1976.

_____. *Netherworld: Discovering the Oracle of the Dead and Ancient Techniques of Foretelling the Future*. Londres: Century, 2002.

Thiering, Barbara, *Jesus The Man*. Londres: Doubleday, 1992.

_____. *Jesus of the Apocalypse*. Londres: Doubleday, 1996.

Thomson, Ahmad. *Dajjal the Anti-Christ*. Londres: Ta-Ha Publishers Ltd., 1993.

Thomson, Oliver. *Easily Led: A History of Propaganda*. Gloucestershire: Sutton Publishing,1999.

Toland, John. *Hitler*. Londres: Wordsworth, 1997.

Tolstoy, Nikolai. *The Quest for Merlin*. Londres: Little, Brown and Co., 1985.

Tull, George F. *Traces of the Templars*. Londres: The Kings England Press, 2000.

Vadillo, Umar Ibrahim. *The Return of the Gold Dinar*. Cape Town: Madinah Press, 1996.

Villars, de, Abbe N. de Montfaucon. *Comte de Gabalis: discourses on the Secret Sciences and Mysteries in accordance with the principles of the Ancient Magic and the Wisdom of the Kabalistic Philosophers*. Whitefish, Mont.: Kessinger Publishing Ltd., 1996.

Villanueva, J. L. *Phoenician Ireland*. Dublin: The Dolmen Press, 1833.

Vulliamy, C. E. *Immortality: Funerary Rites & Customs*. Londres: Senate,1997.

Waite, Arthur Edward. *The Hidden Church of the Holy Grail*. Amsterdã: Fredonia Books, 2002.

Wake, C. Staniland. *The Origin of Serpent Worship*. Whitefish, Mont.: Kessinger Publishing Ltd., 1877.

Walker, B. *Gnosticism*. Wellingborough: Aquarian Press, 1983.

Wallace-Murphy, Hopkins. *Rosslyn*. Londres: Element, 2000.

Waters, Frank. *The Book of the Hopi*. Nova York: Ballantine, 1963.

Watson, Lyall. *Dark Nature*. Londres: Harper Collins, 1995.

Weber, Renee. *Dialogues with Scientists and Sages: Search for Unity in Science and Mysticism*. Londres: Arkana, 1990.

Weisse, John. *The Obelisk and Freemasonry*. Whitefish, Mont.: Kessinger Publishing Ltd., 1996.

Wheless, Joseph. *Forgery in Christianity*. N. p., Health Research, 1990.

Williamson, A. *Living in the Sky*. Norman, Okla.: University of Oklahoma Press, 1984.

Wilson, Colin. *The Atlas of Holy Places and Sacred Sites*. Londres: Doring Kindersley, 1996.

_____. *Beyond the Occult*. Londres: Caxton Editions, 2002.

_____. *Frankenstein's Castle: The Double Brain—Door to Wisdom*. Londres: Ashgrove Press, 1980.

Wilson, Hilary. *Understanding Hieroglyphs*. Londres: Brockhampton Press, 1993.

Wise, Michael, Martin Abegg e Edward Cook, *The Dead Sea Scrolls*. Londres: Harper Collins, 1999.

Within, Enquire. *Trail of the Serpent*. N.p., s.d.

Wood, David. *Genisis*. Londres: Baton Wicks Publications, s.d.

Woods, George. Henry. *Herodotus Book II*. Londres: Rivingtons, 1897.

Woolley, Benjamin. *The Queens's Conjuror.* Londres: Harper Collins, 2001.

Wylie, Rev. J. A. *History of the Scottish Nation, Volume 1*. 1886.

Zollschan, G.K., J.F Schumaker e G.E Walsh, *Exploring the Paranormal*. Londres: Prism Unity, 1989.

Outras Referências

Dictionary of Beliefs and Religions. Londres: Wordsworth, 1995.

Dictionary of Phrase and Fable. Londres: Wordsworth, 1995.

Dictionary of Science and Technology. Londres: Wordsworth Edition, 1995.

Dictionary of the Bible. Londres: Collins, 1974.

Dictionary of the Occult. Londres: Geddes and Grosset, 1997.

Dictionary of World Folklore. Londres: Larousse, 1995.

Referências da Web

www.gardinersworld.com
www.serpentgrail.com
www.theshiningones.com
www.philipgardiner.net
www.radikalbooks.com
www.elfhill.com
www.handstones.pwp.blueyonder.co.uk
www.sacredconnections.com
www.pyramidtexts.com